全国教育十二五规划课题"民族地区地方性本科院校教师区分性绩效评价体系构建研究"（DIA130322）

教学型高校教师区分性评价研究

周景坤 黎雅婷 程道品 丁惠炯 著

中国社会科学出版社

图书在版编目（CIP）数据

教学型高校教师区分性评价研究／周景坤等著. —北京：中国社会科学出版社，2020.6

ISBN 978-7-5203-5946-7

Ⅰ. ①教… Ⅱ. ①周… Ⅲ. ①高等学校—教师评价—研究 Ⅳ. ①G645.11

中国版本图书馆 CIP 数据核字（2020）第 022798 号

出 版 人	赵剑英
责任编辑	周晓慧
责任校对	无　介
责任印制	戴　宽

出　版	中国社会科学出版社
社　址	北京鼓楼西大街甲 158 号
邮　编	100720
网　址	http://www.csspw.cn
发行部	010-84083685
门市部	010-84029450
经　销	新华书店及其他书店
印　刷	北京明恒达印务有限公司
装　订	廊坊市广阳区广增装订厂
版　次	2020 年 6 月第 1 版
印　次	2020 年 6 月第 1 次印刷
开　本	710×1000　1/16
印　张	20.75
插　页	2
字　数	300 千字
定　价	106.00 元

凡购买中国社会科学出版社图书，如有质量问题请与本社营销中心联系调换
电话：010-84083683
版权所有　侵权必究

前　　言

　　教师区分性评价工作的开展有利于高校根据不同类型教师的特点采取针对性的评价措施，促进不同类别教师的专业成长。本书运用问卷调查和比较研究等方法，对高校教师区分性评价的理论基础，教学型高校教师评价对象、主体、方法、指标等如何进行区分进行了理论探讨和实证考察。目前，国内很少有学者对教学型高校教师区分性评价进行实证研究，本书弥补了这一空缺。研究成果对于运用定量研究方法较为深入地探究教学型高校教师区分性评价体系的构建，教学型高校教师区分性评价的理论基础研究，丰富和完善我国教学型高校教师区分性评价的理论体系具有重要的学术价值。

　　国外教师区分性评价的主要做法及成功经验。本书运用文献资料和比较研究等方法，从国外教师评价对象、主体、方法、指标等方面的区分入手，分析了国外教师区分性评价的主要做法及成功经验。研究得出，国外把教师分为新手、适应、成熟和问题四种评价类型，其中新手型教师的评价主体以管理者、督导和同行教师为主，评价方法有档案袋评价法、资格证书评价法、行为跟进评价法等，评价指标有教学指标和个人职业发展两大类；适应型教师的评价主体以学生、管理者为主，评价方法有学生评议法、课堂观察评价法、结构性访谈法等，评价指标有学生业绩指标、教学方法改进指标等；成熟型教师的评价主体以教师本人、管理者和学生为主，评价方法有专业发展计划评价法、增值评价法、系统监督评价法等，评价指标有专业知识、专业实践和专业合作关系等；问题型教师的评价主体以管理者、督导和教育援助小组为主，评价方法有顾问导师评价法、证据评价法和同行评议法等，评价指标有教学计划、教学策略、专业发展和专业交流等。

区分性评价的理论基础。本书运用文献资料和比较研究等方法，较为系统地分析了教师区分性评价的两大理论基础：一是围绕教师评价与教师专业发展、教育质量提升的逻辑关系展开的。区分性教师评价融合了反思性评价理论和发展性评价思想。一方面，明确了教师专业发展是教育质量提升的重要途径，使人们认识到教师专业发展的重要性；另一方面，厘清了教师专业发展是教师评价的目标，而教师评价则是促进教师专业发展的重要工具。二是明确了教师评价维度划分与教师专业发展关系问题的理论。一方面，区分性教师评价在结合差异化管理思想的基础上认为，在横向上，同一时间段里不同教师的发展水平和需求各有特点，且每位教师的专业发展途径也会有所差异；另一方面，区分性教师评价在结合职业生涯阶段理论思想的基础上认为，在纵向上，教师的职业生涯发展是一个漫长的过程，在不同的发展阶段存在不同的需求特点，应对不同教师群体采用具有区分性的评价方式。

教学型高校教师区分性评价体系构建。本书按照公共管理测评问卷设计的要求，采用李克特七点量表法，设计出了我国教学型高校教师区分性评价体系构建的专家调查问卷。选择具有丰富的理论知识和实践经验，且长期从事教师评价相关实践工作的高校教务处、人事处、教师发展中心、科研处的管理人员和教师评价研究人员等专家，运用专家问卷咨询法对教学型高校教师区分性评价体系构建进行专家咨询，明确了如何区分教学型高校教师区分性评价的对象、主体、方法、指标等问题。调查结果显示，教学型高校教师可以按从教时间、心理成熟度和专业成熟度三个指标维度把教师分为新手、适应、成熟、专家和问题五种评价类型，不同评价类型的教师具有各自适合的评价主体、评价方法以及评价指标。

研究结果表明，教学型高校教师可以按从教时间、心理成熟度和专业成熟度三个指标维度分为新手、适应、成熟、专家和问题五种评价类型，应该根据不同类型教师的特点对评价主体、指标和方法等进行区分性评价。本书期望能够有效地寻找到高校教师区分性评价的理论基础和设计出教学型高校教师区分性评价体系，为科学指导教学型高校构建区分性评价体系提供理论和实践支持。

目　　录

第一章　高校教师区分性评价概述……………………………………（1）
第一节　高校教师评价的目的和意义…………………………………（2）
　　一　高校教师评价的目的…………………………………………（2）
　　二　高校教师评价的意义…………………………………………（2）
第二节　我国教师评价的发展与问题…………………………………（4）
　　一　我国教师评价的起源…………………………………………（4）
　　二　我国教师评价的发展…………………………………………（4）
　　三　教师评价存在的主要问题……………………………………（6）
第三节　区分性评价制度的基本问题…………………………………（13）
　　一　区分性评价制度的内涵界定…………………………………（13）
　　二　区分性评价的原则……………………………………………（14）
　　三　区分性评价体系的基本要求…………………………………（16）
第四节　区分性和发展性、奖惩性评价的比较………………………（18）
　　一　评价目的的比较………………………………………………（18）
　　二　评价功能的比较………………………………………………（19）
　　三　评价主体的比较………………………………………………（20）
　　四　评价过程的比较………………………………………………（21）
　　五　评价内容的比较………………………………………………（21）
　　六　评价标准的比较………………………………………………（22）
　　七　评价方法的比较………………………………………………（22）
　　八　评价结果的比较………………………………………………（22）
第五节　发达国家教师区分性评价的主要内容………………………（24）

一　发达国家教师评价对象的区分 …………………………（24）
　　二　发达国家教师评价主体的区分 …………………………（25）
　　三　发达国家教师评价方法的区分 …………………………（27）
　　四　发达国家教师评价指标的区分 …………………………（44）
　第六节　发达国家教师区分性绩效评价的启示 ………………（58）
　　一　建立和形成区分性绩效评价理念 ………………………（59）
　　二　注重多元化主体参与评价机制 …………………………（60）
　　三　在教育质量与专业成长之间建立纽带 …………………（60）
　　四　设计阶段性和针对性的指标体系 ………………………（61）

第二章　高校教师区分性评价的理论基础 ……………………（65）
　第一节　"区分性评价"的理论变迁 …………………………（65）
　　一　教师奖惩性评价 …………………………………………（65）
　　二　教师发展性评价 …………………………………………（69）
　　三　教师区分性评价 …………………………………………（72）
　第二节　高校教师区分性评价的理论基础 ……………………（87）
　　一　发展性评价理论 …………………………………………（89）
　　二　反思性评价理论 …………………………………………（96）
　　三　差异化管理理论 …………………………………………（106）
　　四　职业发展阶段理论 ………………………………………（112）

第三章　高校教师区分性评价的对象 …………………………（120）
　第一节　岗位分类视域下的对象区分 …………………………（120）
　第二节　评价对象区分的意义和原则 …………………………（120）
　　一　评价对象区分的意义 ……………………………………（121）
　　二　评价对象区分的原则 ……………………………………（122）
　第三节　教师专业发展 …………………………………………（124）
　第四节　高校教师评价对象的区分 ……………………………（124）
　　一　高校教师区分性评价对象的专家咨询 …………………（125）

二　不同类型教师的动态转化 …………………………（133）
　　三　不同类型教师的特点 ……………………………（134）

第四章　高校教师区分性评价的主体 ………………………（146）
第一节　教学型高校教师评价主体 ……………………（146）
　　一　学生评价 …………………………………………（146）
　　二　自我评价 …………………………………………（149）
　　三　同行评价 …………………………………………（152）
　　四　领导评价 …………………………………………（154）
　　五　专家评价 …………………………………………（156）
第二节　教学型高校教师评价主体的区分 ……………（158）
　　一　不同对象的评价主体差异 ………………………（158）
　　二　区分性评价主体选择原则 ………………………（162）
　　三　区分性评价主体重建路径 ………………………（164）
第三节　评价主体心理误差及调控 ……………………（167）
　　一　在评价过程中出现的心理障碍 …………………（167）
　　二　克服评价主体心理障碍的路径分析 ……………（175）

第五章　教学型高校教师评价方法的区分 …………………（180）
第一节　教师区分性评价方法的选择 …………………（180）
　　一　常见的评价法 ……………………………………（180）
　　二　评价方法的专家咨询 ……………………………（187）
第二节　新手型教师评价方法 …………………………（189）
　　一　教学日志法 ………………………………………（189）
　　二　教学档案袋评价法 ………………………………（201）
第三节　适应型教师评价方法 …………………………（210）
　　一　反馈反思法 ………………………………………（210）
　　二　学生评价法 ………………………………………（215）
第四节　成熟型教师评价方法 …………………………（224）

一　同行评价法 …………………………………………（225）
　　二　关键绩效指标法 ……………………………………（235）
第五节　专家型教师的评价方法 ………………………………（242）
　　一　目标合同评价法 ……………………………………（243）
　　二　360度绩效评价法 …………………………………（252）
第六节　问题型教师的评价方式 ………………………………（262）
　　一　课堂观察法 …………………………………………（263）
　　二　末位淘汰法 …………………………………………（273）

第六章　高校教师区分性评价指标 ………………………（284）
第一节　区分性评价指标选择原则 ……………………………（284）
　　一　发展性原则 …………………………………………（284）
　　二　全面性原则 …………………………………………（285）
　　三　差异性原则 …………………………………………（285）
　　四　可操作性原则 ………………………………………（285）
　　五　动态性原则 …………………………………………（286）
　　六　科学性原则 …………………………………………（286）
　　七　独立性原则 …………………………………………（286）
第二节　区分性评价指标的理论构建 …………………………（287）
第三节　区分性评价指标的实证筛选 …………………………（287）
　　一　新手型教师评价指标的实证筛选 …………………（291）
　　二　适应型教师评价指标的实证筛选 …………………（295）
　　三　成熟型教师评价指标的实证筛选 …………………（298）
　　四　专家型教师评价指标的实证筛选 …………………（301）
　　五　问题型教师评价指标的实证筛选 …………………（304）

参考文献 ……………………………………………………（308）

后记 …………………………………………………………（320）

第一章　高校教师区分性评价概述

"评价"，即指按照一定的标准做出价值判断；"教育评价"是指通过对教育信息进行分析整理，依此对教育过程和结果进行价值判断，是对教育工作的管理体制、人力资源和物质条件及其绩效进行质和量的评价，是教育评价客体对评价主体需要满足程度的一种判断；"教师评价"是教育评价的重要组成部分，是针对具体的教育教学活动做出的价值判断；"高校教师评价"是依据高校的培养目标及其教师的责任和义务，运用现代教育评价的理论和方法对教师工作进行质量和数量判断。

推进教师评价制度改革，建立有利于教育教学质量提升和教师专业发展的评价体系，是高校人事制度改革的主要目标，也是服务经济社会快速发展所必需的基础性工作，是我国教育制度改革中必须引起足够关注的源头性问题。我国高校现有的教师评价体系仍存在不少弊端，突出表现在以下方面：仅将教师过去的工作表现作为判断其教育教学任务优劣的标准，并作为对其进行奖惩及可否晋升职称、是否实施聘任的主要依据；重管理轻发展、重"输出性评价"轻"输入性评价"。此外，现有的教师评价体系片面追求量化，用某种僵硬的"尺度"来衡量不同岗位和能力不同的个体的工作表现，未能考虑到教师之间的"差异"，缺少评价的"区分性"，不利于教师专业化、个性化发展。

针对上述弊端，为更好地实现教师专业化发展，有必要对"教师评价"的基本制度和运行体系加以变革。"教师区分性评价"是一种发展性的评价制度，注重对不同发展阶段的教师进行差别性的评价，它强调教师应积极参与评价全过程。

第一节 高校教师评价的目的和意义

对教育教学工作进行科学的评价，有利于促进教师职业发展，有效地提升教育教学质量。

一 高校教师评价的目的

一般地，理论界将高校教师评价的目的分为奖惩性和发展性两种，存在终结性评价与发展性评价之争。终结性评价是指通过鉴定，为教师的奖惩等决策提供依据；发展性评价是指通过"诊断"教育方案或计划及教育过程中所存在的问题，提高实践中正在进行的教育活动的质量。

前者采取自上而下的实现方式，是在教育活动发生之后的判断；后者属于自下而上的模式，一般发生在活动进行的过程之中。相应地，"奖惩性"的评价目的是依据一定标准对教师的工作优劣情况进行判断，并依此实施奖励或者惩罚，着眼于面向过去的总结性目的，侧重采用刚性策略；"发展性"的评价目的是促进教师的专业发展，对教育教学工作现状进行客观描述和分析，对缺陷和不足做出诊断，促使教师不断总结、改进工作，调动教师的工作积极性和创造性，最终全面提升教育教学质量，着眼于面向未来的过程性目的，侧重采用柔性策略。

前者的优势在于，在某种程度上可以强力促进改革；后者的优势在于及时发现问题、服务决策，教师乐于接受，并对教师的专业发展提供有效的指导。前者的弊端在于，其终结性的实现目的和自上而下的实现方式会使得教师与评价者之间关系紧张，不利于调动教师的内在动力；后者的弊端在于，由于其主张在没有奖惩的条件下促进教师专业发展，形成实施标准的模糊性、实施手段的温和性等特点，评价者和评价对象缺乏专门的培训，容易导致评价拘泥于形式主义。

二 高校教师评价的意义

高校管理科学化的重要标志之一就是师资队伍管理的科学化，而教师评价是教师队伍科学化的正确途径，是实现高校管理科学化的有效措施。教师评价是促进高校管理科学化的核心因素，是对教师工作现实价值的判断，是提升教育教学发展水平的有效途径。缺乏系统、科学的教师评价制度，将使教师管理的基本环节相互脱节而不能形成有序的机制，或者因环节不健全而失去应有的管理效果。科学有效的"教师评价"机制对于促进教师自身专业的提升和高校的长远健康发展具有不可替代的意义。

（一）有利于甄别教师资格

我国《〈教师资格条例〉实施办法》和《中华人民共和国教师法》等法律法规明确规定，教师资格标准包括中华人民共和国公民身份、思想品德条件、学历和教育教学能力条件四个方面。对教师进行客观、科学的评价，是使教师具备一定资格标准的重要手段。借助教师评价，可以衡量每个教师的素质是否符合上述标准，及时甄别其是否适合承担特定的教育教学任务。

（二）有利于教师队伍管理的科学化

师资管理是高校管理工作的重要组成部分，在高校硬件基础设施逐渐趋于同质、难以拉开差距的现实下，办学质量的高低在一定程度上取决于其教师队伍的优良与否，因此，高质量的师资管理是高校所追求的目标。教师评价的指标体系和评价标准为教师队伍的科学管理提供了可靠的依据和客观的标准。在党和国家的教育方针和学校培养目标下，建立一定的指标体系，对教师的政治业务素质、教育教学能力等进行评价，为教师队伍的管理提供了科学标准和可靠依据。

（三）有利于帮助教师提升业务素质

教师评价的指标和标准体现了党和国家对教师的要求，体现了高校的发展目标，不仅为广大教师树立了高质量的标准，也为教师自觉提高自身的政治业务素质提供了明确的方向。使用现代教育评价的理论和方法科学地衡量教师的工作质量，能有效地督促教师按照评价标准来提高自己，达到提高教育教学质量的目的。科学的教师评价能够帮助教师发现其业务素质上的薄弱之处，并提出新的促进其专业发展的意见和建议，以促使教师提高教育教学质量。

（四）是衡量教师绩效的有效工具

教师评价可以评判教师是否履行其应尽的职责，是否达到了教育教学的要求。构建科学、合理、统一的教师评价指标体系，形成具有较高效度和信度的评价结果，是教师专业技术等级岗位晋升和绩效工资发放的科学依据。

第二节　我国教师评价的发展与问题

在我国现行的教师评价实践中，学校更多地采用终结性评价，把奖励和处罚作为一种行政手段。虽然不断吸收发展性的教师评价思想，但奖惩性的手段和目的仍然在实际评价中占据着重要的地位。

一　我国教师评价的起源

"教师评价"体系的完善程度基于教育教学发展的整体水平，并与所处的经济社会大环境相关联。与欧美国家相比，我国教师评价制度起步较晚，始于20世纪60年代，并在"文化大革命"期间处于停滞状态。从1977年至1984年，随着各级各类考试制度的恢复，高考升学率等指标成为"教师评价"的主要核心要素。从1984年起，我国逐步开始进行教育评价理念和实践的新探索。《中华人民共和国教师法》确立了一般意义上的教师评价制度，为建立和完善高校教师评价体制奠定了基础。[①] 1985年，《中共中央关于教育体制改革的决定》发布之后，教师评价机制得以加速发展。

二　我国教师评价的发展

我国高校教师评价兴起于20世纪80年代，其发展历程分为三个阶段。

---

① 陈孝彬：《教育管理学》，北京师范大学出版社2005年版。

（一）起步阶段

我国的教育评价研究从"教育测验"活动开始。1984年，北京师范大学在统计教师工作量的同时，对教师的教育教学工作进行了简单的质性评价，开创了高校教师评价的先河。1985年5月，《中共中央关于教育体制改革的决定》第一次明确使用"高等学校办学水平评估"这一概念，提出要对教育进行评价，这是教育评价在我国的真正起步。1991—1995年，高校教师教学评价开始进入正规化阶段。1991年，北京师范大学提出了开展教师教学评价的正规化程序问题，其他高校纷纷效仿，开始以教育教学有效行为作为评价指标进行科学的教师评价工作。截止到1995年，国内约有480所高等院校不同程度地开展了以课程评估和教学质量评价为重点的试点实践活动。这一时期，教师评价的内容主要以课程评价和教学质量评价为主，依据教学管理人员的经验来组织和实施评价，对于教师评价的理论研究工作明显落后于实践。

（二）发展阶段

承担原国家教委"八五"重点课题"高校教学评价的理论和实践研究"的单位——北京师范大学在1994年提出，要通过实证分析来确定良好教学的教师行为特征，并制定了教师评价的指标体系，在各高校得到推广和应用。有些高校也对教学评价的哲学方法论问题、教学评价的本质及其功能、教学评价的教学论和心理学基础及其信息来源和对改进教学的作用等问题展开了相关研究工作，保证以有效行为特征作为评价指标的教学工作的正规化、科学化。

（三）转型阶段

2001年，教育部印发《关于加强高等学校本科教学工作 提高教学质量的若干意见》指出，在教学过程中应当进一步建立健全教学质量监测和保障体系。之后，各高校纷纷响应，将教师评价纳入高校教学质量保障体系，使得高校教师评价活动蓬勃发展起来。十几年来，我国高校教师评价的实践工作得到了深入开展，逐渐成为大部分高校的一项常规性工作。随着教学评价工作的深入开展，理论界和高校在关注评价结果的合理有效使用，重视教师评价对提高教师素质的作用及促进教师自身的发展，评价指标的科学性与完整性等方面不断进行新的理论与实证研究，在评价目的、标准、内容和方法等方面也积累了一定的理论基础，但是，教师评价在实施过程中仍存在诸多问题与不足。

三　教师评价存在的主要问题

实施教师评价机制改革，建立保障教育质量并有利于教师专业成长的评价体系，是我国教育体制改革的主要目标之一。在教师评价改革的理论研究和实践探索之前，首先要清醒地认识我国教师评价体系的现状。

当前，我国高校存在着两种不同的教师评价体系。一种是指向教师过去绩效的，为教师的加薪、晋级等人事决策提供依据的奖惩性评价；另一种是指向教师未来绩效的，为教师专业成长提供帮助的发展性评价。前者比较重视效能指标，实行自上而下的制度化评价，将评价结果作为对其进行奖惩的主要依据；后者注重教师的专业价值，主张在没有奖惩的条件下促进教师专业发展，会根据教师的工作绩效确定其发展目标，为教师提供相应的培训和自我发展机会。在现行的教师评价中，奖惩性评价制度已经根深蒂固，发展性教师评价制度的探索只是刚刚起步，未能形成完善的评价机制，严重影响着教师评价的公平、公正及教育事业的健康发展。现行教师评价在实施的过程中存在着许多不容忽视的问题，突出地体现在以下几个方面。

（一）评价机制不完善

目前我国不少高校管理者对教师绩效管理认识不足，仅仅把教师绩效管理当作一项事务性工作来做，缺乏从战略的高度系统设计教师绩效管理体系的能力和机制，高校战略目标无法通过绩效管理工作层层分解到教师身上，造成高校战略与教师评价目标脱节，即使教师绩效管理工作做得再好也无法通过其有效地确保高校战略发展目标的实现。另外教师绩效管理的实施会牵扯到不少人的利益再分配，必然会遇到不小的阻力。在阻力面前，只有高层领导的积极参与、大力支持与帮助，才能协同各种力量共同完成教师绩效管理工作。然而，不少高层领导者对教师绩效管理工作关心不足，缺乏主动参与的意识和行动。

（二）重输出性评价轻输入性评价

一般地，理论界存在输入性和输出性教师评价方法之分。目前，我国高校教师评价以后者为主要方式，即将教学结果作为衡量教师业绩的主要指标，甚至是唯一指标，并将之作为进行教师绩效奖惩的一个依据。在此情况下，教师过于重视学生的考试成绩，而忽视对学生兴趣、情感和思维方式的培养，他们对平时的教学工作大多采取消极应付的态度，很多高校的公开课自然也就演变成一种教学表演、作秀，久而久之，教师就会失去教书育人的快乐和教学的热情。不仅如此，某些高校即使采取了诸如教学观摩、学生反馈等输入性的评价方式，在实际的操作过程中也往往流于形式，并不能有效地促进教师的专业发展。

在所有的教学工作中，课堂是教师职业生涯中最基本的一部分内容，是学生经历成长的必由之路。在课堂上，"教师与学生分享彼此的思考、知识与方法"[①]。教师评价如果忽视了课堂环节对教师和学生成长的重要性，也就失去了教师评价的真正意义。

（三）重惩罚性评价轻发展性评价

高校教师绩效管理的目的是通过教师绩效计划的制定、绩效实施的沟通、辅导与帮助、绩效结果的反馈与运用等系统过程，帮助其找出绩效实践中所存在的问题及分析其原因，制定有针对性的解决方案，不断提升其绩效能力和水平，促进其专业成长。然而，目前我国不少高校教师绩效管理的目的不明确，把高校教师绩效管理当成发放年终奖金、课时津贴等奖惩的依据，忽视了教师专业成长的需要，无法有效促进高校教师绩效能力和水平的提升。

目前，在很多高校的教师评价中，评价指标主要由高校的行政管理部门制定并组织实施，评价的结果与教师的职称晋升、酬金发放、评奖评优等挂钩，带着浓厚的行政管理和控制色彩。在实施的过程

---

① 吴刚平：《解读教与学的意义》，华东师范大学出版社2005年版，第7页。

中，不仅没有促进教师专业发展，反而形成了各方面对评价目的错误的认识。在评价指标的制定上，教师与学生的参与度极低，高校并没有结合本校特色和教师与学生的特点进行评价指标的构建，只是由行政管理人员依据其个人经验单方面确定的，使得评价指标在制定方面存在着片面性。

高校教师评价目的有管理和发展之分，由此形成了奖惩性和发展性两种评价体系。奖惩性评价是把评价结果作为奖惩依据的评价方法体系。发展性评价主要是通过绩效沟通、反馈和指导，帮助教师提升绩效水平，确保教师不断成长的评价体系。高校教师是典型的知识型员工，大多具有良好的专业素质和学术水平，他们希望在高校中不断成长，希望得到别人的尊重、信任和肯定，同时还渴望拥有一个较为宽松的外部环境等。然而，目前我国许多高校教师评价体系只是为了确保高校短期管理目标的实现，过多地强调对教师的管控，仅把教师评价结果作为奖惩的依据，忽视了通过评价来有效促进教师专业成长这一评价目的。由于我国高校长期以来实行的是传统的人事管理制度，这在绩效管理中所表现出来的就是"奖惩性评价"。它把教师绩效管理简单地视作实现高校短期目标的一种手段，将教师评价结果作为奖惩的依据，以此得出对教师做出晋升、加薪、降级、解聘等奖惩决定。广大教师的积极性无法得到有效调动，潜能得不到有效开发，使他们采取"不求有功，但求无过"的消极态度来对待教育教学任务。

高校教师绩效管理过程，包括高校战略目标的分解与传递、绩效计划制定、绩效辅导实施、绩效评价、绩效结果反馈与绩效结果运用（见图1-1）。教师绩效管理强调从高校的战略目标出发，科学分解、制定教师绩效计划。它注重绩效管理过程中的信息沟通和结果反馈，注重绩效评价结果的全面运用。高校教师评价是高校教师绩效管理体系中的一个环节[①]，它必须与高校教师绩效计划的制定、过程管理、绩效反馈及奖励惩处等环节紧密相连，形成一个动态的评价循环系统，这样，才能

---

① 周景坤、程道品：《高校教师绩效管理的优化路径研究》，《广西社会科学》2013年第11期。

有效促进高校整体战略目标的实施和教师个人的全面发展。然而，我国不少高校将绩效评价等同于绩效管理①，事先没有战略目标的分解和绩效计划的制定，事中没有绩效实施的辅导与帮助，绩效评价工作结束，任务就算完成，评价结果不与教师的薪酬、奖励等挂钩。

（四）忽视评价对象的个体差异

高校教师由于从教时间、工作经历以及知识经验、兴趣、性格等方面的不同，形成新手型教师、适应型教师、熟练型教师、专家型教师和问题型教师等不同发展阶段类型。另外，高校也有教学型、教学研究型、研究教学型和研究型的类型之分，即有以教学为主，以科研为主和以教学与科研并重之分。不同类型高校中处于不同发展阶段的教师，他们所拥有的权利与所承担的责任不相同，因此我们在设计其绩效评价指标体系时应该有所区分，提升高校教师评价指标设计的科学性和合理性。②

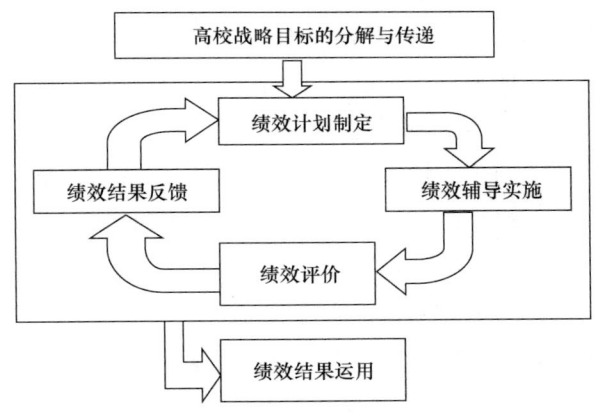

图1-1 高校教师绩效管理过程

资料来源：周景坤、程道品：《高校教师绩效管理的优化路径研究》，《广西社会科学》2013年第11期。

目前，高校基本上采用同一方案、统一标准对教师进行评价，缺少过

---

① 周景坤、程道品：《高校教师绩效管理的优化路径研究》，《广西社会科学》2013年第11期。
② 周景坤：《高校教师区分性绩效评价方法研究》，《教育探索》2015年第11期。

程性工作累积，评价过于主观，不少高校只是简单地根据高校教师所聘任岗位，把其分为教授、副教授、讲师、助教来进行评价①，造成教师评价体系的针对性不足，不能满足不同层次高校教师评价的需要。这种评价方式虽然节省了人力和物力，保证了评价的统一性，但都忽略了教师的个体差异，存在着很强的"区分性缺失"问题。

此外，高校学科门类众多，不同学科之间均存在着教师评价的不可比性，如基础学科与专业课之间、人文学科与理工学科之间的学科特点不一样，科研条件也不相同，出科研成果产出的时间、方式、方法等都不相同。目前，我国许多高校在进行教师评价时，忽视了学科之间的差异性，一味追求用统一的教师评价指标体系来评价所有教师的绩效，造成不少学科专业教师有着严重的不公平感，影响其工作积极性的发挥。

（五）评价主体缺乏培训

绩效评价主体培训的缺乏是造成高校教师绩效管理失效的重要原因之一。绩效评价主体在评价前缺乏培训，评价主体在评价中不能把握好评价的规则和内容，也无法克服晕轮效应、近因效应等心理障碍的影响，造成绩效评价的公正性和科学性严重不足，绩效评价结果无法作为制定教师成长计划的基础和培训依据，也无法以此来引导、帮助和激励其提升绩效能力和水平。②

（六）评价过程沟通不畅

高校教师绩效管理的目的在于通过教师绩效管理过程，帮助高校教师找出绩效实践中所存在的问题及其原因，制定有针对性的解决方案③，不断提升其绩效能力和水平，促进其专业成长。教师评价结果的反馈是提升高校教师评价效果的一个重要环节，它有利于高校教师正确

---

① 周景坤、程道品：《高校教师绩效管理的优化路径研究》，《广西社会科学》2013年第11期。
② 周景坤、程道品：《高校教师绩效管理的优化路径研究》，《广西社会科学》2013年第11期。
③ 周景坤、程道品：《高校教师绩效管理的优化路径研究》，《广西社会科学》2013年第11期。

认识自己，不断修正自我来提升其绩效能力和水平。持续不断的双向沟通有利于信息共享、优势互补，还可以消除信息不畅所造成的误解和抵触等，它是高校教师绩效管理工作得以顺利进行的有效保障①，是绩效管理的灵魂所在。

现行的教师评价管理忽视了评价沟通与交流。教师作为被评价者，既不了解绩效评价标准、内容和过程，也无法从绩效评价中发现自己工作中存在问题的原因和今后如何改进绩效等，始终处于被动的被评价地位。在教师工作中要想产生良好的评价效果，就要为教师和学生创造和提供表达其意见、需求的机会，只有这样，评价才能发挥切实可行的、有意义的作用。在教学评价规章制度内容和评价指标的构建方面，很多高校忽视了教师和学生主体的参与性，使得教师和学生在评价中处于被动地位，未能有效行使参与权、监督权和决策权等，甚至出现了雷同的情况，没有结合高校自身的特色和教师与学生的特点来设定评价指标。

(七) 评价方式过于简单

高校教师评价方式就是指绩效评价所采用的评价方法和步骤等。目前我国大多数高校教师评价方法太过简单，除了年终总结以外，就只能依据高校管理者每年一两次的听课记录来评价教师绩效。② 另外，教师评价资料来源单一，评价信息处理也较为简单，这些都造成教师评价不能有效反映教师绩效水平，无法客观、全面、公正地评价教师绩效，也无法对教师的绩效改进提供指导和帮助。

同时，现行教师量化的评价虽然有助于统计、运算、比较、选拔，但教师劳动具有复杂性和创造性，很多教学行为和效果难以用量化的指标进行衡量。有效的教师评价在于发现其潜在价值，为教师找到更多的发展自身潜能的机会。

---

① 周景坤、程道品：《高校教师绩效管理的优化路径研究》，《广西社会科学》2013年第11期。

② 周景坤、程道品：《高校教师绩效管理的优化路径研究》，《广西社会科学》2013年第11期。

（八）评价结果利用不足

绩效评价结果的运用是绩效管理体系运作中最重要的一个环节，它强调如何将评价结果用于促进教师的专业成长，不仅要反馈绩效实践中所存在的问题，还要帮助其找出造成此问题的原因及解决此问题的方法[①]，对教师进行有针对性的指导、帮助和培训，挖掘其潜能，以提升其未来绩效。目前，我国高校绩效评价结果的使用出现两种极端：一种是根本不用，不仅造成绩效评价资源的巨大浪费，也使得绩效评价过程变成走形式、走过场；还有一种则是高校管理者滥用绩效评价结果，把其当成对教师奖惩的依据，评价结果成为威慑教师的帮凶，教师的潜能不仅得不到开发和重视，还助长其急功近利的思想。

现行的教师评价对教师工作水平和效果等做出评价，然后将评价结果汇总并反馈给教师，评价至此结束。有些高校甚至没有将评价结果反馈给被评价教师，出现为评价而评价的现象。部分教师反映说，教师评价流于形式，评价成了高校的一项任务而不是职责。这种外部评价往往存在一些主观因素，出现了不公平、不可靠、不真实的评价结果，评价无法真正反映教师教育活动的实际情况，打击了教师工作的积极性和主动性。

教师评价主要是对教师教学效果和科研能力等方面进行评价，教师作为评价对象，最了解自己在课程设计、教学方式、教学过程中的优势和劣势，他们对教育活动有着最大的发言权。从理论上讲，教师的自我评价应该对教师的评价结果有很大的参考作用。对教师评价的再评价有助于我们及时发现教师评价体系方面所存在的问题，尽快改进和完善教师绩效管理体系[②]，科学地进行绩效管理工作，调动高校教师在绩效管理中的积极性，进而改进和提升教师绩效水平与能力。

但在实践中，本应作为绩效评价对象的教师严重"缺位"，高校

---

① 周景坤、程道品：《高校教师绩效管理的优化路径研究》，《广西社会科学》2013年第11期。

② 周景坤、程道品：《高校教师绩效管理的优化路径研究》，《广西社会科学》2013年第11期。

的教师评价一般是由高校领导一手控制的，易形成管理主义倾向。少数教师即使参与了，对评价指标、评价原则、评价的操作程序和评价结果等也缺乏足够的话语权，对评价结果的形成没有实质性的影响和作用。这在很大程度上妨碍了教师工作的积极性，他们不得不以旁观者的姿态看待绩效评价，缺乏对绩效评价应有的认同感，阻碍了教师专业的发展。

由于评价反馈机制的缺陷，评价结果没有反馈给教师，有的高校对评价结果秘而不宣，甚至只是将评价材料进行存档。教师无法通过评价结果了解自己在教育过程中所存在的问题，不清楚自己的教学行为，怎么改进教学方法，应该朝着什么方向努力，大多数教师并不能通过评价切实提升自己的教育质量。

针对当前教师评价中所存在的各种弊端，为了更好地提高教育教学质量，调动教师的积极性，实现教师的专业化发展，教师评价体制和方式必须进行改革。应该明确，教师评价不只是为了管控教师，更多的是为了促进教师专业成长，因此我们应该在发展性评价与奖惩性评价中寻求平衡点，构建出区分性评价体系，提升高校教师评价工作的针对性和科学性。

第三节 区分性评价制度的基本问题

一 区分性评价制度的内涵界定

区分性教师评价（Differentiated Teacher Evaluation System）最早是20世纪末21世纪初美英两国在反思传统评价的弊端、倡导发展性评价的背景下产生的。区分性教师评价是以"建构主义"哲学观为基础，以教师专业发展为目标，以自我评价为核心，针对教师个人或群体进行区分评估的教师评价。[1] 它由注重教学结果转向教学过程，通过评价促

---

[1] 刘兰英：《区分性教师评价制度及其对我国教师评价改革的启示》，《教育测量与评价》（理论版）2008年第7期。

进教师的专业发展，提高学校的教学质量。其目的是促使教师更好更快地发展，保证教师工作绩效的提高和自身专业的发展；让每一位教师都能体验到评价所带来的影响和作用，促使其积极参与到评价中来，共同为学校发展目标的实现而努力。

二 区分性评价的原则

区分性评价方法在对教师的评价中并不是万能的，在实际应用中也要视情况而定，只有注意以下几个方面的问题，才能更好地发挥评价的作用。

（一）树立发展性评价观

高校教师评价最大的价值就是促进教师的可持续发展。教师的发展就是高校的未来，所以教师的发展与高校的发展要在同一个水平上，教师的进步离不开学校的栽培，学校的发展也离不开教师的努力。区分性评价方法的使用是为了教师能更好地进步，而不是遏制教师的发展。学校在制定区分性评价时可以更多地考虑教师本身的个人发展。评价不如意的教师可以通过培训提高其教学技能，而不是一味地打压其教学热情。失败乃成功之母，相信这类教师在鼓励与支持下也能提升自身技能，发展成为一名合格的教师。评价优秀的教师可以得到更好的资源发展自己，比如出国进修，精神及物质上的奖励等。只有让每一位教师都了解学校的战略目标，熟悉一些学校的教学工作运作情况，同时学校更多地了解教师内心的诉求，提供更多的晋升发展机会，才能激发教师的创造性思维，使教师为学校做出更大的贡献。只有这样，才能促使学校和教师完成各自的目标，为高校的发展带来了前瞻性的帮助，增强高校竞争力，树立发展性的教师评价观点。[①]

（二）营造良好的评价氛围

每一种评价方法的推行，都离不开良好的校园文化氛围，高校教师在工作中应该有着舒适的教学环境，不应该处身于你争我夺的氛围

---

① 周景坤：《高校教师区分性绩效评价方法研究》，《教育探索》2015年第11期。

中。良好的校园文化氛围主要有四点：一是良好的人际关系。教师之间关系融洽，既是生活上的好朋友也是教学中的好伙伴，互相之间应取长补短，共同发展，为了共同的教育目标而努力。二是教师能够充分发挥自身的价值。高校教师的教育活动主要是脑力劳动，在课堂教学的基础上还要进行教学科研工作，只有充分展示自身的才华，才能最大限度地实现自身的价值，把教育工作当成一件趣事。三是教师在高校中有主人翁意识。教师对高校的规划发展、政策改革等具有发言权及决定权，只有教师把高校当成自己的家，才会全心全意地为教育事业做出更大的贡献。四是教师的个人目标与高校的目标一致，高校的大目标需要教师的无数个小目标的实现来促进其达成。只有清除教师对评价所带来的奖惩、晋级、调动等的思想顾虑和担忧情绪，才能使教师坦诚面对评价，不再遮掩自身的缺点与不足，而是努力改正，朝着更好的方向发展。

（三）评价方式的多元化

教师的教育活动是复杂的，也是难以估量的。每一个评价标准都不是万能的，都会存在优缺点，所以一种评价标准也难以准确评价教师的绩效。例如，学生评价法只是来自学生方面的评价，可能会因为教师本人的性格，以及学生的喜好而造成评价的片面性，那么在进行评价时就要注重采用多种方法，收集多方面的证据来理性地分析学生评价的真实性。在评价方式的选择中要注重多样化，只有不同的方法相互配合，才能产生最佳的效果。对于新手型教师和问题型教师，外界要给予一定的压力和帮助，使其能在正确的教学道路上看到方向；对于比较资深的教师，他们已经拥有了较高的教学能力，就应该更好地发挥其个人风格。总之，评价应更多地看教师本人的自我反思，自我评价，而不能对其施加过分的压力，抑制其发展。

（四）方法选择的情景性

对评价工具应该具体问题具体分析。每一个教师的年龄、性格、性别都会有差异，在不同的情境下应该选择对其适合的评价方式。注重评价方式选择的人性化，能够最大限度地发展教师的能力，而不能仅仅把评价作为评价教师绩效的工具。[①] 评价一个行为效果的标准有很多种，应该不拘一格，因人施评，最大限度地发挥评价的效益性。当然，如果一味地强调对教师评价的区分性，也会导致工作的费时费力，可以将同一种方法应用于不同专业，对不同教龄的教师采取不同的标准。每一个学科的评价方式应该有所区别，对工科类教师应更多地注重技能方面的评价，而对人文社会科学类的教师则应更多地注重理论知识的讲解。所以要注重评价的情景性，在评价的过程中可能还会有一些变动，要学会灵活变通，适当调整评价标准。

（五）注重评价结果反馈

外国高校的评价模式十分注重评价结果的反馈，这在我国却是一个相当薄弱的环节，主要表现为被评价教师不能及时得知自己的评价结果，或者对于评价的过程不太熟悉，也不清楚具体的评价标准，无法得知自己的优缺点，评价成为奖惩的工具。这样只会导致高校教师处在评价的风口浪尖上，被评价教师逐渐对评价失去话语权，丧失自我反思、自我提升的能力。长此以往，将会导致教师反感评价，排斥评价。正所谓"无规矩不成方圆"，高校应该设立相应的评价结果反馈以及奖惩制度。奖励先进，鞭策后进。只有对高校教师的绩效结果进行及时的反馈，才能使教师更好地发展。对于表现优秀的教师应该给予物质以及精神上的奖励，如加薪、外出培训等。对于表现不合格的教师，应适当地施加压力，促使其反思改进，更好地发展。

三 区分性评价体系的基本要求

（一）充分认识区分性评价的作用

从高校层面讲，应充分重视和强调区分性评价的作用，树立"评价是促进教师的个性化发展，提高教育质量的重要手段"的理念，在承认教师存在差异的前提下分辨教师工作效果的好坏，确保学生能够提高学

[①] 周景坤：《高校教师区分性绩效评价方法研究》，《教育探索》2015年第11期。

习成绩，进而对教师的个人专业发展起到促进作用。将高校与教师两者的发展相融合，将实现共同的发展目标[①]，制定科学、有效和被教师认可的教育评价指标作为高校工作的出发点，建立科学、合理的区分性教师评价体系。

（二）注重评价体系构建的可行性

世界上没有完全相同的两片树叶，事物皆具有特殊性。任何一个科学、合理的评价体系都应具备简单易行的操作方法、科学合理的评价方式、低廉的运行成本、显著的评价效果等特点。与此同时，管理者更应该根据执行单位的实际情况予以变通，使之形成良性运作的机制，制定科学合理的区分性评价体系的指标及措施，也应该遵循以上原则。故而，"区分性评价体系"的指标构建应当循序渐进，消除运行过程中所存在的壁垒，由点及面，逐步展开，在初步看到成效之后再逐步全面展开。同时，还应根据不同职业生涯发展阶段教师各方面的变化，将目标细化分级，并使人人都能看到进步；根据实际制定的运行目标，在实施过程中还要及时反馈与解决问题。

（三）搭建多元评价体系

区分性教师评价体系的建立，还需要全面的评价渠道以及多元化的评价主体，区分性教师评价主体有高校领导、教师同行、教师个人以及家长和学生。评价主体的多元化可以使教师从多角度获得与自身教育有关的评价信息，能够更加清晰地意识到自身的不足，对自身表现有着更为客观的认识，在此基础上进行"自评"，由内而外地促进自身的发展。同时评价者或者管理者可以通过多元化的评价结果来全面认识教师，进而为教师设计出更为清晰、明确的培训与发展规划。

全面的教师评价体系主要是针对方法和内容而言的。对于教师的专业发展，既要注重结果，也要看重过程，进行全过程控制，充分发挥评价者在这一过程中的关心、指导和督促作用。同时，参与

---

① 周景坤：《高校教师区分性绩效评价方法研究》，《教育探索》2015年第11期。

评价的各个层级、每一方面的人员都要对评价的内容负责，并且要积极参与到工作中去。

第四节 区分性和发展性、奖惩性评价的比较

发展性评价和奖惩性评价是两种不同的评价方式，它们各有优势和局限性。应利用其各自的优势，取长补短，使教师评价真正发挥以评促建的作用。它们与区分性评价的比较见表1-1所示。

表1-1　奖惩性评价、发展性评价与区分性评价的比较

	奖惩性评价	发展性评价	区分性评价
评价目的	面向过去，以加强教师绩效管理为最终目的	面向未来，以促进教师未来发展为目的	强调外在奖惩和内在发展的统一
评价功能	终结性评价	诊断性评价	诊断性评价与形成性评价相结合
评价主体	单一	多元	多元
评价过程	时间短	呈周期性推进	呈周期性推进
评价内容	教学效果	教学效果、育人绩效、科研成果和协作情况	教师素质、教师职责、教师绩效
评价标准	统一的、预设的	个性化的、动态的	个性化的、动态的
评价方法	强调量化方法，进行横向比较，多采用外部评价，注重结果	强调质性评价，进行纵向比较，提倡自我评价和形成性评价	注重过程性与终结性评价的整合、横向比较与纵向比较相结合
评价结果	将评价结果作为奖惩的主要依据	将评价结果视为教师未来发展的新起点	根据评价结果与教师共同协商制定其今后努力的方向和策略

一　评价目的的比较

教师奖惩性评价与发展性评价是两种目的截然不同的评价体系。教师奖惩性评价面向过去，以加强教师绩效管理为最终目的，依据教师的

评价结果①，对教师的工作表现进行优劣区分，强化评价的奖惩性功能，以教师过去的表现对教师进行晋升、加薪、降级等，加强绩效管理。虽然奖惩性教师评价可以使少部分表现优秀的教师得到应有的奖励，部分表现不合格的教师受到应有的惩罚，但是在一定程度上也忽视了教师自我发展、自我诊断、自我反思意识的培养。

教师发展性评价面向的是未来，以促进教师未来专业发展为目的，通过评价②找出教师存在的优点和不足。主张尊重教师的主体核心地位，鼓励教师参与评价，以此促进教师的专业发展。③教师发展性评价与奖惩性教师评价制度相比，具有一定的进步性，它促进了教师专业发展，但其评价结果没有与奖惩直接挂钩，在一定程度上削弱了教师的竞争意识和危机意识。

"尺有所短，寸有所长。"无论是奖惩性教师评价制度还是发展性教师评价制度，都有其弱点和缺陷，它们都不是十全十美的评价制度。因此，在实施教师评价的过程中，我们可以结合这两种教师评价制度，扬长避短，发挥两者的优势，克服它们的缺陷，实施区分性教师评价制度。区分性评价坚持将发展作为评价的主要目的，强调外在奖惩和内在发展的统一，既有利于组织目标的实现，又科学地促进了教师的专业成长。

二 评价功能的比较

奖惩性教师评价比较注重甄别和选拔功能，甄别少数优秀教师和不合格教师。而在大部分高校中都存在这样的教师分布情况，即优秀教师或是不合格教师只占教师群体的少部分，一般教师或者普通教师则占绝大部分，因此，奖惩性教师评价制度所具有的评价功能并不具备普适性。奖惩的决定，是一种终结性评价。在奖惩性教师评价的过程中，只有极少数表现优秀的教师得到奖励，少数不合格的教师受到惩罚，而绝

---

① 王斌华：《奖惩性与发展性教师评价制度的比较》，《上海教育科研》2007 年第 12 期。
② 戚业国：《学校发展与教师的专业发展》，《教育理论与实践》2002 年第 8 期。
③ 王斌华：《奖惩性与发展性教师评价制度的比较》，《上海教育科研》2007 年第 12 期。

大多数教师只是"走过场"的陪同者。这样的评价制度无法真正调动全体教师的主动性,更无法实现促进全体教师进步和发展的评价目的;发展性教师评价承认教师的个体差异,但它并不是为了比较和鉴别教师个体之间的差异,而是通过尊重教师的个体差异,实施"因材施评"和差异分析,将评价贯穿于教师日常的活动中①,强化了教师评价的发展功能,是一种诊断性评价;区分性评价在突出发展性的同时并不摒弃奖惩性,它在尊重教师个人意愿的基础上,根据受评教师的个性心理、职业素养、教学风格、工作背景等的差异,在承认教师个性特征、发展过程、专业发展目标的层次性等方面的个体差异基础上,赋予教师自主权利,注重评价信息来源的多样化,让教师参与评价过程,激发其成就感。

三 评价主体的比较

奖惩性评价主体比较单一,通常由高校校长、行政管理人员担任评价者,教师被动地接受评价,并没有参与评价的机会,无法获得自我评价和自我反思的机会。在这种单一评价主体的方法下,教师缺乏知情权和参与权,容易造成评价结果缺乏科学性和公正性。发展性评价主体具有多元化的特征,多元评价主体由教师、同事、领导、学生、专家等组成,运用"多把尺子"从不同视角评价教师。评价过程更加民主化,评价结果也更加公正、科学,有利于调动教师专业发展的积极性。区分性教师评价主张被评教师、同事、管理者、教育理论专家、学生和其他人的共同参与,实现多元主体的评价。首先,它鼓励与被评价教师相关的所有利害关系人都能积极主动地参与教师评价,从不同角度对教师做出差异性的评论②,以帮助被评价教师更好地认识和提升自己;其次,同事评价可以使教师之间相互学习,取长补短,提升教师的课堂教学水平和专业化水平;教育理论专家是评价的协作者和资源的提供者,而不

---

① 王斌华:《奖惩性与发展性教师评价制度的比较》,《上海教育科研》2007年第12期。
② 刘兰英:《区分性教师评价制度及其对我国教师评价改革的启示》,《教育测量与评价》(理论版)2008年第7期。

是居高临下的片面向教师灌输"法则"和"方式"的施予者。

四 评价过程的比较

奖惩性评价为了区分教师的优劣,一般直接收集教师的相关信息,给出结论。相对来说,需要的时间较短。发展性评价的过程并不是一蹴而就的,而是呈周期性推进的。它将教师的课堂教学活动过程纳入评价体系中,评价经过多次循环,呈现出一种螺旋式上升的状态,完成一个阶段的培养过程。周期性的评价活动,使教师真正了解教学的整个过程和评价过程,使其能够接受和认同评价结果。学会自我评价和反思,从而不断提高工作质量。区分性教师评价通过面谈了解他们的性格、技能和发展设想,再确定和实施评价计划,然后呈现评价结果,为教师提供援助和反馈。与此同时,教师根据上一轮评价,确定自己专业发展重点,然后由同事和专家共同完善和实施评价计划,最后是正式的总结性评价。

五 评价内容的比较

奖惩性评价主要以量化的指标对教师素质、职责履行和教学效果等进行评价。在实际的评价中,评价内容主要以学生的学习成绩为主,在进行评价时,很多高校都是直接以考试分数来衡量学生的学业成绩。奖惩性评价过分强调学生的学习成绩和升学率,忽略了教师教书育人、管理育人的成效,也忽视了对学生创新精神和实践能力等的培养。以考试分数作为衡量教师绩效的标准,导致了评价结果的不公平、不客观,抑制了教师工作的积极性。发展性评价的内容比较多元化,在对教师教育教学内容进行评价的同时也对教师的职业道德状况等进行评价。在关注教师现有教学能力的同时,重视对教师未来发展的评价。就评价内容来说,发展性评价不再局限于教师的教学效果,更不会仅仅以学生的考试分数来衡量教师的教学水平和教学效果,而是从多方面对教师进行更全面、准确的评价。区分性评价内容也采用多元化评价指标设计,主要包括教师素质、教学工作、科学研究和社会服务等情况。其中素质指标主要有思想素质、师德修养、专业素质、责任心、积极性、创新性、身心素质、学术道德等；教学工作主要选取了教学计划和教案、教学方法、教学内容、教学效果、教学质量、教学研究、学生成长等指标；科学研究与社会服务主要选取了科研项目、学术论文、著作、科研获奖情况、基地建设、人才培养、社会服务、自我管控能力、研究潜质等指标。

六 评价标准的比较

传统的奖惩性评价采用统一预设的标准对教师进行评价；发展性评价标准是个性化的、动态的，其评价标准的制定是自下而上的，主要根据教师的具体情况确定评价标准，符合教师的实际，比较有针对性，也能够使教师了解评价标准的实际意义，它并不是统一的，而是具有动态性；区分性教师评价标准不仅具有个性化、动态性的特点，而且强调针对不同的教师群体，制定适合其特点的分类评价模式，最大限度地让不同类别教师都有可能发挥自身潜能，科学地引导其发展个性和形成特长。

七 评价方法的比较

对奖惩性评价的指标和内容进行量化，比如，以学生的考试分数作为教师评价的唯一指标和依据，以便做出所谓科学客观的比较和分析。实际上，这样的量化评价并不能保证评价结果的客观、公平，因为它没有对教师的其他更有意义的指标进行评价。发展性评价在评价的过程中，强调评价双方的相互交流，有针对性地采取不同的评价方法，使不同类型教师的潜能都得到充分发挥，这是质性评价所具有的优点。但同时也存在一些缺点和不足，比如，主观性比较强，总体效益偏低，易受干扰等。区分性评价注重过程与结果的统一，将他评和自评结合起来，既能看到教师自身的发展，又能比较他们与同事的差距，取长补短，共同进步。

八 评价结果的比较

奖惩性评价的目的是加强教师的绩效管理，其评价结果为教师的加薪、晋级、留任等人事决策提供评价根据，对教师做出奖励和惩罚的决定，因此，在评价的过程中，奖惩性评价拒绝评价对象对评价结果的介入和干预。它反对教师参与评价结果的交流和讨论，强迫教师接受评价结果。发展性评价特别重视教师接受和认同评价结果，鼓励教师参与到评价中来，主张评价双方相互沟通、协商与合作，允许教师对评价结果的介入，大大提高了教师对评价结果的认可和接受程度。区分性评价强调过程和结果，并将评价结果信息及时反馈给教师，教师能够了解自己在教学过程中所具有的优势和存在的问题，并能根据评价结果制定今后努力的方向。

通过比较可以发现，奖惩性评价具有较强的区分性，但它却忽视了教师的自我发展；发展性评价更加重视教师的长远发展，但同时也削弱了教师的危机意识、责任意识和竞争意识。虽然发展性评价是教师评价的一种发展趋势，但是发展性评价的适用性有限，也存在着一定的局限性。鉴于奖惩性评价和发展性评价都存在着一定的弊端，有人提出了构建以发展性评价为主导，奖惩性评价为辅助的区分性教师评价体系，寻求两者的平衡点。奖惩是手段，发展是目的，在一定的条件下，寻求二者的结合点，有效地将两种不同的评价进行整合，逐步形成引导教师自觉发展的评价体系。在实施发展性评价时，可以有效地吸收、运用奖惩性评价中的积极因素，使教师评价实现最大的意义。人事管理部门应根据教师专业成长阶段的特点，设计不同的培训项目，制定不同的培训内容和提供不同的培训方式等，使教师培训能够更好地满足其教学与科研工作的需要，促使其专业的不断成长。通过教师培训，帮助其顺利度过刚入职的新手期，有效避免职业倦怠期，减少引退阶段的低落期[①]，科学指导其专业成长。对于新手阶段的教师，要采取发展性评价方法，由于刚刚踏入教师这一行业，对他们的评价应以帮助和引导为主，要使他们在全部指标上符合最基本的标准，这是强制性的要求。评价结果即使不好，也不应该用作奖惩的依据，应帮助他们尽快适应教育工作，不要

---

① 周景坤：《高校教师专业成长阶段研究》，《教育评论》2015年第3期。

影响所带班级学生的正常学习。对于成熟阶段的教师一般只采取发展性评价的方法，但是，如果他们想得到进一步发展，就必须接受外部的强制性评价，比如，作为访问学者或同国外本学科领先者进行合作研究、参加考试等使其尽快完成从成熟到专家的转变。①

在科学划分教师专业成长阶段的基础上，应充分考虑高校教师所处的发展阶段，并根据他们所处的不同专业发展阶段的特点，制定区分性评价指标、标准、周期、权重体系和方法等，进行有针对性的评价，以此提高教师评价的科学性和准确性。高校教师的区分性评价有利于改善高校教师的绩效②，有针对性地促进教师的专业发展。要针对不同类型教师的特点设计区分性的评价方法，但不同教师的评价特点也是发展变化的，其具体评价方法也应发生改变。

第五节 发达国家教师区分性评价的主要内容

一 发达国家教师评价对象的区分

如何区分评价对象是教师区分性评价的重要内容之一。评价对象的分类恰当与否直接关系着整个评价体系能否真正达到区分性的效果，学者们对教师的区分综合而言一般可分为四种类型：新手型教师、适应型教师、成熟型教师和问题型教师。学者丹尼尔森和麦克格利尔把教师分为新手型教师、成熟型教师和问题型教师三种类型，并指出新手型教师一般指在试用期内的实习教师、刚参加工作的教师以及近期跨学区调动的教师，这类教师专业成熟度较低，需要在评价中获得更多的督导和反馈，从而获得专业成长的认同感及应对职业发展的困惑；成熟型教师是指有经验的教师，尤其是已获得终身任职资格的教师，他们任教时间较长，对专业教学实践已较为熟练，能自主确定、实施并完成专业发展的计划，因此在整个评价中的自主参与程度所占比例可以更高一些；问题

---

① 周景坤：《高校教师专业成长阶段研究》，《教育评论》2015年第3期。
② 周景坤：《高校教师专业成长阶段研究》，《教育评论》2015年第3期。

型教师则是指教学上存在困难的教师，这类教师在明确有效教学标准的特定方面存在着特殊的帮助需求，需要由教育研究专家、学科专家及其他教师给予特定指导和帮助。① 其他学者在此基础上进一步对处于新手型教师与成熟型教师发展阶段之间的教师类型进行细分归纳，增加了一个适应型教师类型。适应型教师一般主要指从教时间在3年以上，已较为熟悉基本的教学方法并开始形成自我教学风格，但教学水平还不稳定的教师群体。不过，这四类教师类型的划分并不是绝对的，会随着教师职业生涯的发展而变化（见图1-2）。目前，有一些国家根据教师职业发展所处的不同阶段特征等因素进行划分，如美国联邦州际教师评价与支持联盟（INTASC）将教师划分为实习型教师、新手型教师、适应型教师和成熟型教师四个类型。②

新手型教师 → 适应型教师 ↔ 成熟型教师
                ↓
            问题型教师

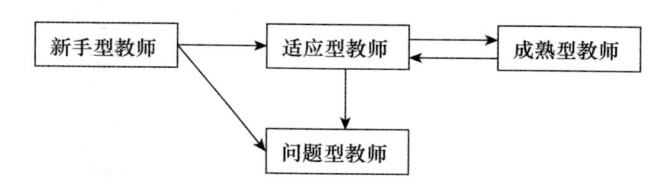

图1-2 评价对象的动态转化图

资料来源：根据 Charlotte Danielson, Thomas L. McGreal, "Teacher Evaluation: To Enhance Professional Practice," *Assn. for Supervision & Curriculum*, 2000 (7) 一文内容编制。

二 发达国家教师评价主体的区分

为使评价结果更加客观全面，大多数学者认为，在区分性教师评价体系构建中，评价主体应包括教师本人、学校管理者、同事、教育研究专家和学生等，但在整个评价体系中各评价主体的职责应有所区分。具体来讲，首先，教师本人是评价实施主体的核心成员。尽管部分学者关

---

① Bret Range, Heather Duncan, David Hvidston, "How Faculty Supervise and Mentor Preservice Teachers: Implications for Principal Supervision of Novice Teachers," *International Journal of Educational Leadership Preparation*, 2013 (10): 43–58.

② 周景坤、黎雅婷：《国外区分性教师绩效评价制度体系研究》，《高教探索》2017年第2期。

于新手型教师和成熟型教师在评价实施结果的决定比例上存在一些分歧,但学者们基本都认同由于教师工作的特殊性,教师本人对自身工作的总结与反思是构成评价结果十分重要的部分,同时教师参与评价所获得的成就感更为强烈,从而有利于评价结果的反馈及后续的绩效改进。其次,包括校长在内的学校管理者在评价实施主体成员中扮演着重要的协调者角色,当各方的评价结果出现分歧时需要学校管理者进行沟通协商。甚至有学者认为,对教学的指导是校长最重要的责任,因为教师需要学校管理者针对其优点提出建设性反馈意见以及对弱点提出改进计划,而这对于新手型教师尤为重要。① 最后,同行教师也是评价实施的主要参与者。由于担任相同或相近的教学工作,教师同事之间对彼此工作的了解程度更深入,有利于全面客观地评价教师个体的工作表现。同时由成熟型教师同事给予的评价建议更能帮助新手型教师的专业成长。除了这些学校内部成员以外,学者们认为,校外的教育研究专家也是评价实施的重要合作者。教育研究专家能为学校的区分性教师评价提供更有效的理论指导,也能帮助学校寻找出现存绩效评价制度的问题及提出相应的应对措施。同时,教育研究专家通过学校的实践能进一步推进理论的创新,如格拉特索恩、雷特提格、丹尼尔森等人均是通过参与学校的实验而归纳出区分性教师评价的理论及方法的。因此,具体到不同教师类型的评价而言,学者们认为,新手型教师的评价主要由学校管理人员和督导等进行,并且部分学校通过指派校长助理、提拔学校部门主管、组建同行指导组等方式来保证对新手型教师评价主体的多元化,这也是十分值得推荐的做法。适应型教师由于其在教学过程中开始从自我能力肯定为中心转向关注教育方法的改进与提升,因此其评价以学生、学校管理人员为主。成熟型教师的评价则主要由教师本人、学校管理者和学生来进行,其中教师本人是最重要的主体,教师可以根据自身职业发展需要自主实施并完成专业成长计划,而学校的管理小组则定期对计

---

① Michel, Heather Ann, The First Five Years: Novice Teacher Beliefs, Experiences, and Commitment to the Profession, Dissertation, University of California, San Diego, 2013.

划完成的程度进行审定和指导，其他评价人员的作用则不是太突出；问题型教师的评价主要由学校管理人员、督导以及教育援助小组进行，其中教育援助小组通常由精通教学策略的专家和学科专家组成，其作用是帮助问题型教师发现并改进教学过程中所存在的困难。在具体实践上，美国不同联邦州学校的评价主体的构成是有所区别的，例如，在一些州的学校中教师评价是由校长或学校主管人员来执行的，而在一些州中评价则由专门的评价委员会人员进行。①

三 发达国家教师评价方法的区分

（一）新手型教师评价的主要方法

新手型教师，又称初任教师、职初教师、新教师，一般是指参加教育工作时间在3年以内的教师，也包括参加教育活动在3年以上近期进行了跨学区调动，因而需要重新适应新工作环境的教师。这类教师的特点是专业发展渴望强烈，工作热情较高，专业可塑性较强，但其缺乏工作经验和能力，他们的专业成熟度通常比较低，对职业发展信心不足，在专业发展遇到挫折时信心容易受挫。相关研究表明，新教师在任教的3—5年是一个磨合期，如果新教师在这个关键的3—5年时间内能够得到学校适当的支持与引导，他们会留在教师队伍里并且获得较好的专业发展。② 良好的绩效评价制度能够使新教师获得更多更好的督导和反馈，使其获得专业成长的认同感及应对职业发展困惑的信心③，因此绩效评价在学校给新手型教师提供职业发展的引导与支持上具有十分重要的作用。"新教师入门指导项目"（New Teacher Induction Program）是美国20世纪80年代后期发展最迅速的运动，然而，以往传统的教师评价方法无法凸显新手型教师的特点，并且由于新手型教师的特殊需求和兴

---

① 周景坤、黎雅婷：《国外区分性教师绩效评价制度体系研究》，《高教探索》2017年第2期。

② Michel, Heather Ann, The First Five Years: Novice Teacher Beliefs, Experiences, and Commitment to the Profession, Dissertation, University of California, San Diego, 2013.

③ 周景坤、黎雅婷：《国外区分性教师绩效评价制度体系研究》，《高教探索》2017年第2期。

趣经常得不到教师群体的重视，因而导致新手型教师在融入群体组织时出现障碍。[①] 因此针对新手型教师的专业发展特点采用具有区分性的绩效评价方法，既能够提升其绩效评价的准确性，又能够充分发掘新手型教师的发展需求，从而帮助其获得更大的专业成长。其所采用的主要方法有如下几种。

1. 档案袋评价法

档案袋评价法（Portfolio Assessment）指的是在一定标准体系指导下收集新手教师在一定时间段内的工作绩效文本材料和实践记录，从而通过档案袋内相关文本材料记录衡量新教师是否具备教师能力资格与提高新教师反思能力。该方法在新手型教师群体中的实施以康涅狄格州和北达科他州为代表。康涅狄格州的新教师档案袋评价法实施得比较早，它属于该州1989年出台的"新教师支持与培训项目"中的两大部分内容之一。"新教师支持与培训项目"的档案袋评价法实施期一般是两年，新教师被要求只有在两年内达到评价要求，才能取得康涅狄格州的临时教师资格证书。它一般分为三个阶段。第一个阶段是项目实施的第一年，这一阶段的任务是新教师在督导小组或导师的指导下建立自己的"档案袋"；第二个阶段是项目实施的第二年，这一阶段的任务是新教师根据自己一年的工作成绩，提交一份高质量的教学档案袋以接受评审组的正式评价；第三个阶段主要针对在两年后仍未达到州评价要求的新教师，他们可以将档案袋评价延至第三年以便有更充分的时间来提升自己的能力。其评价内容主要有四个方面：其一是选择某一个班级并描述学生的特点，准备某一单元的教学资料，写一段简短的教学导入语；其二是选择一些课程活动，用录像机录下这些活动的教学过程，然后通过回放录像，写一篇简短的评论；其三是收集学生的作业样本，通过分析学生的作业，写一篇简短的评论；其四是根据学生的学习成绩，评价自己的教学效果，并写一篇简短的评论。这样，通过这四个方面将新教师

[①] Ben Pogodzinski, Nathan Jones, "Exploring Novice Teachers' Attitudes and Behaviors Regarding Teacher Unionism," *Educational Policy*, Jul. 2014 (6): 491-515.

的教学过程与教学反思充分结合在一起,既检验了新教师教学技能又培养了新教师的教学反思能力。而北达科他州在借鉴康涅狄格州经验的基础上,于 2006 年采用一种新的教师行动模型——合理行动模型(Reasoned Action Model)来加强对教师收集和选择档案评价信息内容的指导。新教师被要求按照模型中的理解、转化、教学、评价、反思和新的理解六大部分来搜集档案信息内容,同时北达科他州的新教师评价和支持联合会(INTASC)制定了一套新教师档案袋评价的具体标准,使得档案袋评价法更加具体规范(见表 1-2)。

表 1-2　北达科他州采用的新教师档案袋评价标准（INTASC 标准）

标准	具体内容
扎实的学科知识	新教师理解核心概念,掌握调查方法和所教学科的知识结构,能够为学生创造有价值的学习经验
创造个体发展和学习的机会	新教师了解学生和青少年是如何学习和成长的,并能为他们提供智力支持、社会性和个性发展的学习机会
因材施教	新教师理解学生在学习方法上的不同,从而能够创造出不同的教学机会以满足不同文化背景学生的特殊需求
多样化教学策略	新教师理解并懂得使用多样的教学策略鼓励学生发展批判性思维、问题处理能力和表达能力
教学激励与管理	新教师了解个体与群体的激励技能,能够创造一个学习环境以鼓励学生进行积极的社会交往,积极参与学习以及自我激励
交流技能	新教师运用有效语言、非语言和媒体交流技术来促进学生进行积极的调查、合作和支持性的课堂互动
教学计划技能	新教师能在对学科知识、学生、社区和课程目标的充分理解基础上制订教学计划并能对其进行有效管理
学生评价	新教师理解并运用正式和非正式的评价策略去评价及保证学生智力、社交和身体健康的持续发展
自我反思与专业发展	新教师要成为反思性的实践者,能够持续评价自己在其他群体(包括学生、家长与其他学习专业人士)中的选择和行动,并积极寻找专业发展的机会
合作、道德与关系	新教师能够热衷于与家长/监护人、学生家庭成员、学校同事、社区机构合作沟通,从而有效支持学生的学习与发展

资料来源:Ken Henson,"Making the Most of INTASC Standards," *SRATE Journal*, 2009 (18):34-40.

2. 资格证书评价法

美国自19世纪初就开始实施教师资格考试制度，并随着教育的发展，教师资格证书的管理越来越趋向于州政府集权，即州级教师资格证书逐步取代地方教师资格证书。到了20世纪70年代，越来越多的州政府认识到资格证书不仅是教师上岗任教的准入证，而且能作为教师任教后教育能力逐步提升的一种有效的评价工具。在此过程中，纽约州为将教师资格证书用于教师评价做出了重要贡献，纽约州的教师资格证书体系注重把教师认证、教师培训和教师职业发展作为一个整体来考虑，因此它在教师的教育能力提升上有着重要的引导作用。而刚涉足教学岗位的新手型教师由于处在职业生涯的摸索期，教学效能感十分容易建立或改变，他们更多地以自己为中心，更多地考虑自己的教学是否有效，希望能够得到社会及学生对其教学能力的认同，因此需要有权威的机构提供客观的结果来帮助他们看到自己教学初期的成绩以及不足。资格证书考试一般由各州政府组织，通过其评价结果能够使新手型教师鉴定自己的教学水平是否达到了要求，从而帮助他们获得教学信心及有针对性地提高自身能力。纽约州的教师资格证书大体上分为常规证书和非常规证书两个类别，其中常规证书类别中的专业证书（professional certificate）和永久证书（permanent certificate）与教师专业发展最为密切，因此也对教师评价有着重要影响。纽约州的教师专业证书是新手型教师上岗5年后必须获得的资格证书，并且与永久证书一样，教师每5年必须接受一次教学绩效的检查。只有达到了专业发展的要求才能保持证书继续有效，反之，州政府有权撤回已颁发的证书。当教师任教于纽约州的公立学校时，州政府允许教师在州内任何学区的教师培训机构获得继续教育的权利，但规定教师每5年必须完成175个小时的专业发展学习，并且需要连续7年保持提交参加继续教育培训的记录给州教育部门审查。

3. 行为跟进评价法

教师成长的相关研究表明，新手型教师与适应型教师的差异主要是由教育经验造成的，教育经历和在经验中学习是新手型教师尽快适应教育工作，获得专业成长的关键性条件，因此对新手型教师在任教过程中的教育行为进行跟进，可在一定程度上控制其教育经历朝着良性的方向发展，从而帮助新手型教师顺利度过职业生涯的初创期。所谓行为跟进评价法指的是通过为教师树立优秀的标杆对象，与其分享标杆对象的成功经验并剖析其成功因素，结合成功因素来帮助其制定模仿跟进的计划方案，在每一周期根据计划方案对教师能力实施评价检验的一种方法。其着眼点在于"跟"，目的在于通过对优秀标杆对象的模仿与学习，引导教师形成良好的教育方法与习惯。科罗拉多州将行为跟进评价法用于该州实施的"实习教师培训计划"（The Plan for Teacher Interns Training），取得了显著成效，不仅使得许多新手型教师得到了及时有效的指导，而且为该州吸引了更多有能力且高素质的人才加入教师队伍中。"实习教师培训计划"中辅导老师（mentor）是一个重要的角色，他们通常由同样参与过这一计划的优秀的有经验的教师组成，能够更好地通过他们的实际体验向新手型教师示范最好的教育实践过程，并与新手型教师一起制定跟进学习计划，帮助新手型教师从教育新人成功转变为合格的教育者。此外，在行为跟进评价法的实施过程中，需要及时向新手型教师进行反馈并根据跟进学习的结果反思修正计划方案，正如学者 Melissa Tuytens Geert Devos 所指出的，当教师认为评价反馈是有效且及时的时候，教师的绩效评价就可以促进教师专业发展的学习活动。[1]

总体而言，新手型教师应当通过有效的外部督导评价等方法来解除其对教育工作和个人职业生涯发展的困惑，引导其尽快建立良好的教育反思与职业生涯规划能力[2]，避免在教育生涯初期形成错误的观念及行为习惯，从而为其顺利过渡到适应型教师，甚至是成熟型教师打下坚实的职业生涯发展基础。

---

[1] Melissa Tuytens Geert Devos, "How to Activate Teachers through Teacher Evaluation?" *School Effectiveness and School Improvement*, 2014 (04): 509–530.

[2] 周景坤、黎雅婷：《国外区分性教师绩效评价制度体系研究》，《高教探索》2017 年第 2 期。

(二) 适应型教师评价的主要方法

适应型教师是指从教时间一般为 3—10 年，已较为熟悉常用的教学方法并开始形成自我教学风格，但教学水平还不是很稳定的教师群体。[①] 另外，它还包括一些从教时间在 10 年以上，心理和专业成熟度还不是十分稳定的教师。由于适应型教师大多处于教育职业生涯的适应时期，他们对新事物的学习接纳较容易，因此把教育工作作为一种挑战来增强自己的教育能力。其运用的主要评价方法有如下几种。

1. 学生评议法

学生评议法指的是将学生作为教师评价主体，通过学生填写问卷或参与访谈等形式评议教师的工作绩效水平，并根据学生评议结果对教师下一步绩效提出改进建议的一种方法。由于学生是教师活动的直接接受者，他们对教师的教学效果感受比其他评价主体更为直接，因此从教学活动效果评价而言，学生评议的结果能够更贴近于教师的真实绩效状况。但这一方法也存在着由于学生认识上的不足或故意隐瞒等因素而造成偏差的问题，因此通常与其他评价方法搭配运用。随着教育改革的深入发展，传统的学生评议法也出现了一些新的趋势，如与互联网技术、与学生成长体验等更紧密结合在一起，并产生了一些新的形式，而学生民主投票就是其中的一种重要形式。盖洛普学生民主投票调查（Gallup Student Poll）是由美国盖洛普咨询教育实践机构推出的一种教育调查方法。该机构研究认为，学生的学业成绩与教师工作的能力及教学参与度密切相关[②]，通过安全的在线网站进行学生投票，其调查结果能间接反映教师的工作绩效。[③] 盖洛普学生民主投票调查通常在每学年的秋季进行，要求学生围绕愿景、承诺和成长三个关键性指标对教师进行投票评价（见表 1-3）。如前文所述，由于适应型教师的工作关注点从以自我

---

① 周景坤、黎雅婷：《国外区分性教师绩效评价制度体系研究》，《高教探索》2017 年第 2 期。

② 周景坤、黎雅婷：《国外区分性教师绩效评价制度体系研究》，《高教探索》2017 年第 2 期。

③ Amy Potemski, Mahua Baral, Cassandra Meyer, "Alternative Measures of Teacher Performance," *Policy-to-Practice Brief*, 2011 (5): 1. http://www.tqsource.org.

表1–3　　**盖洛普学生民主投票调查问题表（2014年）**

关键指标	调查问题	对当前状态的感受	5年后你认为所能达到的状态
介绍	请想象一下，有一个梯子从底部到顶端的阶梯编号是0到10。顶端是你最好的生活状态，反之，底端是你最糟糕的生活状态，请用阶梯的编号来代表你对当前状态的感受，以及5年后你认为你所能达到的阶梯编号		
愿景	我了解我将要从高中毕业		
	学校有关心我未来的师长		
	我能想到多种取得好成绩的方法		
	我积极追求我的目标		
	我能找出解决任何问题的多种方法		
	我相信自己毕业后能找到一份好的工作		
承诺	我在学校有一个很要好的朋友		
	在学校里我感到安全		
	我的老师让我意识到我的学业是十分重要的		
	在学校里我每天都有机会尽我所能地做到最好		
	在最近7年里，我曾因为我的学业良好而受到肯定或表扬		
	我的学校承诺要努力培养每位学生的长处		
	至少有教师能使我对未来感到兴奋		
成长	你每天都得到尊重地对待吗		
	你昨天欢笑很多吗		
	你昨天学到或者做了有趣的事情吗		
	你昨天有充足的精力去完成任务吗		
	你是否存在健康问题而导致你无法完成其他正常同龄人能完成的任务		
	当你遇到困难时，你的家人或朋友能否在你需要时提供帮助		

资料来源：根据盖洛普学生民主投票调查问题整理所得。Gallup Student Poll Items 2014，http：//www.gallupstudentpoll.com/177182/gallup-student-poll-items-2014.aspx.

能力的肯定为中心转向关注教育方法的改进与提升，以教育活动的直接对象——学生作为评价主体能够直接反映出适应型教师对于教学方法的改进是否切实有效,因此,这种方法在适应型教师的绩效评价上的运用有其突出优势。

2. 课堂观察评价法

课堂观察评价法是指观察者在明确的评价目标指导下借助观察表、录音录像设备等辅助工具直接从课堂真实情境中收集一手教学资料,并根据结果分析、评价教师在教学中的优劣势,给出相关绩效改进建议的一种评价方法。这种评价方法由于贴近真实的教学环境、客观上易操作等特点而一直被各学校广泛使用。根据2012年美国教育部及联邦教育评价中心对美国特拉华州、佐治亚州、北卡罗来纳州、田纳西州和得克萨斯五个州的调查显示,课堂观察评价法是各州普遍运用的评价方法之一。[①] 尽管这一较为传统的评价方法在不同类型的教师评价中均能适用,但它在适应型教师评价中运用所具有的突出优势在于由学校领导、同事、导师或教育专家等构成的观察者群体能够最直观地掌握适应型教师的教学情况,有利于及时对适应型教师所存在的教学问题提出改进意见,从而帮助其迅速提升教学技能。在适应型教师课堂观察评价的实施中,比较有代表性的是田纳西州。2011年7月,田纳西州在全联邦范围内全面建成学生成绩导向的教育评价体系,州教育部门成立了田纳西州教育加速机构(TEAM),而课堂观察评价则是该州教育评价体系的重要组成部分。课堂观察评价由评价专家根据TEAM统一制定的课堂教学观察评价表进行(见表1-4),评价表的考察内容主要由教学设计与计划、教学环境和教学过程三方面构成,专家们根据评价表中三个方面的19个指标内容进行评分,评分等级分为1—5,在此过程中教师也可以参与自评。在结合多次课堂观察的基础上,评价专家在评价反馈会议上与新手型教师共同讨论确定哪些是该位教师的优势领域,而哪些领域又需要重点改进。专家要针对新手型教师没有达标的领域提出详细的专

---

① Karen Shakman, Julie Riordan, Maria Teresa Sanchez, An Examination of Performance Based Teacher Evaluation Systems in Five States, http://ies.ed.gov/ncee/edlabs, 2012 (2).

业改进意见，而新手型教师本人也可以在教师反馈中提出自己的想法，从而在相互沟通的基础上保证观察评价结果的公正合理性。

3. 结构性访谈法

结构性访谈（structured interview），又称标准化访谈（standardised interview），一般指的是评价者根据事先拟定的访谈提纲和调查表格，按照特定步骤和程序开展访谈且受到高度控制的一种绩效评价方法。由于结构性访谈法能得到其他评价方法难以获得的相关信息，在绩效评价中运用范围十分广泛，将其运用于适应型教师的绩效评价优势在于能够通过访谈给予适应型教师阐述在教学方法改进和自我能力提升上的经验积累，一方面有利于适应型教师对于自我教育能力进行总结反思，另一方面有利于学校组织发掘更多的成功经验，可推广应用于教师培养工作当中。结构性访谈法的实施可以有多种形式，根据亚拉巴马州2011—2012年教育报告，通过实施"个人职业教育评价计划"（PEPE），亚拉巴马州已处于美国教育领域的领先地位，并为实现该州2020年的教育计划制定了在全美国而言的最全面的职业准备标准。① 结构性访谈法则是该州教师评价体系中十分重要的组成部分之一，在亚拉巴马州，被评价的教师可以从两种不同形式的结构性访谈中选择一种：一是口头谈话的形式，即评价主体与被评价教师共同讨论特定领域的工作绩效问题。亚拉巴马州教师评价委员会规定访谈的时间一般在10分钟左右，内容应围绕教学准备、教学过程和学生评价三个方面的能力展开，评价者事先应根据教师评价指标编制好提纲与访谈计分表。学者Ross Wiener, Kasia Lundy指出，调查反馈能增进教师在评价过程中的参与度，并且使得教师成长和发展的程度能更准确地得到评价。② 因此，该州规定一般在访谈后的五个工作日内需要召开一次反馈评价结果见面会。二是书面汇报的形式，即被评价教师先以书面材料形式回答特定领域的问题，但

---

① Alabama's Education Report Card, 2011 – 2012, Alabama Department of Education, 2013. http：//files. eric. ed. gov/fulltext/ED544751. pdf.

② Ross Wiener, Kasia Lundy, "Survey Says：Using Teacher Feedback to Bolster Evaluation," *American Educator*, Spr., 2014（01）：14 – 17.

表 1-4　　　　　　　　TEAM 教师课堂教学观察评价表

观察者_____　　告知性观察□　　未告知性观察□
被观察教师对象_____
学校名称_____　　　　观察编号_____
日期：_____/_____/_____　　时间：_____

教学设计与计划	观察者评分	教师自评	优势领域：
教学计划			所属指标：
学生作业			_____
教学评价			摘要：
教学环境	观察者评分	教师自评	
教学期望			
学生行为管理			
学习环境			
尊重的文化			
教学过程	观察者评分	教师自评	
教学目的和目标			
学生激励			需改进领域：
教学内容呈现			所属指标：
教学节奏及进度			_____
教学活动与材料组织			摘要：
课堂提问			
教学反馈			
小组学习			
教学知识			
对学生的了解			
思维能力			
问题解决能力			

资料来源：TEAM Educator Observation Form（Tennessee Team），http：//team-tn.org/general-educator-observation-form/.

为了使评价主体能更好地辨别书面材料的真实性，一般还要求被评价教师围绕书面材料作进一步的口头阐述汇报。教师所提交的书面材料必须严格按照州或学区的教师评价指标来准备，并且内容应是教学过程中的真实记录而不是专门为评价特意准备的其他材料。在书面材料提交后的八个工作日内，评价者必须召开一次15—20分钟的评价反馈会议，以便评价者对书面材料中所存在的模糊问题进行提问，并给予被评价教师解释补充说明的机会。无论是书面汇报还是口头谈话形式，只要被评价教师在某些问题上获得了高分，在下一年度里就可以不回答同样的问题，继续保留上一年取得的分数。但为了追踪教师专业能力的发展状况，分数保留的期限仅为一年，即在第三年的评价中，教师仍然需要接受全面的评价。

总体而言，适应型教师由于处在职业发展快速上升的关键时期，既需要外部评价来帮助其尽快提升教育基础技能，又需要自我评价来引导其理清教育思路，创新教育风格方法，因此适应型教师的评价方法运用侧重于外部评价与内部评价相结合。

（三）成熟型教师评价的主要方法

成熟型教师，又称经验丰富型教师，它指的是学校中具有熟练教育经验的教师，尤其是已获得终身任职资格的教师。成熟型教师在他所属领域中表现卓越、具有良好的教育技能、对教育任务及所处的情境比较敏感，在教育中表现灵活，对教育问题能进行深层表征，能快而准地知觉到有意义的教育事件并做出合理解释，能知觉到对教育有意义的信息并运用上述经验和理论知识对这些信息进行加工，解决问题较快。[①] 因此，这类教师的特点一般是任教时间较长，对专业教学实践已较为熟练，教育能力较为稳定，但与此同时又具有较强的个性发展需求，在职业发展中结合自己的专业兴趣的需要更为强烈。因此在整个教师评价工作中，成熟型教师的自主评价参与程度比例可以稍高一些，并且可以适当参与到其他类型教师，如新手型或问题型教师的绩效评价工作中。其运用的主要评价方法有以下几种。

[①] D. C. Berliner, "Learning about and Learning from Expert Teacher," *International Journal of Educational Research*, 2001（5）: 463–482.

1. 专业发展计划评价法

教师专业发展计划评价法（Professional Development Plan）是美国各州运用较为广泛的评价方法之一，在马萨诸塞州、田纳西州、亚拉巴马州等均是教师评价体系的重要组成部分。该方法在成熟型教师中运用的优势在于能较好地满足成熟型教师的职业发展个性化需求，让教师在绩效评价中的自主权更好地发挥出来，一方面对于学校而言，能使成熟型教师丰富的专业经验被充分运用，帮助学校绩效评价工作更好地开展；另一方面对于成熟型教师个人而言，个性化发展需求得到满足能使其更容易接受职业发展规划安排，并且伴随着教师积极性的提升能更有利于教育质量的提高。其中，马萨诸塞州的自我定向进步计划即是专业发展计划评价法的典型代表（见表1-5）。该计划共分为四种类型：教师发展计划（Developing Educator Plan）、自我定向发展计划（Self-Directed Growth Plan）、定向发展计划（Directed Growth Plan）和改善计划（Improvement Plan）。① 除教师发展计划外，其余三类计划均可用于专业状态水平的教师（PTS），而自我定向发展计划即是用于绩效表现等级为模范的成熟型教师评价。在得到相关评价人员审查允许的基础上，自我定向发展计划的目标由成熟型教师自己设定。由于成熟型教师对学生的教学影响力一般可达到中高等级，因此在目标设定后一般以两年为周期，在第一年年末进行形成性评价，而在第二年年末进行总结性评价。

表1-5　　　　马萨诸塞州教师专业发展计划类型

绩效表现等级	模范	教师发展计划（1年）	自我定向发展计划（2年）
	精通	定向发展计划（最长为1年）	
	有待提高	改善计划（30天至1年）	
	不满意		
		低等　　　　　　中等　　　　　　高等	
		影响力等级	

资料来源：QRG：Educator Plans，http：//www.doe.mass.edu/edeval/.

---

① QRG：Educator Plans，http：//www.doe.mass.edu/edeval/.

2. 增值评价法

增值评价法主要指的是学校通过追踪学生在一段时间内学业成绩上的变化，以变化的结果作为考察教师对学生成绩影响的净效应，进而实现对教师效能的评价。与以往定性化为主的评价方法相比，增值评价法利用客观的增值评价数据结果作为教师评价依据，在一定程度上弥补了定性化评价方法所存在的主观、模糊等缺陷，有助于保证对教师评价的公平性。有部分学者曾指出，增值评价法也存在一定的缺陷，某些教师（如新手型教师和问题型教师）尽管十分努力工作但由于其教学能力有的局限而无法较好地提高学生成绩。在这种情况下采用增值评价法就无法准确评价教师工作的努力程度。但是，它被运用在成熟型教师中却能避免这一缺陷，这是由于成熟型教师的教学能力是比较成熟稳定的，所以学生成绩的变化更多地在于教师工作努力的程度而非教师的工作能力，这一方法被运用于成熟型教师更能凸显其优势。某些学者更是把增值评价法作为界定成熟型教师的方法之一，学者莱茵哈特就曾指出，以学年统考或标准化测验来研究学生在一定时期内分数的增长，如果某位教师所教的学生在一定时期内分数的增长在一定地域范围内位居前15%—20%，则将该位教师作为成熟型教师。[①] 田纳西州的增值评价法（TVAAS）是目前世界上最为完善、使用最为广泛的增值评价方法之一，它的实施包括数据收集、数据整合、数据分析和数据报告四个阶段，每年三月下旬或四月上旬学生会参加统一的TVAAS测试，测试结束后，试卷会被寄送到田纳西州测验和评价中心（STEC），随后，测验分数经过评定汇总后交由田纳西大学的增值研究和评价中心（VARAC）进行数据分析，并将教师、学校等信息与测验分数联系起来，最后，每年相关的数据报告卡会以不同形式发放给教育相关人士及公众。目前，TVAAS已成为田纳西州落实教育问责制的重要工具。

3. 系统监督评价法

系统监督评价法是一种能够在充分给予成熟型教师专业发展自主权

---

① G. Leinhard, "Expertise in Mathematics Teaching," *Eduational Leadship*, 1986 (6): 28–33.

的基础上,相关部门对其绩效进行宏观监督的评价方法。由于成熟型教师的自主发展需求较高,大多数学校对于成熟型教师的绩效均实施放权式管理,然而,为了保障成熟型教师的教学绩效能够继续保持高水平,还需要对其进行必要的宏观监督。马里兰州的系统监督评价法即是典型代表。在马里兰州,成熟型教师专业发展监督周期一般为五年,其中包括非评价年和评价年,在每个周期的前四年里,教师必须在第一年与监督制定小组共同讨论确定周期内的发展内容。监督制定小组通常由同事、学校管理人员、顾问教师等组成,小组会帮助每一位教师分析其专业发展现状,结合学校中长期发展规划,为教师实现下一阶段职业目标提供指导性建议。在此过程中,成熟型教师的个人发展意愿是被充分重视的,教师有权利对发展目标提出自己的想法。在制定发展目标以后的四年时间内,学校领导及相关管理人员会对目标落实情况进行跟踪审查,在审查过程中发现存在绩效隐患的教师必须进入为期6个月的特殊评价周期,以获得学校提供的结构性支持。在周期的第五年(评价年)里,每位教师必须在学校评价会上递交一份正式的评价报告,以总结在这一周期内所取得的成绩,评价会根据报告内容进行审核。达标的教师将进入新的专业发展周期,而未达标的教师则必须进入评价支持周期,接受学区特殊评价会的审查。由此,马里兰州的专业发展监督周期在各个周期体系的有效衔接下顺利开展。与一年一度的评价方式相比,周期跨度较长的专业发展监督有利于成熟型教师将更多的精力放在专业发展提升上,因此更符合其专业发展需求。

总体而言,成熟型教师在评价方法运用上更多地侧重于以自我内部评价为主,使教师在职业发展中能结合自身专业发展的兴趣获得更大的职业规划自主权,与此同时通过包容灵活的外部评价来进一步辅助自我内部评价工作的完善。除了专业发展计划评价法和增值评价法以外,自我评价法、会议反馈评价法、目标管理法等在成熟型教师评价运用中也具有较好的优势。[①]

---

① 周景坤、黎雅婷:《国外区分性教师绩效评价制度体系研究》,《高教探索》2017年第2期。

(四) 问题型教师评价的主要方法

问题型教师指的是在明确有效的教育标准的特定方面存在特殊帮助需求的教师，即在教育工作上存在某些方面的困难，需要由教育研究专家、学科专家及其他教师给予特定指导和帮助。问题型教师并不是一开始就出现的，是在长期的教育实践中存在一定困惑或遇到教育挫折无法克服而形成的群体，任何类型的教师在教育困难得不到解决时都有可能变为问题型教师，如马里兰州专业发展系统评价管理和监督过程所显示的，当教师在绩效评价中存在教学隐患或未达评价指标要求时就有可能成为问题型教师，需要进入评价支持周期接受学校提供的教学帮扶计划。问题型教师的特点大多表现为由于其在职业发展中已经出现了困难及迷惑，自我往往会表现出对职业发展的畏惧或者抵触等负面情绪，迫切需要通过外部评价帮助其找出职业发展中的问题及原因，并根据评价结果有针对性地帮助其改进，因此，问题型教师的评价方法在运用上更多地侧重以外部评价为主[①]，主要有以下几种方法。

1. 顾问导师评价法

顾问导师评价法是指学校将经过严格选拔的具有丰富教育经验及较高专业化水平的教师分配给问题型教师作为指导老师，通过导师制使指导老师能为问题型教师分析教育问题，并将最佳的教育实践策略传递给问题型教师，以达到帮扶问题型教师提升绩效的目的。在马里兰州，为了使全体教师都能达到州制定的教学标准要求，州相关部门设立了"同行协助与检查"项目（Peer Assistance and Review Project），该项目的目的是为州内所有问题型教师及新手型教师提供集中的特殊帮助培训，而顾问导师制度就是该项目的重要组成部分。顾问导师服务期一般为3年，他们对问题型教师的指导内容主要有两个方面：一是通过每学期不少于三次的正式观察，了解并帮助问题型教师准确找出教学中的问题及其原因，提供自己的演示课程，帮助问题型教师进行教学技能强化训

---

① 周景坤、黎雅婷：《国外区分性教师绩效评价制度体系研究》，《高教探索》2017年第2期。

练；二是不断总结"同行协助与检查"项目内容的适宜性，并在每一年提供总结性报告，证明所帮扶的教师是否已达到预期的专业标准，以帮助上级管理部门与学校做出是否继续聘用帮扶对象教师的建议。许多州都会根据上一年度教师的绩效评价得分来确定其本年度的指导计划内容，如果教师在上一年度的得分偏低，则会被列为问题型教师，因而会加强对其的指导。以田纳西州的建设性观察追踪为例，在上一年度得分仅1分的问题型教师必须在学年初接受一次导师谈话来讨论确定本年度应改进的内容及目标，并且在学年内导师必须对其增加相应次数的告知或非告知的集中课堂抽查（见表1-6）。

表1-6　　　　　　　　田纳西州的建设性观察追踪

	年度评价或个人发展评价中得分为1分的问题型教师		年度评价得分为2—4分且个人发展评价得分为1分或5分的新手型教师		年度评价得分为2—4分并且个人发展评价得分为1分或5分的成熟型教师		年度评价或个人发展评价中得分为5分的所有教师	
	学年开始		学年开始		学年开始		学年开始	
	学年初导师谈话							
第一学期	1次未告知性抽查	1次结构性支持项目、1个专业发展计划	1次告知性抽查	1次结构性支持项目、1个专业发展计划	1次未告知性抽查	1次结构性支持项目、1个专业发展计划	1次未告知性抽查	1次结构性支持项目、1次教学环境评价、1个专业发展计划
	1次告知性抽查	1次结构性支持项目、1次教学环境评价	1次未告知性抽查	1次结构性支持项目、1次教学环境评价				
	学期结束		学期结束		学期结束		学期结束	
第二学期	1次告知性抽查	1个专业发展计划	1次告知性抽查	1个专业发展计划	1次未告知性抽查	1次结构性支持项目、1次教学环境评价	1次工作演示	
	1次未告知性抽查	1次结构性支持项目、1次教学环境评价	1次未告知性抽查				1次工作演示	
	专业得分		专业得分		专业得分		专业得分	
	学年结束		学年结束		学年结束		学年结束	

资料来源：Suggested Observation Pacing, http：//team-tn.cloudapp.net/wp-content/uploads/2013/08/Suggested_ Pacing.pdf.

2. 证据评价法

证据评价法指的是使用学生和教师两方面的评价数据作为证据，从而确定本学区或本州教师专业发展的一种评价方法。它的最大特点是改变传统由学区或州教育机构来确定教师专业发展标准的状况，使得标准从教师的需求角度出发，一方面提高评价的准确度，另一方面有效促进教师专业发展。这一方法在问题型教师的评价运用中所具有的优势在于其能更加贴近问题型教师的现实需要，能够将教师现存的教育问题作为下一阶段专业提升的根本性依据来制定需求计划，因此对于解决问题型教师的教育短板更具有针对性。在证据评价法的运用上以亚拉巴马州的教师专业发展项目——EBDM 计划最具代表性。EBDM 全称为基于证据的决策计划（Evidence-Based Decision-Making），它利用前一周期从学生和教师两个来源所获得的评价信息数据来确认每位教师专业发展的需要，然后，教育管理者通过检查教师发展资源配置，结合以往教师专业发展的实践经验来选择合适的教师专业发展策略。整个 EBDM 周期涉及数据收集、调查研究、环境因素调查、结果分析、实施监控、结果评估、明确需求七个环节（见图 1-3）。

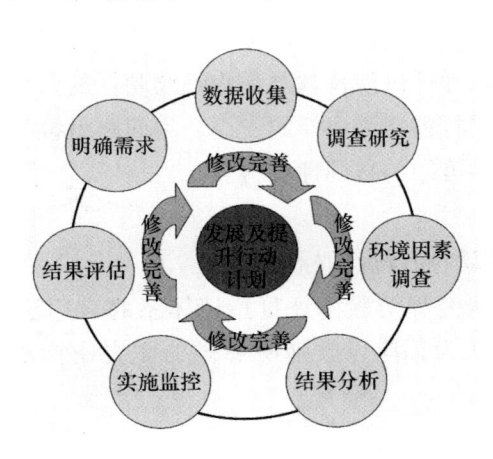

图 1-3 基于证据的决策计划循环周期

资料来源：Evidence-Based Decision making，http：//www.serve.org/EBDM.aspx.

3. 同行评议法

同行评议法是指由被评价教师的同事组成的评议小组来对被评价教师的绩效进行评价的一种方法。相关研究表明，同行之间通过非正式访谈、相互听课讨论等活动所形成的日常评价比有限的短期正式评价等方法更能真实地反映教师的工作绩效，因此同行评议在美国联邦的许多州实践中得到应用。对于问题型教师而言，由于同事与其共同担任相同或相近的教学工作，对其工作了解程度更深入，因此有利于更全面客观地评价教师个体的工作表现[①]，并且通常能提出更有针对性的改进意见帮助问题型教师改进绩效。以马里兰州为例，问题型教师的绩效评价是与对他们的帮扶措施密切结合在一起的，而同事即是其中重要的参与主体之一。首先，由同行参与组成的同伴辅助与评议委员会对被评价教师的相关评价材料进行裁定。当被评价教师被裁定为问题型教师后，评议委员会要根据教师的具体情况帮助其制定改进辅助计划，包括为其安排顾问导师与提供学区补救项目等。随后，在该教师进行一段时间的教学改进以后，评议委员会应与其他评价者共同收集问题型教师的教学改进信息，并对其做出一定的评价决定，即解聘或帮助其再次接受改进计划等。

除了顾问导师评价法、证据评价法和同行评议法以外，现场检查法、末位淘汰法等也是在评价问题型教师绩效时可选用的方法。总体而言，由于问题型教师评价涉及教师是否继续聘任的人事关系调整，因此需要有可靠的证明材料作为抉择的支撑，为问题型教师下一阶段职业发展计划的制定提供可靠的基础性材料。

四 发达国家教师评价指标的区分

长期以来，研究界对教师评价指标体系的表达法持有两种不同的观点。一种观点认为，应以教师所要做的职责指标来进行"输入式"

---

① 周景坤、黎雅婷：《国外区分性教师绩效评价制度体系研究》，《高教探索》2017年第2期。

评价指标体系构建①，其关注重点是"绩效即是行为"，如对新手型教师和问题型教师的评价，在指标体系中强调教师的教学工作行为应按照标准化来实施；另一种观点则认为，应以教师所要达到的工作效果来进行"输出式"评价②，其关注重点是"绩效即是结果"，如成熟型教师和适应型教师，在指标体系中强调教师要实现的业绩成果产出。各国的教育实践表明，这两种观点均有其合理之处，但也有其缺陷所在。单纯从行为角度评价教师绩效，容易造成形式主义，或者打击有才能教师的工作积极性。例如成熟型教师会因为受到约束过多而难以实现创新性绩效产出。而单纯从结果角度评价教师绩效，又容易导致教师为了达到高绩效结果而采取一些不规范的教育行为手段。因此，教师评价既应是行为又应是结果，在绩效评价指标体系的构建上表现为行为指标与结果指标相结合。然而，不同教师群体的工作绩效特点和发展需求存在差异，因此应在不同教师群体的绩效评价指标上合理平衡行为指标和结果指标的比例。总体而言，新手型和问题型教师以外部推动式指标体系为主，两者的评价指标体系中的行为指标比例应适当提高；适应型教师以压力驱动式指标体系为主，成熟型教师以内在任务驱动式指标体系为主，两者的评价指标体系中的结果指标比例应适当提高。

（一）新手型教师的主要评价指标

新手型教师的心理成熟度和专业成熟度都处于较低水平，他们在绩效评价中需要获得更多的督导和反馈，从而获得专业成长的认同感及应对职业发展的困惑。③ 由于新手型教师是适应型教师和成熟型教师的后备力量，各国教育研究界及教育部门一直以来对新手型教师的关注度都是非常高的，可以说，人们对各类教师群体的绩效评价关注最早是从新

---

① 周景坤、黎雅婷：《国外区分性教师绩效评价制度体系研究》，《高教探索》2017年第2期。
② 周景坤、黎雅婷：《国外区分性教师绩效评价制度体系研究》，《高教探索》2017年第2期。
③ 周景坤、黎雅婷：《国外区分性教师绩效评价制度体系研究》，《高教探索》2017年第2期。

手型教师开始的，因此对其的研究成果最多。相关研究表明，教师任教的前几年是一个磨合期，如果教师在这个关键的几年内能够得到学校适当的支持与引导，他们会更稳定地留在教师队伍中并且获得较好的专业发展。[①] 绩效评价指标正是引导新手型教师发展的重要工具之一。通过绩效评价指标的设置，新手型教师能够明确自己职业发展应努力的方向，每一个方向应达到何种水平，从而减少职业生涯初期的彷徨与困惑。对于新手型教师的绩效评价指标构建以英国2012年出台的英格兰地区教师新标准（简称"2012新标准"）最具代表性。英国历来十分重视新手型教师从业资格的认证，在其"2012新标准"的文件中以法律的形式明确规定只有达到这些标准的教师，才能被认定为具有合格的教师水平（QTS），因此，这些标准主要适用于所有正在努力达到QTS水平的实习教师和处于法定培训期的新合格教师（NQTs）。[②] "2012新标准"的总体框架主要由总序、教学标准和个人职业发展标准三大部分构成，其中由教学标准和个人职业发展标准中的2个一级指标，11个二级指标和41个三级指标共同构成英国教师评价的基本指标体系（见表1-7）。由于新手型教师应以评价其掌握基础教学技能为主，在指标体系比例构成上，教学指标占了相当大的比重，在11个二级指标中，教学指标占了8个，在41个三级指标中，教学指标占了36个。它将2007年英国学校培训与发展司（TDA）颁行的《合格教师资格标准》《初级教师专业标准》以及英格兰教师协会（GTCE）颁行的《注册教师行为实践守则》进行修改合并，改变原来将不同教师群体的标准割裂的弊端，有利于新手型教师从入职初期就可以依照指标体系去不断朝着成熟型教师的方向努力成长。

除了英国以外，美国在新手型教师的绩效评价指标体系上也有一些值得借鉴的地方。例如，在绩效指标数量上，美国的一些学校采取逐年

[①] Heather Ann Michel, The First Five Years: Novice Teacher Beliefs, Experiences, and Commitment to the Profession, Dissertation, University of California, San Diego, 2013.

[②] Teachers' Standards-Guidance for School Leaders, School Staff and Governing Bodies, www.gov.uk/government/publications, 2011, 7.

表1-7　英国2012年颁布的教师标准中的指标体系构成

一级指标	二级指标	三级指标
教学指标	启发、激励和挑战学生高期望值	为学生建立一个基于尊重的安全且受激励的环境
		设置具有延伸性和挑战性的目标，使之能适合不同背景、能力和性格的学生
		持续向学生传递积极的态度、价值观和行为方式
	促进学生的良好发展及业绩	对学生的成就、进步和业绩负责
		了解学生的能力与知识背景，并建立与之相适应的教学计划
		引导学生反思已取得的进步及新出现的学习需求
		向学生展现知识，并懂得学生的学习方式及其如何发挥作用
	具备良好的学科和课程知识	鼓励学生对其学业形成责任感和主动性
		扎实掌握相关学科和课程知识，激发并维持学生对该学科的学习兴趣，及时指导学生走出学习误区
		教师应批判性地理解所授学科和课程，认识到学术科研的重要性
		批判性地理解所授学科和课程的发展，促进学术科研的价值性
		了解并负责地推动学生读写能力和口语能力的发展，且任教任何学科均应使用标准化语言
		从教于基础阅读的教师应具备系统的语音学知识
		从教于基础教学的教师应具备运用恰当教学策略的知识
		通过有效利用课堂时间来传授知识
	有效地组织和教授结构化课程	促进学生对学习的热爱与求知欲
		通过布置家庭作业和安排课外活动等方式帮助学生对已学知识进行强化巩固
		对教学效果和方法进行课后反思
		对相关学科的课程设计与推行有所贡献

续表

一级指标	二级指标	三级指标
教学指标	基于全体学生的长处和需求开展教学活动	了解教学中因材施教的恰当时机和方式
		了解对学生学习产生不良影响的因素，并懂得如何克服这些因素
		关注学生身体、社会性及智力的发展，采取差异化的教学方式以支撑学生不同程度的发展
		了解不同类型学生的所有需求，并通过有特色的教学方法吸引并支持学生发展
	准确且有效地使用评价	掌握包括法定评价在内的相关学科和课程评价的方法
		利用形成性和总结性的评价方式帮助学生进步
		运用相关数据来评价学生的发展情况，并基于评价设定教学目标及编排课程
		通过口头和给予准确分数的方式为学生提供经常性的评价反馈，并鼓励学生对评价做出回应
	通过有效的行为管理为学生营造一个优质、安全的学习环境	制定明确的课堂行为规范，负责促进学生的行为无论在校内外都能遵照学校规定的守则
		对学生的行为持有高期望值，建立包括奖励、处罚和奖赏在内的一系列公平措施的规范体系框架
		运用贴合学生需求并能激励学生的管理方式来增加课堂有效性
		与学生保持良好关系，能恰当地维护个人权威，并适时地体现出决策能力
	实现更广泛的专业使命	积极为校园生活和校园风气建设做出贡献
		与同事形成有效的专业关系，寻求建议和专家支持的方式与时机
		有效调配支持成员
		通过适当的专业发展来提高教学水平，积极听取同事的建议和评价
		围绕学生成绩和成长问题与家长进行有效沟通与交流

续表

一级指标	二级指标	三级指标
个人职业发展指标	在校内外均维持好公众对于教师职业的信任和保持高水准的道德行为	尊重学生并建立基于相互尊重包容的师生关系，不超越个人的职权范围
		依照相关法律的规定，切实维护学生的健康成长需要
		宽容和尊重他人的权益
		不应动摇包括民主、法治、自由和相互尊重在内的公民的基本价值观念，并宽容地对待人生信念和信仰不同的群体
		不利用学生弱点或将他们引向犯罪歧途的方式来表达个人观点
	必须遵守所任教学校的校风、校纪和校规，并严格要求个人出勤率和守时	
	必须明确并践行自身的法定专业职责和义务	

资料来源：Teachers' Standards-Guidance for School Leaders, School Staff and Governing Bodies, www.gov.uk/government/publications, 2011, 7.

适度增加的方法来帮助新手型教师度过职业生涯的最初时期，即对于刚参加工作一年的新教师，只对评价指标体系22个指标中的10个基础指标做出要求①；在第二年的评价中增加另外6个扩展指标；在第三年评价中再增加最后6个难度较高的指标。②

（二）适应型教师的主要评价指标

适应型教师一般指从教时间在3年以上，已经熟悉基本的教学方法

---

① 周景坤、黎雅婷：《国外区分性教师绩效评价制度体系研究》，《高教探索》2017年第2期。

② Charlotte Danielson, "New Trends in Teacher Evaluation," *Educational Leadership*, 2001, (5): 12.

并开始形成自我教学风格,但教学水平还不是很稳定的那一类教师群体。① 对于适应型教师的绩效评价指标体系可以侧重以学生业绩指标、教学方法改进的量化指标为主。一方面,如英国认为,没有证据能够说明优秀教师在职业生涯早期就不会出现,成功地对照标准的评价应是基于教师在实践中所展现的能力,而不是武断地根据从教的时间长度来判断教师是否优秀。② 美国、英国、荷兰等几十个国家的相关学者研究表明,强调教师要力争成为所教学科的专家是教育进步、教师教育效能提升的重要标志。因此对于适应型教师而言,应充分发掘其发展成为成熟型教师的潜能,通过设置适度压力型的量化指标来驱动其发展。另一方面,由于适应型教师已成功度过新手型教师所处的职业生存阶段,其工作关注点开始从自我职业能力肯定为中心转向关注教学成效和教学方法的改进与提升③,并且相关学者根据对比利时、塞浦路斯、德国、希腊、爱尔兰和斯洛文尼亚六个欧洲国家的实验研究表明,使用学生成绩来测评教师的教学质量是可靠和有效的。④ 因此采用学生业绩指标、教学方法改进指标等作为绩效评价的指标能够充分切合适应型教师职业发展阶段的特点。对于适应型教师的绩效评价指标构建以美国"全美专业教学标准委员会"(NBPTS)制定的教师评价指标体系最具代表性。美国作为全世界教师评价与认证指标体系发展最完善的国家,由于其联邦制的国情,联邦州的评价标准和评价机构各有不同,但影响力最大的是全美专业教学标准委员会制定的教师评价指标体系。近年来,美国在教育上实行"加压"政策,层层实施教育问责制,尤其在适应型教师的评价上努力推动其朝着成熟型教师的方向发展。由全美专业教学标准委员会制定的教师评价指标体系详细阐述了要成为国家委员会认证教师

---

① 周景坤、黎雅婷:《国外区分性教师绩效评价制度体系研究》,《高教探索》2017 年第 2 期。
② 曾鸣:《英国〈杰出教师标准〉述评》,《外国教育研究》2013 年第 2 期。
③ 周景坤、黎雅婷:《国外区分性教师绩效评价制度体系研究》,《高教探索》2017 年第 2 期。
④ Leonidas Kyriakides, Bert P. M. Creemers, Anastasia Panayiotou, Gudrun Vanlaar, Michael Pfeifer, GaŠper Cankar, Léan McMahon, "Using Student Ratings to Measure Quality of Teaching in Six European Countries," *European Journal of Teacher Education*, 2014(2): 125–143.

（NBCTs）在知识、技能、性格和信仰等方面的五项核心指标的特征。整个指标体系由 5 个一级核心指标，21 个二级指标构成（见表 1-8）。

表 1-8　全美专业教学标准委员会制定的五项核心教师评价指标体系

一级指标	二级指标
对学生及其学习尽职尽责	致力于让所有学生获取知识，并相信所有的学生都能学习
	公平地对待每一位学生，并意识到学生个体差异，将这种差异纳入教学实践的考虑范畴
	了解学生的成长和学习规律
	尊重学生因文化和家庭差异而在课堂上的不同表现
	关注学生的自我意识、学习动力、学习效果以及同伴关系
	关注学生性格的发展以及公民责任感的培养
通晓所任教的学科与教学方法	精通所任教学科，深刻掌握该学科的发展历史、结构以及当前社会的应用
	具备所任教学科的技能和经验，熟知学生在学习该学科时所出现的技能差距和认知误区
	能够使用多样化的教学策略帮助学生理解
负责管理和监控学生的学习	提供有效的学习指导，能熟练通过一系列教学技术保持学生的学习动机、参与度和关注度
	知道如何吸引学生参与学习，营造有序的学习环境以及懂得如何组织教学，实现教学目标
	懂得如何评价学生个人和班级的进步
	懂得使用多种方法测量学生成长和理解能力，且可以清楚地向学生的父母解释学生的成绩
懂得系统地反思教学实践和从经验中学习	作为受教育的楷模，应懂得读书、质疑、创新，勇于尝试新事物
	熟悉学习理论和教学策略，关注当前国家的教育问题
	经常对自我的教学实践进行审视，深化知识，拓展专业技能，将新发现纳入教学实践
成为学习型团队中的成员	通过与他人合作来提高学生的学习兴趣
	具有领导能力，并懂得如何积极寻求与社区团体和企业建立合作关系
	与其他专业人士就教学策略、课程发展和成员发展开展合作
	懂得评价学校发展和资源配置，以实现国家和地方教育目标
	懂得如何与家长合作，让他们参与到教学工作当中

资料来源：The Five Core Propositions, http: //boardcertifiedteachers.org/about-certification/five-core-propositions.

(三) 成熟型教师主要评价指标

成熟型教师是教育界研究关注的重点群体之一。[①] 如果说，由于人们希望能够界定合格教师的最低入门槛的能力素质水平以保证教师群体的水平，从而通过教师认证制度关注新手型教师的话，那么成熟型教师则是被作为新手型教师发展目标的模范人群而受到重视的，他们与新手型教师的差异理论更是与教师职业发展阶段理论一同作为区分性教师评价制度的理论研究基础[②]，因此，各国对于成熟型教师的绩效表现和行为规范等的研究成果颇丰，并形成了各国特色鲜明的成熟型教师绩效指标体系。英国政府在2012年《关于教师标准的最终报告》中提出了"大师级教师标准"（Master Teacher Standards）的五条指标建议：其一是在其专业领域内有深刻而广泛的知识，远超过他们所教授的课程内容；其二是能够很好地掌控课堂，并不断引导和激励学生提高自我；其三是具有细致的规划和组织能力以确保所教学生对各类评价做出充分准备；其四是能营造出良好的课堂氛围，使学生于其中能够感受到较高的受欢迎程度和自我存在的价值感，并推动亲密和谐的师生关系的形成；其五是为同事所认可并被视为学习的榜样，对专业的贡献超过学校要求。[③] 对于成熟型教师的绩效评价指标构建以澳大利亚教师专业标准的教师评价指标体系最具代表性。澳大利亚教师专业标准（2012）主要分为专业知识、专业实践和专业合作关系三大部分，它包含全国认可的教师质量一级指标3个，二级指标7个，并针对从新手型到适应型再到成熟型教师的每一个阶段类型分别设置了37个三级指标。其中对于成熟型教师的绩效评价指标体系尤其具有代表性（见表1-9）。该标准对于成熟型教师的要求不仅强调其教学能力的高水平，而且设置了众多使

[①] 周景坤、黎雅婷：《国外区分性教师绩效评价制度体系研究》，《高教探索》2017年第2期。

[②] 周景坤、黎雅婷：《国外区分性教师绩效评价制度体系研究》，《高教探索》2017年第2期。

[③] "Second Report of the Independent Review of Teachers' Standards," https//www.education.gov.uk/publications/eOrderingDownload/DFE-00168-2011.pdf, 2013-03-20.

命和任务指标来驱动成熟型教师开展工作。

表1-9　　　　　　　　澳大利亚成熟型教师专业标准

一级指标	二级指标	三级指标
专业知识	了解学生并知道他们的学习方式	带领同事围绕学生生理、社交、智力和人格发展选择与开发教学策略以提高学生学习水平
		通过有关学生学习方式的研究成果与工作知识，带动评价教学项目有效性的进程
		运用自身的专业和社会知识经验，评价并修订学校的教学项目，从而满足学生在语言、文化、宗教和社会经济方面的不同需求
		与社区代表和家长/监护人一同制定教学计划以支持原住民和托雷斯海峡岛的学生能公平和持续地参与到学习中来
		带领同事评价教学项目的有效性——满足学生全方位能力发展的不同学习需求
		号召并领导学校对残疾学生的政策进行审查，确保遵守相关法律政策
		在校内开展教学内容与方法的评价，借助有效的教学项目提供模范的教学方式
	精通所教学科的知识内容及其教学方法	利用综合性的知识来选择和编排连贯一致的教学计划
		利用关于课程、评价和报告所要求的全面知识来发展教学计划
		协助同事为学生了解原住民和托雷斯海峡岛岛民的历史、文化和语言提供机会
		通过基于学生能力的数据来监督和评价校内教学策略的执行，以促进学生在读写能力和计算能力上的提高
		领导和支持校内同事选择和使用信息通信技术进行有效的教学，以拓展学生的学习机会和知识面
专业实践	有计划地并有效地完成教学	取得出色的教学绩效，并带领同事鼓励学生在所教学科中追求有挑战性的目标

续表

一级指标	二级指标	三级指标
专业实践	有计划并有效地完成教学任务	模范地带领同事计划、实施和反思在发展学生知识理解和技能掌握的教学计划中的有效性
		与同事合作反思、修订和扩展教学策略项目，以确保学生能够使用知识、技能、问题处理和关键的创造性思维
		模范地实施教学技巧并带领同事为教师在校内外选择、创造和评价申请包括信息通信技术在内的教学资源
		模范地展现包括语言和非语言在内的沟通技巧，运用合作性策略和前后知识以支持学生理解性地参与和获取成就
		运用多种来源的证据，反思教学计划，包括学生评价数据、课程相关文件、教学实践和从家长/监护人、学生、同事身上得到的反馈
		发起相关流程来使包括家长/监护人在内的人群建立计划，以参与教育孩子和更广泛的活动
	为学生创造并维持支持性和安全的学习环境	通过反思学校在教学策略和开发新教学方法上的工作，示范性地创造富有成效且包容的学习环境，以支持学生的发展
		发动同事实现有效的课堂管理并促进学生养成学习责任感
		领导和实施行为管理以支持同事扩展一系列教学策略
		通过使用学校或教学系统、课程和法律规定来评价学生发展政策和安全实践活动的有效性，帮助同事创新实践
		反思并实践新政策和教学策略，以保证在教学过程中安全、负责和符合伦理地使用信息通信技术
	为学生的学习提供评价与反馈，并形成评价报告	评价学校的政策和策略以支持同事使用评价数据诊断学生学习需求，适应课程、专业系统和学校评价要求并使用一系列评价策略
		模范地发动教学项目以支持同事运用一系列及时、有效和恰当的反馈策略
		带领学生从事并进行适量的活动，以确保关于学生学习课程和学校、专业系统的一致性和可比性判断
		使用内外部学生评价数据来协调学生表现和项目的测评，以提高教学实践成效
		评价和反思报告和问责机制，以满足学生、家长/监护人和同事的需求

续表

一级指标	二级指标	三级指标
专业合作关系	参与持续性的专业学习	运用国家教师专业标准的综合知识计划，引领专业学习政策和计划的发展，以满足同事和新手型教师的专业学习需求
		发动合作性关系以扩大专业学习机会，积极参与科研并为新手型教师提供良好的发展机会
		通过反馈、分析当前研究和实践以提高学生成绩，与学校或专业学习关系网形成合作性对话
		倡导、参与和领导策略，以支持同事获得提升学生学习的高质量的专业学习机会
	与同事、家长/监护人、社区形成专业合作关系	在与学生、同事、社区处理关系上形成模范的道德与行为
		启动、开发和实施相关政策和流程，以支持同事能理解法律法规以及专业责任要求
		在所有学生学习和学校的教育重点范围内识别、启动和建立与父母/监护人接触的机会
		在专业和社区的关系网络中担任领导角色，支持同事外部学习的机会

资料来源：Australian Professional Standards for Teachers，www.nswteachers.nsw.edu.au.

为达到澳大利亚教师专业标准的素质要求，澳大利亚的新南威尔士州政府于 2013 年发布了一项"伟大的教学，启发学习"行动计划。总体而言，对于成熟型教师的绩效评价体系构建可以适度增加其自主权比例，一方面有利于通过使命和任务驱动发挥其工作能动性，另一方面使其更好地结合自身的学科专业兴趣，为学科专业领域的改革创新做出贡献。

（四）问题型教师的主要评价指标

问题型教师的一部分评价指标与新手型教师相似，即帮助其重新学习基础教学技能，并帮助其寻找出存在的教学困难，从而确定其应优先改进的指标领域。对于问题型教师的绩效评价指标构建以美国田纳西州的教师专业标准的教师评价指标体系最具代表性。2011年7月，田纳西州在全联邦范围内率先全面实现学生成绩导向的教育评价体系，州教育部门成立了田纳西州教育加速机构（TEAM）。在田纳西州，教师的绩效评价主要集中在教学计划、教学策略、学生评价、学习环境、专业发展和专业交流六个方面。整个评价指标体系主要有6个一级指标，14个二级指标，每个二级指标均对应A、B、C三个等级，A等级代表该项指标行为较差，C等级则代表该项指标行为较好。以问题型教师A等级为例（见表1-10）。已经得到职业证书的教师只允许其中两个指标为A等级，超出或者在所有指标上均未能达到B等级的问题型教师就应接受专业加强改进培训，直至绩效提高。

表1-10　　　美国田纳西州教师评价指标体系（A等级）

一级指标	二级指标	三级指标（行为水平等级A）
教学计划	建立适当的教学目标	教材与课程目标符合学生的需要和学习水平
		学科内容标准和州学生行为指标一致
		根据学生发展水平设定教材目标
		教学目标应做到记忆和理解等，表现出对高级思维技能的要求
	在深入理解教学内容、学生需要、课程标准及社区资源的基础上涉及教学与学生评价	教学计划以使用与教材相关的方法为主要导向
		关心学生的发展
		根据教学目标和教材选择学习材料与方法
		为了更好地对教学效果做出评分，以目标的形式设计学生评价
		为学生提供相关领域的整合知识和技能机会
		根据教材选择教学材料、技术和社区资源
	教学设计适合所有的学生	为学生策划与职业技能发展相关的活动
		学生自然适应是设计教学内容时的首要考虑因素
		根据学生风格来选择教学策略和材料，着重考虑学生的认知需要
		在教学中根据学生特点实施不同评价，在确认学生的特殊需要后给予他们额外的学习时间

续表

一级指标	二级指标	三级指标（行为水平等级 A）
教学策略	对所教内容的核心概念、假设、结构和教学方法有较深刻的理解	为学生提供下定义、举例和解释的机会，给学生的信息会有一些不一致或错误之处
		教学进度合理，内容清晰，但只在学生提问时才给出清晰的解释
		教学活动包含在字面记忆的提问上
		教学过程笼统地针对整个班级，学生没有从教师出发获得个性化的反馈
		教学技术的运用被当作一节单独的课程技巧，并未融入不同的教学过程中
	基于高层次思维、问题解决以及学生相关的真实世界的研究来使用课堂策略	向学生提供学习活动和学习内容的联系，但与现实世界没有建立明确的联系
		仅仅强调记忆的方法和活动，进行生硬的联系，没有考虑到学生高层次思维能力的训练
		教学以自我为中心，缺少学生参与，学生仅仅坐在座位上独立完成活动，缺乏与其他同学的交流
		仅仅提供来自教材的活动给学生，没有根据学生需求和风格进行调整
学生评价	根据学生掌握程度来使用适当的评价策略，并为教学提供决策	学生成绩及学生单元学习情况仅采用课堂评定，没有将州学生行为指标纳入考虑范围
		学生对内容的掌握情况是通过开展班级测试而得出的
	向学生、家长和相关人员传递学生的成绩和成长情况	在规定时间内将州评定中关于学生行为的信息告知学生、家长及其他相关人员
		完整保存学生行为表现记录，以便学生获得全面反馈以及家长在需要时可得知子女的信息
	通过课堂评价认真反思教学实践活动	仅仅反思课堂内容，缺乏明晰的教学环境反思框架
		缺乏学科内容的分析标准
		反思内容包括准确连贯的教学事件和教师课堂行为
		更倾向于批评差生在课堂以外的行为

续表

一级指标	二级指标	三级指标（行为水平等级A）
学习环境	设计帮助学生智力发展的课堂蓝图	在所教内容领域表现积极，但没有在言语上表达对所有学生的高期望
		对学生行为的期望不一致，当意识到不合适行为发生时能够运用合理且可接受的管理技巧
		学生有完成学习任务和参与课堂讨论的责任感
	对课堂资源进行有效管理	大部分教学时间用在满足教学需求上，但常在学习过程中抽出时间来进行管理
		当有教学需要时，能合理利用辅助时间。当出现突发情况和需要重新组织与分配课堂资源时，不能表现出灵活性
专业发展	与同事及其他相关人员密切合作	参加合作性活动，但对于合作目的和结果并不了解
		偶尔与同事商议课程内容的整合问题
		广泛参与学校会议
	根据州教师发展委员会的规定开展高质量的专业发展活动，以强化教育工作所需的知识与技能	能够判断自己的表现水平并能确定将来专业发展的优先领域
		制定一个时间明确的专业发展计划
		提供连续参加专业发展活动的证据
	有效履行专业职责	遵守学校政策与规定
		按时参加教学活动、会议及相关活动
		保存准确的教学记录
专业交流	清晰准确地与学生、家长及相关人员进行交流	教学语言具有逻辑性，谈吐清晰，运用词汇符合学生水平
		能够使用准确反馈信息的词汇及书面信息，语法正确

资料来源：Framework for Evaluation and Professional Growth，http：//www.state.tn.us/education frameval/，2006-05-20.

第六节 发达国家教师区分性绩效评价的启示

目前，教师区分性评价在美英等国得到越来越多的推广和应用，并且随着美英等国教育改革的推进而得到进一步完善。美国政府对教师区分性评价给予有力的政策支持，奥巴马政府把教师评价作为教育改革的一个关键因素，并于2009年通过美国《复苏与再投资法案》要求各州采取行动，力求至2011年实现教师绩效的提升①，其中，教师区分性评价为推进美国教育改革起到了重要的作用。近年来，区分性绩效评价制度受到我国教育学者的高度关注。学者们认为，在我国各项事业推进改革创新的大环境下，为更好地适应我国教育事业的发展，传统的教育体制也应当加快创新改革。而教师区分性评价制度对我国的教师评价制度改革有着重要的启示，因此，在结合近年来发达国家教师区分性评价制度研究及实践新进展的基础上，我国应根据国情进一步借鉴其有益的经验。

一　建立和形成区分性绩效评价理念

正如学者休伊特所指出的，差异化在教育中是一种趋势，只有通过差异化教师评价来有针对性地激励教师，才能实现学校教育变革。② 长期以来，我国教师评价制度存在着过分强调统一的标准化操作，忽略教师个性差异特点等问题，造成评价结果无法反映教师真实的工作绩效，因此也就无法激励教师提高工作绩效。然而，不同的教师具有不同的个性特点与教育风格，一方面，从职业生涯发展理论来讲，教师的职业发展水平不一样，统一的标准难以有效反映不同类型教师的工作状况，如对于同一套工作标准要求，成熟型教师能轻而易举地完成，而刚参加教育工作的新手型教师则可能难以在短期内达标，从而带来教育心理压力。另一方面，从人性需求的角度而言，处于同一水平的教师，其个体需求也会有所差异，如造成问题型教师教学困难的原因有可能来自于教育技能缺陷、教育知识不扎实、教育心态不良等不同方面，在评价时的评价方法以及评价改进计划就应当有所区分。因此我国可以借鉴区分性

---

① National Institute for Excellence in Teaching, A Teacher Evaluation System That Works, http://www.tapsystem.org/publications/wp_eval.pdf, 2010（8）.
② Kimberly Kappler Hewitt, Daniel K. Weckstein, "Differentiation Is an Expectation: A School Leader's Guide to Building a Culture of Differentiation," *Eye on Education*, 2011.

教师评价制度的经验，在对处于不同职业发展阶段的教师进行划分的基础上，结合其个性发展需求，采用灵活的差异化评价标准进行评价。同时由于我国地域广阔，不同地区的教育水平亦会有所差异，在制定教师评价标准时应做到因地制宜。

二 注重多元化主体参与评价机制

在我国绝大多数学校中，教师评价标准的制定者和实施者基本上都是由学校的校级领导、其他管理人员和校外专家担任的。然而，他们日常大多从事学校行政管理或教学管理工作，与教师的一线工作环境存在一定的差距，同时在评价中与教师沟通交流的机会较少，基本上都是通过每学年的终结性评价来评价教师绩效，因此容易导致评价结果出现偏差。我国要提高教师评价的有效度，就应当在评价教育活动的过程中将教师主体以及更多的相关教育群体纳入评价主体队伍中来，一方面，应充分认识到教育是以教师为实施主体的专业性活动，教师个人发展需求和教育信息的搜集在很大程度上有赖于教师主体自身的反馈与思考，因此必须重视进一步提高教师主体的评价参与地位；另一方面，在原来由单一的校领导、其他管理人员和校外专家组成的评价主体队伍的基础上，将熟悉教师一线教育环境并能在日常教学过程中对教学工作及时跟进督导的其他群体，如同专业同事、学生、家长等纳入评价实施主体范围内，从而实现多视角评价。此外，应根据不同类型的评价对象调整各方评价主体的权重，如在成熟型教师的评价中可加大教师本人的评价权重，以给予此类教师更多的职业发展自主空间，而对于问题型教师的评价可适当加大同专业同事的评价权重，因为同专业同事更熟悉一线教学环境，能给出更有针对性的改进意见。

三 在教育质量与专业成长之间建立纽带

由于我国管理中长期受到个人发展必须服从组织发展的错误观念的影响，在管理实践中将组织发展与个人发展对立起来，导致教师个人的个性发展往往被压抑，这种成全大我牺牲小我的错误观念同样存在于我国教师评价制度的实施中。以往的学校管理者更多地将教师评价看作检验教师工作是否达标的手段，却忽略了评价对教师职业生涯发展的积极作用。然而，现代人力资源管理学认为，绩效评价的意义不仅在于通过绩效考核有效检验员工的工作状况，而且，更重要的是从中发现绩效问题并帮助员工改进绩效，促进组织和员工的共同发展。因此，学校应当通过绩效评价将教学质量提升与教师个人发展结合起来，一方面，通过有区分性的教师评价有效地发现教育工作中所存在的问题，实施有针对性的教育改进计划，帮助学校提升整体教学质量，而学校教学质量的提升又能为教师个人发展创造良好的环境。另一方面，通过有区分性的教师评价制度给予教师的职业发展更多的支持与引导，激励不同类型的教师进一步改进工作绩效，从而推动学校教育质量的提升。因此，以教师评价为桥梁，能够将我国学校教育质量提升与教师个人职业发展结合起来，从而实现学校、教师和学生的三方共赢。

四 设计阶段性和针对性的指标体系

（一）指标体系应具有阶段性

每一种教师类型的划分都有其时间跨度，同一类型教师的能力水平也会有所区别，例如，新手型教师一般指参加工作3年以内的教师，然而，在这3年里，新手型教师的能力水平应呈现出递进的状况，即已经工作3年的新手型教师应比第一年参加工作的新手型教师的业绩能力表现更加良好，并呈现出发展为适应型教师的趋势。尽管阶段性评价有其缺点，但正如学者波帕姆所指出的，基于发展理念的形成性评价和基于阶段性的终结性评价在教师评价中都是极为重要的。① 阶段性评价指标的目的不是简单地评价教师的业绩，而在于了解教师在某一阶段发展中的状况，发现该阶段发展中的缺陷，从而调整教师的发展状态。因此，我国在基于教师职业发展观念的前提下，仍应将阶段性评价指标纳入各

---

① W. James Popham, "On Serving Two Masters: Formative and Summative Teacher Evaluation," *Principal Leadership*, 2013 (03): 18–22.

类教师的绩效评价指标体系当中。在同一类型教师的绩效评价指标体系设计上应该体现出阶段性，能够检验同一类型的不同教师个体在每一学年或学期中的绩效表现，使学校、教师和学生了解其在教育和自我发展方面的效果，从而为调整下一个评价期的发展目标提供方向性的改进依据。

（二）指标体系应当精炼连贯

教师评价所涉及的层面有教学、科研、管理、职业发展等方面，所涉及的评价主体有学校、学生、家长、社会、同事、教育专家、教师本人等，评价方式方法也会因国情、地区特点或学校特色而有所区别，因此可以说，教师评价是一项系统工程。在众多内容、主体、方式方法中，我们应根据新手型、适应型、成熟型和问题型教师的不同特点，总结、归纳出关键性的绩效评价指标来构建指标体系，避免因指标过多而导致指标体系混乱，难以执行。如英国2012年的教师标准就是在2006年"细致入微"的《合格教师标准资格修订案》基础上进行提炼改造而成的，将2006年标准的3项一级指标、16项二级指标和33项三级指标精简为2项一级指标、11项二级指标和41项三级指标。反观我国的教师专业指标体系，指标项往往高达六七十个，划分过细不仅导致指标交叉重叠，内容庞杂，而且容易割断指标之间的关联性，影响整个指标体系的连贯性，从而导致教师评价过于僵化和教条主义。我国应结合不同类型教师的发展特点，进一步对我国教师评价指标体系进行提炼。

（三）指标体系应具有针对性

我国学校教师评价指标体系构建，大多将思想观念、绩效结果和行为能力三方面纳入整个指标体系中，确保指标体系能全面覆盖教师工作与发展的相关内容，以保证绩效评价结果的公正准确性。然而，为了充分结合不同教师类型的发展特点，思想观念、绩效结果和行为能力三个方面的比例应有所区别。例如，对于新手型教师和问题型教师可以适当增加行为能力和思想观念方面的指标比例，而对适应型教师和成熟型教师则可以适当增加业绩结果方面的指标比例等。我国长期以来均十分强调教师的思想观念培养，在绩效评价指标体系中无论小学、中学还是大学均对师德有着严格要求。然而，在保证教师崇高思想观念的同时，还应加强指标体系设计的针对性，探索与构建不同类型教师绩效结果和行为能力指标体系，尤其是在如何增加量化指标以更加科学地评价教师绩效上还应进一步加强。

（四）有利于促进教师的专业成长

尽管长期以来存在着教师评价是否可以促进教师专业发展的怀疑，但近年来世界各国广泛引用的基于标准的教师评价确实在改善各国的教学实践的同时促进了教师的专业成长。这主要是因为尽管教师评价的目的不在于推动教师教育水平的提高，但它可以为教师发展提供有意义的方向和有用的工具。① 这主要表现为两个方面：一方面，教师评价指标体系能够引导教师不断提高自我思想道德水平。纵观各国教师评价指标体系，无论何种教师类型均涉及教师遵守法律法规，维持崇高师德言行的指标要求，从而保证教师用正确的道德和思想观念影响学生的人生观、世界观和价值观的形成。另一方面，教师评价指标体系能够引导教师不断提升自我专业知识水平。学者的相关研究表明，当进行有效评价反馈时，教师评价可以促使教师进行专业学习活动。② 通过教师针对评价结果开展的持续性学习能使教师的专业水平得到进一步提高。因此，我国在构建教师区分性评价指标体系时应充分利用教师评价对教师专业成长的推动作用，将各类教师发展与教学效果的提升结合起来，使各类教师能够运用评价指标体系作为行动标杆，在教育中提高自身发展水平，在专业发展中提高教育绩效。

良好的教师评价制度是准确评价教师工作绩效和帮助教师专业成长的重要保障，它不仅能够提高教师工作的积极性，而且能为学校及教师

---

① Gregory J. Marchant, Kristine A. David, Deborah Rodgers, Rachel L. German, "State Teacher Evaluation and Teacher Education," *Teacher Educator*, 2015 (02): 89–108.

② Melissa Tuytens, Geert Devos, "How to Activate Teachers through Teacher Evaluation?" *School Effectiveness and School Improvement*, 2014 (04): 509–530.

提供正确的发展方向引导，从而推动教育改革向前发展。教师区分性评价在美英等国的教育改革中起到了重要作用，其成功经验值得我国在教育改革中学习与借鉴，但同时我们也应清楚地认识到，我国国情具有特殊性，因此在借鉴的同时应对其进行辩证思考，从而取其精华、去其糟粕，更好地推进我国教育改革的实施。

第二章 高校教师区分性评价的理论基础

第一节 "区分性评价"的理论变迁

"区分性评价"的前提是：教师的发展水平和需求是参差不齐和各具特色的，如果按照统一的标准和方式来评价教师，即使投入大量的时间和精力，其结果往往会适得其反。管理者应对处于不同水平和具有不同需求的教师进行有针对性的评价，根据教师的发展水平和需求采取适切的措施并使之制度化。

一 教师奖惩性评价

教师奖惩性评价是关注学习结果的评价，它以奖励和惩处为主要手段，以已得到社会认可的一定评价标准对教师的工作表现进行分类划等，进而做出相应的晋级、加薪、减薪、降级或解聘等决定。这种评价具有两种主要的功能：一是检查和鉴定教师是否履行了应尽的工作职责，他们的工作表现和工作绩效是否符合校方的期望；二是根据教师的工作表现和工作绩效，做出奖励和惩罚的判断。其明显的缺陷在于，往往用静止的固定的眼光看待教师，只对教师过去的工作表现、已具备的素质条件以及已有的工作绩效进行判断。

（一）理论的起源和发展

任何评价系统都是建立在一定的理论假设之上的，与传统的教师专业发展相配套的评价制度主要是对教师效能的核定，认为教师的专业发展主要表现在教师的教学效能上。这种评价所蕴含的理论假设是：学校教育的质量主要靠摒除不称职的教师来得到保证的；在可预见的时间内，这些不称职的教师很难把自己的能力提高到预期的水平上；教师主要是由外部压力得到激励的，教学效能核定可以用作主要的措施，以刺激教师改进他们的教学、科研活动。正是基于以上的假设，教师奖惩性评价在实施的过程中面向过去，以奖惩为主要目的，其评价的形式为总结性的，只注重教师过去已经取得的成就。

教师奖惩性评价的存在承载着特定的社会价值，因而有其存在的必然性和合理性。它是实现"教师能进能出、职务能升能降、待遇能高能低"的动态配置的客观要求。在计划经济时代，我国的教育评价机制突显着"平均主义"，即不管教师劳动贡献大小，一律付给相同的劳动报酬，这种做法挫伤了教师工作的积极性。一般而言，如果教师劳动价值得到了合理的经济回报，则教师敬业乐业精神高涨；若得不到合理的经济回报，则教师会出现不满情绪，甚至会另谋高就。这在部分地区已是不争的事实，最佳师资力量永远向着高收益的学校流动，高校师资力量更是出现"孔雀东南飞"的状况，东南沿海地区的经济发达水平吸引着优秀教师抛弃本应拥有更多师资资源的欠发达地区院校而向着发达地区院校大量流动，直接引发了教育的"不均衡"。

因此，合理的教师奖惩性评价不但不会抑制教师发展，相反，还有助于调动教师工作的积极性。奖惩刺激之所以长期以来受到学校领导的青睐，就是因为它具有调动教师工作积极性这一属性。客观事实证明，只要奖惩应用得当，就能发挥一定的激励效应。因此，教师奖惩性一定，无论是从管理者的角度，还是从教师的角度来看，都是需要的。应该说，教师奖惩性评价在一定程度上对学校管理和教师专业发展起到了积极的促进作用。

（二）奖惩性评价的特点

教师奖惩性评价的特点主要是：重视效能指标，以量化评价为主要手段，实行自上而下的制度化评价，并依评价结果对教师实施奖励和形成等级工资。

(三) 该理论的主要内容

1. 评价方法

我国各地所使用的奖惩性评价方法基本上属于同一模式,即"指标—量化"模式。评价者注重用数量化的技术方法来获取数据材料,对教师评价经常采用"评价表"的方式或"听课"打分的方式,对教师各个方面的表现进行量化处理。

量化评价的方法虽然方便了评价活动,简化了评价程序,评价者只要根据一张评价表就可以了解全校老师的工作情况,并依此来管理教师,但是却忽视了那些不易捕捉的、不易量化的有价值的信息,如态度、情感等,这些信息对教师的影响很大。

2. 评价形式

教师奖惩性评价是一种"总结性评价",是在教育活动发生后做出的关于教育效果的判断,从而区分优劣,分出等级或鉴定合格与否。奖惩性评价一般是学校依据教育主管部门制定的《教师工作评价纲要》,到学期末,统一对教师进行检查、评估,再按照一定的标准进行评价。它只注重教师教学的最终效果,而忽视了教师教学的具体过程。

3. 评价内容

奖惩性评价重视对教师教学效果的评价,主要通过学生的学业成绩或就业率来评价,因此,考试分数和就业率成为评价教师教学效果的重要指标。以学生的考试成绩作为评价教师的主要标准具有片面性,学生学习成绩的好坏与教师素质的高低也不具有必然的联系,它与学生的智力水平、努力程度、家庭环境等方面均存在着联系。把学生成绩的好坏作为评价教师的依据容易给教师造成沉重的心理负担,教师对这种评价活动容易产生畏惧与反感,并且认为这种评价活动对提高自己的专业水平帮助不大,有时还会阻碍教师的成长。因此,有人认为:"在理论上,教师评价具有帮助任何人的作用,但在实践中,它事实上没有起过任何作用。"[1]

---

[1] 周卫勇:《走向发展性课程评价》,北京大学出版社2002年版。

4. 评价主体

奖惩性评价的主体是学校领导、同事等，教师本人没有投入评价活动中去。评价是自上而下进行的。既不注意征求教师个人的意见，也忽略教师本人的参与。教师在评价项目或指标方面根本没有发言权，评价者也很少与被评价者进行平等的交流。正因为评价过程缺乏教师的参与，评价活动很难对教师的实际工作做出恰当、公正的判断，往往会打击被评价者的积极性，产生一定的消极影响。

5. 评价结果

评价结果通常与教师评定职称、工资晋级直接挂钩，主要是为学校、上级主管部门等做相关决策使用的。根据量化评价的结果对教师分类，成绩好的教师受到表彰奖励，成绩差的教师受到批评，很少关注教师专业发展。由于大部分教师的表现，既没有受到表彰也没有受到批评，因此，评价结果只能引起少数人的响应，而不能引起全体教师的重视；只能调动少数教师而不是全体教师的积极性，无法促进大部分教师的发展。

（四）奖惩性评价的实施

奖惩性评价主要采用了泰勒的"目标—行为模式"，这是一种强调评价的判断功能的评价模式，即依据预定的评价目标，并以此为准绳，通过系统地、有目的地收集资料，判断实际活动是否达到预期目标或者说达到目标的何种程度。该模式把目标、教师工作过程与评价作为一个循环圈。预定的目标决定了教师的工作过程，同时也规定了评价就是找出实际工作偏离的程度，从而通过信息的反馈，促进实际工作尽可能地逼近目标。但是这种评价是自上而下的，是用一元化的标准评价多样性的教师，重视的是横向比较、分档和鉴定，它对教师整体素质提高的影响是有限的，在有些时候还可能是消极的。

（五）奖惩性评价体系的影响

通过以上分析我们可以看出，奖惩性评价是一种面向过去的评价，集中于教师教学效果的评价。因此，奖惩性评价在对教师的规范化管理和监测教师教学效果方面可能具有积极作用，充分体现出其管理职能。

但是，它也有消极的一面，在教师的成长和发展中有一定的负面影响。

从评价的组织来看，教师评价主要是从学校行政管理的角度出发，是站在管理者的角度设计和操作教师评价的一套方法，采取自上而下的评价模式，主要是通过政府评价学校，学校领导评价教研室，教研室评价教师来实现的。这种控制性教师评价以管理为中心，以管理人员为先导，把教师视为管理的对象，注重等级森严的组织体制，对教师缺乏信任与尊重，教师没有任何发言权，积极性低下。另外，奖惩性评价往往在评价中上下动员，耗费大量的人力、物力和财力，其结果是不能调动教师的工作积极性，不能帮助教师改进教学工作，有时还会挫伤教师的积极性和主动性。

从评价的功能来看，该评价的主要功能是更好地管理教师，目的是使学校正常运转。在此基础上才考虑是否对教师的专业发展做出一些努力。在评价中，学校领导和行政管理者只注重教育质量，看教师的工作是否符合一些既定的标准和规范，不关心教师自身的发展和专业成长。因此，它对教师队伍成长的建设性作用是有限的，不利于教师的专业发展、教学技能的提高和教育事业的发展。

目前，我国各级各类学校中的"人才工程"，就是基于教师奖惩性评价的直接结果，它虽然对造就优秀教师和稳定教师队伍起到了积极的作用，但对全体教师的最优发展很难说就是有利的对策。从根本上讲，这种教师评价面对的是教师中的"少数"人，难以引起全体教师的重视，也难以调动全体教师的工作积极性，更难以促进全体教师的发展。鉴于此，人们已逐步认识到发挥教师评价的激励改进和导向功能之重要性。

二 教师发展性评价

"发展性评价"是以教师的主体性发展为目的的评价，对教师区分性评价理论产生了最为直接的影响。在实际的研究中，有的学者将"教师区分性评价"当作"发展性评价"的下位理论概念。发展性评价理论强调对教师专业发展的促进作用，倡导将评价结果作用于教师工作的改进而非奖惩，使教师通过内心的体验，积极调整自己的工作方向和目标。评价主体和对象之间可以建立有效的互相信任关系，实现双向互动。

（一）理论的起源和发展

发展性评价理论始于20世纪80年代中期美国学者古巴（E. Guba）和林肯（Y. S. Lincoln）在对传统评价进行批判基础上提出的"第四代教育评价理论"。在此基础上，20世纪80年代末，英国政府针对传统的教师评价体系过分注重奖惩，无法对教师形成有效激励的弊端，最先提出"教师发展性评价"这一概念。自此，以"第四代教育评价理论"和多元文化为背景，教师评价进入转型时期，美国相关部门和部分学者也开始将"教师发展性评价"作为一项制度加以倡导和推行。

1. 美国教师发展性评价制度的发展历程

20世纪90年代以前的教师评价发展历程大致分为三个阶段：第一阶段重点分析教学方法与杜威的教育哲学思想是否一致；第二阶段的"教师评价体系"在于考察教师是否具有从事教学活动的能力和个性特征；第三阶段的"教师评价体系"注重对教师教学行为进行评价，一般在学期末或学年末进行。

由于大部分教育工作者把教师评价当作终结性评价，美国开始逐步重视评价对教师专业发展的影响。到20世纪90年代中期，根据教育实践发展的需要，在反思传统评价制度弊端的基础上，逐步提出了把教育教学的质量保证与教师的专业发展和素质进行整合的发展性评价制度。美国师资发展委员会（NSDC）在总结有效师资发展的研究成果和实践经验的基础上，于1995年颁布了第一套教师专业发展标准，强调教师专业发展评价的重要性；教师专业发展评价应当贯穿于教师专业发展的始终。

2. 英国教师发展性评价制度的发展历程

虽然"教师发展性评价"最早是由美国提出的，但英国的教师发展性评价制度更具特色，值得一提。

20世纪80年代以前，英国对教师个体评价的对象只限于见习教师，它的目的只是为做出关于这一见习教师的聘任或提升的决策提供信息。1985年，英国教育与科学部以及威尔士事务部共同发表白皮书《把学校办得更好》，强调必须在全国实施教师评价制度，使得教师评价在全国范围内形成了一项常规性的、系统性的工作。在20世纪80年代早期，英国公众对教育质量日益关注。从20世纪80年代中期开始，英国政府对弊端百出的教师奖惩性评价制度进行改革，开始探索和建构新的教师评价制度。20世纪90年代初，英国政府开始推行新的教师评价制度，其实质是促进教师未来发展，强调在没有奖惩的条件下，促进教师的专业发展。

（二）发展性评价的特点

作为一种"形成性"评价，与奖惩性评价以奖惩为目的相比，发展性评价的目标是在没有奖惩的条件下促进和实现教师的专业发展。华东师范大学的王斌华归纳了"教师发展性评价"体系的十个主要特征："学校领导注重教师的未来发展；强调教师评价的真实性和准确性；注重教师的个人价值、伦理价值和专业价值；实施教师之间的评价；由评价者和教师配对，促进教师的未来发展；发挥全体教师的积极性；提高全体教师的参与意识和积极性；扩大交流渠道；制定评价者和教师认可的评价计划，由评价双方共同承担实现发展目标的职责；注重长期的目标"[①]。

（三）该理论的主要内容

发展性评价理论的主要观点既注重教师个人价值的实现，又承认教师个人的发展需要；在宽松的环境（即不以评价结果作为奖惩依据）下，促进教师自觉主动的发展，从而实现教师自身的目标和价值；教师具有做出正确判断的能力；评价是通过系统搜集评价信息和进行分析，对教师的教育活动做出价值判断的过程；激发教师的参与意识；提倡教师自选评价者，再由评价者和教师协商确定评价计划和目标，把实现教师的专业发展目标看作双方的共同职责；重视多渠道交流信息，开展同

---

① 王斌华：《发展性教师评价制度研究》，华东师范大学2000年版。

行合作、互助式评价，提升"教育智慧"，教师之间互相评价具有较大的意义。

三 教师区分性评价

"区分"在汉语词典中的解释一般是"划分；区别；辨别；分辨"。学者梁红京在《区分性教师评价制度研究》一文中指出："区分性教师评价就是要针对不同的教师，确定不同的发展目标，采用不同的方法，提供最恰当的方式，使教师在最适合自己的成长环境中获得最佳发展。"①

（一）理论的起源和发展

区分性评价是一种基于复合视角的评价体系。从理论上看，奖惩性评价和发展性评价有结合起来的可能性，这种结合不是把二者简单地相加，也不是在传统奖惩性评价中增加一些发展性奖项，而是在实践中探索两种评价体系之间的结合点，形成一种既要根据教师实际工作业绩予以奖惩，也要关注教师的未来成长与发展；既要发挥教师评价的诊断作用，也要使教师评价具有导向和激励功能。第一，在教师评价的目的上，强调外在奖惩和内在发展的统一，使教师评价既符合社会发展的需要，又能满足教师发展的要求。第二，在教师评价的方向上，确立起"总结过去，立足现在，面向未来"的评价方向。第三，在教师评价的价值取向上，确立起"以人为本"的价值观，建立人性化的教师评价制度；在注重质性评价的同时，不忽视量化评价。第四，在教师评价的内容上，应采取多元化的评价指标体系，学生的成绩只是其中一个评价内容。第五，在教师评价的方法上，将他人评价和自我评价结合起来；在重视教师自身的纵向比较的同时，不忽视横向比较。第六，在教师评价的方式上，注重过程性与终结性评价的结合，使教师评价的功能直指教师本身的成长。

（二）区分性评价的特点

我国理论界习惯于把教师评价分为奖惩性评价与发展性评价两种。

---

① 梁红京：《区分性教师评价制度研究》，华东师范大学出版社2004年版。

王斌华认为:"有两种目的不同的教师评价制度,一是奖惩性教师评价制度;二是发展性教师评价制度。奖惩性教师评价制度是以奖励和惩处为最终目的,通过对教师工作表现的评价,作出解聘、晋升、调动、降级、加薪、减薪、增加奖金等决定。这种教师评价制度势必影响教师的坦诚态度,很难指望全体教师的积极参与。"[1] 发展性教师评价制度是一种新型的、面向未来的教师评价制度,这种以促进教师未来发展为目的的发展性教师评价制度是形成性评价制度,它没有将教师评价制度作为奖励和惩罚的机制,其目的是在没有奖惩的条件下,促进教师的专业发展,从而实现学校的发展目标。"[2]

这种将奖惩性评价与发展性评价直接对立起来的做法,在理论界已经引起广泛质疑。张其志在《对发展性教师评价的审视与思考——与王斌华教授商榷》一文中一针见血地指出:"奖惩只是一种手段,是评价实施者达到某种目的的一种手段,手段背后才是目的。""教师评价的目的原本就是发展性的,在现实中很少存在绝对的奖惩性评价或没有奖惩的发展性评价,奖惩性与发展性教师评价各有各的优越性和局限性。"[3] 杨启亮也指出:"两难意味着冲突或矛盾,走出两难困境则意味着消解冲突或矛盾。消解冲突或矛盾换一个思路来看其实也就是寻求协调一致性。"[4] 区分性教师评价正是面对传统教师评价与发展性评价在实践中的两难处境,在力求寻找两者结合点的基础上所提出的一种新的评价思想和策略。其本质特征有以下几个方面。

1. 在评价目的上,兼顾奖惩性和发展性

教师评价要达到两个方面的目的:一是为管理者对教师做出聘任、提升、加薪等决策提供有说服力的依据;二是为教师的专业发展提供有效的指导。我国的教师评价过多地关注评价的奖惩性目的,而忽视发展

---

[1] 王斌华:《发展性教师评价制度》,华东师范大学出版社1998年版,第301页。
[2] 王斌华:《发展性教师评价制度》,华东师范大学出版社1998年版,第301页。
[3] 张其志:《对发展性教师评价的审视与思考——与王斌华教授商榷》,《教育实验研究》2005年第1期。
[4] 杨启亮:《走出教师评价的两难处境》,《教育研究》2005年第9期。

性目的，这必然会导致教师成长的功利化倾向，但如果采用一种纯粹以发展性为目的的评价制度，也会出现新的问题。例如，作为学校管理中的一项重要工作，它不能作为教师聘任、解聘、晋升、加薪的客观依据，势必会造成一定的混乱。因此，我们要考虑在奖惩性目的和发展性目的之间寻求一个适当的平衡点。

2. 在评价依据上，兼顾社会性和个体性

对教师的评价，主要是依据教师为社会所做出的贡献来进行的，具体表现为对学校发展和学生成长两个方面所起的作用。作为一名社会劳动者，固然要从其劳动对社会的价值来考虑，但同时也应兼顾其自身发展、自我实现的价值。

3. 在评价方式上，兼顾规范性和灵活性

没有规范性，就不能称其为一种制度；没有灵活性，则是一种僵化的制度。教师评价制度如果缺乏规范性，则无法进行相对公平、公正的评价，但如果规范性太强，严格地用统一的尺度来衡量教师，则等于把人往一个模子里塞，培养出来的是统一规格、毫无个性的教师。

建立和完善合理的教师评价制度关系到学校的发展，关系到教育事业的发展。教师区分性评价的根本目的在于：确立衡量一个教师的标准，充分发挥教育评价的导向、激励、改进功能，通过评价过程的反馈、调控作用，促使每个教师不断总结、改进自己的工作，在调动广大教师工作积极性和创造性的同时促进学校不断加强对教师队伍的管理和建设，最终达到全面提高学校的教育教学质量的目的。

（三）教师区分性评价理论的主要内容

教师区分性评价在评价目的上，强调外在奖惩和内在发展的统一；在评价取向上，使教师评价既符合社会发展的需要，也能满足教师个人发展的要求；在评价内容上，不仅关注教师的教学成绩，也关注教师育人、科研、协作的绩效；在教师评价方式上，努力使社会评价标准与个体评价标准趋于一致；在评价功能上，把诊断性评价、形成性评价与结果性评价有机地结合起来。

教师区分性评价应该立足现在、兼顾过去、面向未来，通过多角度、多主体、多样化的评价标准和评价方法，将奖惩与发展相融合，将自评与他评相结合，将量化与质化相融合，将教师个人发展与学校发展紧密结合起来，实现学校、教师的可持续发展。区分性评价绝不是奖惩性与发展性评价的简单拼凑，而是通过一定的策略和方法，扬长避短，使之成为共存共进、相辅相成的有机整体。

（四）教师区分性评价的实施

教师区分性评价就是要通过多角度、多主体、多样化的评价标准和评价方法，将奖惩与发展相结合、自评与他评相融合、量化与质化相融合，将教师个人发展与学校发展紧密结合起来，实现学校和教师个体的可持续发展。教师区分性评价的策略研究就是从理念到方法的系统操作，其根本目标是构建促进教师发展、学校发展的双赢评价体系，其中，"策略"既可以指实现目标的方案集合，也可以指方式方法。其特点则体现在评价取向的人本化、评价内容的多维化、评价主体的多元化和评价方法的多样化上。

1. 评价取向的人本化

将传统教师评价与发展性评价结合起来，在发展中恰当地使用奖惩手段，以奖惩促发展。

教师区分性评价是立足现在、兼顾过去、面向未来的一种评价。评价的立足点应放在教师的未来发展上，强调外在奖惩和内在发展两种目的的统一。传统教师评价一般把评价看作对教师实施规范管理的手段，突出对教师已有成绩的肯定或否定，关注教育教学效果和短期目标的实现；发展性评价关注的是教师的未来发展，重视对教师的指导和激励，以实现教师个人的长期规划。在评价实施中，学校管理者往往将"管理"与"发展"对立起来，其实，只要转变评价观念，坚持以人为本，运用区分性评价策略，每一次评价都会成为促进教师专业发展和加强学校管理的得力助手。

评价不是学校用来监督、控制教师的工具，而是引领、激励教师发展的助推器。学校关注的不仅仅是结果，而是通过恰当的评价方式使教师们从评价中有更多的收获和启发。因此，教师区分性评价在实施过程中，完全可以通过有效的策略，将绩效与发展相融合，使奖惩与发展相促进。

(1) 统筹兼顾，将"业绩"与"发展"相融合

业绩评估是对教师水平进行评定和实现利益分配的必要手段，这种评价着眼于教师已承担的职责和已取得的工作成就，强调学校当前目标的实现。业绩评估与教师发展性评价是共存于教师评价中的两种评价体系，它们之间存在着差异，同时也有着密切的联系。

在评价目标方面，发展性评价的目标是通过评价手段提高教师的职业素养和教育教学能力以促进教师自我价值的实现。其中，业绩评估的目标是将教师的表现与一定的标准相比较后判断其优劣。在评价主体方面，发展性评价的评价者可以是教师的同事、校长、家长甚至是学生，也可以是教师本人；业绩评估的评价者一般是上一级行政部门或有关的专业评估机构。在评价内容与标准方面，发展性评价关注教师的背景和基础，重视教师当前的水平和表现，但着眼点在于教师的未来，所依据的资料和证据是日常的、局部的、即时性的，往往不能体现教师的综合素质和最高水平；业绩评估一般采取横向比较的方式，不太关注教师的背景和基础，所采用的资料和证据是综合性的、阶段性的，能够体现教师的综合素质和最高水平。在评价过程和结果方面，发展性评价所得出的结论主要用来进行纵向比较，以期发现教师发展变化的轨迹，在达成结论时重视教师的积极参与，评价结论是个体化的，非常重视通过评价反馈与教师一起提出改进建议；业绩评估主体与教师一般不进行交流与讨论，且结论一般是规范和统一的，并与教师的名誉和各种利益相关。

业绩评估与发展性评价在教育实践中并不是相互排斥的，其评价内容和评价标准可以相互借鉴和使用。在实践中，不妨从三个方面进行尝试：首先，在绩效评估中增加发展性内容。业绩评估能对教师产生强烈的激励作用，如果评价体系中包含促进教师成长的内容，则能引导教师更关注自身的发展；其次，在评价方式中增加形成性评价。在把期末的

终结性评价作为奖惩依据的同时,把平时的形成性评价用于教师发展需要的评估;最后,把给予教师成长的机会作为奖惩的办法之一。除了续聘、加薪、评优外,还可以把提供公费进修、参加高级研讨班、外出参观学习等作为奖励的办法,把业绩和发展统一起来。

教师区分性评价最终要达到的目的是以绩效评估为外在动力,帮助教师确定个人未来的专业发展目标,引导教师朝着专业发展的方向努力,学校应引导教师明确自身的发展定位,具体可以提出如下三方面的问题:一是"你现在在哪里?"即教师个人在集体中所处的位置;二是"你可以到哪里去?"即"最近发展区",指明教师今后的发展方向和对未来前景的展望;三是"你怎样到达那里?"即今后发展的具体方法、策略。通过复合视角的教师区分性评价策略的使用,促进每位教师不断对自己的教育和教学活动进行反思,并逐步走向成熟。

(2)以人为本,将"奖惩"与"发展"相结合

长期以来,我国教师评价一直存在"重管理、轻发展"的倾向,将评价的目的局限在对教师的奖惩、晋级和评选上,忽视了评价对教师成长的反馈和激励作用。对于以育人、培养人、塑造人为己任的教育工作者来说,"以人为本"思想显得更为重要。教师评价的目的是一种价值取向,评价方式方法的选择,在很大程度上取决于管理者的评价观念,观念的改造是深层次的根本性转变。评价者把自己看作高高在上的管理者,评价取向必然以奖惩为主;而评价者如果能够把自己定位为服务者,那么评价改革必然可以达到以人为本,并且能够立足于教师的长远发展。为此,学校管理者应当转变评价观念,由高高在上的审视者变成与教师双向互动的倾听者和对话者,由教学成绩的评判者变为教师专业发展的引领者、指导者,关注全体教师的发展,关注教师的全面发展、自主发展和个性发展。

从我国的国情来看,彻底否定奖惩性评价是不现实的,上级主管部门对学校、教师的评优评先、职称评聘仍然发挥着"指挥棒"的功能。完全采用发展性评价的做法也是不现实的,发展性的指标是软性的,单纯依靠教师个人的积极性,很难达到预期效果。教师区分性评价主张利

用业绩评估作为教师发展性评价的有益辅助,一方面发挥发展性评价体系的优越性,客观准确地评价教师,促进教师的主动发展;另一方面,适当吸收绩效考核中奖惩机制的激励作用,达到奖励先进、激励后进的目的,借外部刺激推动教师的专业成长。

俗语云:"有压力才有动力。"在我们的教育管理体制下,一定程度的奖惩还是非常必要的。在压力适度的前提下,奖惩在一定程度上具有调动教师工作积极性的作用。既能调动广大教师的主观能动性,又能增强教师的危机感和责任心。当然,奖惩机制和手段一旦应用失当,也可能引发教师们的不满和愤懑,甚至影响到学生的发展。运用奖惩评价时应注意把握好尺度和实效性,"奖"要大于"惩"的力度。在惩罚的同时不能对教师的不当行为"一惩了之",而应在奖惩中积极引导,强化教师的责任意识,使教师从抵制到自觉接受,从而形成良好的竞争氛围。

"奖惩"有奖惩的优势,"发展"有发展的弱点,在其相互融合过程中,学校管理者要注重的关键是学会扬长避短,使每一次评价都能成为促进教师发展的新起点,而这一切的根本就是观念的转变。复合视角下的区分性评价要想取得实效,最关键的就是要树立以人为本的思想,尊重人、关心人,从而更好地成就人、发展人。

2. 评价主体多元化:将自评与他评有机结合,实现多主体间的交互与合作

教师区分性评价提倡评价主体多元化,建立以教师自评为主,学校领导、同事、家长和学生共同参与的教师评价制度,通过整合多方面的评价力量,全面准确地获得评价信息。多主体评价的优点是可以多渠道地提供评价信息,避免由于单一的评价主体而造成评价的片面性和偏见;但不同评价主体的角色、地位、能力、经验不同,决定了他们在教师评价中所发挥的作用也各不相同。在区分性教师评价中,多元评价并不是多个"一元"的相加,而是通过科学的实施策略在各种评价结论中寻找共性的、公认的、一致的看法,使"多元"成为一个整体,达到促进教师主动发展的目的。

(1) 重视同行评价

同行评价是教师间的相互评议。由于同行对课堂教学、教材、教师最为熟悉，更能对教师改进教学工作提出具体与实用的建议，因此，同行评价不仅能够得到大多数教师的支持和认可，也可以得到学校管理者的普遍重视。同行评价主要通过听课、评课、教案评价、互评量表、问卷调查、述职测评、技能展示等方式和途径，对教师的工作绩效和发展状态、学生的学习状态以及教学的整体效果进行评价。同行评价的基本要求在于，以动态发展的眼光对待同事，真诚地指出同事的优点与不足，共同探讨改进的措施。同行评价的实施策略是：为评价人员提供适当的专业培训，提高教师的评价素养和交流能力，减少评价误差；为评价人员提供必要的时间和空间，减少与自身教学工作的冲突；营造和谐民主的文化氛围，搭建互助交流的平台，引导教师进行良性竞争，增强彼此间的信任；灵活运用多种评价方式，充分发挥同行评价的促进和激励功能。如骨干教师与青年教师可采取同伴结对式评价、同年龄段教师之间可采取同伴互助式评价，校外专家与本校教师可采取同伴协助式评价等，调动各方面教师的专业特长和优势，实现经验的共享和共进。

(2) 引导学生评价

学生是教师教育教学活动的直接参与者、见证者，也是教育教学效果的直接体现者，他们对教师的师德、教育教学水平、专业技能最有发言权。如果学生不能充分参与到整个教学活动的评价中或在评价中忽略了对学生学业成绩的考量，那么，教师评价的科学性、真实性就很难得到保证。

学生评价的主要方式与途径是：召开学生代表座谈会、设置校长信箱、进行问卷调查、考查学生作业的效果、对学生综合素质进行定期检测，以及个别征求意见等。学生评价的主要内容是：针对教师的师德、工作态度、教学方法、教学效果、作业批改等方面进行评价，也可以评选"最喜欢的教师""最值得敬佩的教师"等。学生评价的实施策略：一是评价前对学生进行适当的培训，让学生了解评价的目的、内容、过程、程序等，信任学生，鼓励学生讲真话、实话；二是正确引导学生对教师的教学态度、教学效果、教学水平、教育工作等表现做出恰如其分的评价；三是点面结合，关注大多数学生的评价，对学生评价中的问卷调查等采取匿名的方式进行；四是建立有效的沟通反馈机制，做好对教师的正面引导，减少负面效应。

对于学生评价的结果，学校应采取个别交流与集体反馈相结合的形式，不仅有定量分析，而且有定性建议；不仅有共性问题的整体反馈，也有针对教师的个体反馈；不仅将评价结果作为量化的一部分，也要进行跟踪指导。尤其是对于学生评价中所出现的不够积极的方面，学校应在全面客观地了解实际情况后，引导教师认识教学中的问题，促使教师主动与学生沟通交流，把主动征询学生对自己的评价意见当作不断发现问题、解决问题、改进教学的一种有效方式。学生给教师打分的目的不是对教师进行排队，而是让教师体验教学的成功与快乐，反思教学的问题与不足，从而不断改进教学方法，提高教育教学的水平。

（3）淡化领导评价

在以往的教师评价活动中，学校管理者往往占据着主导地位，教师区分性评价主张淡化领导评价，领导在评价中所起的作用应该是协调、引领和服务。

领导评价的主要方式和途径：通过日常观察、常规督导、面谈、查阅教师发展档案袋、查阅其他评价主体的评价资料等方式对教师进行评价。领导评价的实施策略，一是经常深入课堂、深入教研组，实事求是地评价教师的优势与不足；二是充分考虑教师工作的特点，体现人文关怀，以动态生成的观点发现教师的进步，帮助教师树立自信心；三是坚持民主集中制原则，营造宽松、和谐、民主、平等的评价氛围。

（4）参考家长的评价

家庭教育是学校教育不可缺少的一部分，家长评价有利于加强家校之间的联系与沟通，及时了解家长对子女的期望，帮助教师反思和改进教育教学方式。由于家长的评价信息大多是间接得到的，主观性较强，在教师区分性评价中，家长评价一般作为其他评价的参考依据。

家长评价的主要方式与途径是：通过家长座谈会、问卷调查、校长接待日、校长信箱和电话交流等方式进行评价。家长评价的实施策略，一是评价前对家长进行培训，让家长了解评价目的、内容、过程和程序，引导家长全面、客观、动态地评价教师；二是充分考虑家长的城乡地域差异、文化素质差异、职业差异和家长对教师的了解程度，适度使用评价结果。

（5）突出教师自评

教师区分性评价强调自评与他评的有机结合，尤其突出教师的自评。现代心理学研究表明，内部动机比外部刺激具有更持续的作用。对教师来说，观察者的评判是帮助自己成长的宝贵财富，只有教师的主动参与，评价的结论和建议才能真正被教师接受，才能最大限度地激发教师自我改变、自我完善的热情。

教师自评的主要方式和途径：一是根据别人对自己的评价来评价自己；二是通过与他人的对比来评价自己；三是通过自我分析来实现自我评价。教师自评的实施策略：一是选取适当的可比对象，进行全面客观的比较，不断反思与完善自己；二是主动听取他人的评价意见和建议，正确对待他人对自己的评价，正确认识自己的优势与不足；三是制定自我规划的发展目标，不断挑战自我、超越自我，实现可持续发展。教师成长＝经验＋反思。"教师自我评价的目的不在于给自己评定分数，更不是把自我评价意见写出来应付学校的检查，它的根本目的是帮助教师正确认识自我，培养自我反思的意识、习惯和能力，并最终促进教师的成长。只有当教师评价具有反思功能，引发教师的反思行为时，教师评价的真正目的才有可能实现。

区分性评价重视教师自评，但对教师自评并不是完全放任，而是通过各种有效的方式鼓励教师全员参与、全过程参与，督促、帮助教师认识自身问题，通过有效整合他评结果来促进教师的自我反思，使教师由"要我发展"转变为"我要发展"。

学校在教师区分性评价实践中关键是要把教师的自评与他评有机地结合起来，通过多主体间的互动和合作，构建以多元信息整合为基础的教师评价机制，使教师评价活动成为一种交互活动。

3. 评价内容多维化：将基础性指标与发展性指标结合起来，关注教师个体需求

教师区分性评价要求克服传统评价内容窄化的弊端，制定全面、完整、系统的评价指标体系。教师评价既要评价教师的教育教学效果，也要评价教师的教育教学思想、教学行为、教学方法；既要评价教师的教学内容，也要评价教师的职业道德和工作态度；既要评价教师的业务水平，也要评价教师的科研能力和业务培训；既重视教师自我评价的作用，也关注他人评价的导向功能，努力使社会评价标准与个体评价标准趋于协调一致。

美国著名管理学家杜拉克指出："谁也无法实现一个要求模糊的目标，员工必须知道他们的目标是什么，什么样的活动有助于实现目标，以及什么时候完成这些目标，而且这些目标应是可以考核的。"制定一个相对统一的、科学的、明确的评价标准不但对于提高评价的准确性和客观性是必要的，而且能为学校教师提供努力的方向和目标。在统一规范的评价标准实施过程中，学校可以根据发展需要，选择不同的评价方式，进行综合评价或单项评价，也可以通过调整权重的方法体现出差异性和可行性。

4. 评价方法的多样化：将教师个人发展与学校发展相融合，建立双向评价反馈机制

教师区分性评价主张采用多种评价方式，将量化与质化结合起来，用动态的、发展的眼光看待教师的劳动。评价既关注教师原有的教学水平，也关注教师教学水平的提高过程；既关注教师的个体发展，也关注社会对教师发展的需求，将教师个人发展与学校发展紧密结合起来，为教师未来的发展提供有针对性的指导与帮助。

（1）定性评价与定量评价相结合

现代评价理论认为，凡是客观存在的现象，都有其数量方面的存在。量化评价就是力图把复杂的教育现象简化为数量，从数量的分析与比较中推断出某一评价对象的成效。量化管理在一定程度上能够提高评价的精确性和客观性，但片面量化会使教师评价僵死化、简单化和表面

化。由于教师工作是一项复杂的劳动，教师的需要和动机、经验和能力、兴趣和态度、情感和观念，都不可能用精确的数值进行描述，因此量化不能成为评价过程中绝对的和唯一的途径，还需要做出适当的定性评价，把定性评价与定量评价有机地结合起来，提高其科学性和真实性。

随着课程改革的不断深入，追求有效课堂成为各校关注的重点，如何通过改进课堂评价直接推动教师的专业成长呢？在不断修订课堂教学评价标准后，管理者意识到单凭标准引领是不够的，俗话说："旁观者清，当局者迷。"只有在评价中引入多种真实，有效的评价方法，才能更好地帮助教师提升和发展。

课堂观察强调在课后第一时间的反馈与研讨，评价者和被评价者都要发表个人的看法和观点，最后双方共同总结得出结论。课堂观察的结果不仅可以通过及时有效的交流来促成教师的教学反思，而且可以充分调动教师的主动参与及与同伴的积极互助，使评价更客观、更全面。

教师区分性评价一方面运用量化指标对教师的整体表现进行评价，以确定教师的等级，并按照等级决定对教师进行奖励或惩罚，以此来保证教育质量；另一方面采用各种非量化的手段，运用一些陈述性、表现性、定性的方式对教师进行全面评价，从中发现教师的优点和不足，以帮助教师改进和提高，使教师获得进一步发展。

（2）建立双向评价反馈机制，实现平等对话与交流

获得一个评价结论，并不是评价工作的结束，更重要的是合理反馈，及时整合来自多方面的评价信息，使教师在评价中获得帮助和提高。教师区分性评价提倡通过建立双向评价反馈机制，在平等对话的基础上实现评价的双向交流，具体而言，具有以下几种实施原则。

时效性原则：任何一次评价活动，都是在一定的时空和范围内进行的。由于教师工作的特殊性，学生、课堂、教材、教法随时间的推移和对象的变化而存在很大的变数，学校不能放"马后炮"，更不能"秋后算账"，否则会贻误教育时机，甚至会对学生造成不可弥补的损失。

互动性原则：利用评价结果进行反馈，是与被评价者沟通交流，促

进教师反思，共建发展策略的有效途径。双方应建立在真实坦诚、平等交流的基础上，教师可以自由地发表意见，评价者应认真听取被评价者的解释和打算，共同帮助教师分析问题，指明今后的努力方向，反馈的目的不是追究责任，而是责任共担。

区分性原则：区分性评价重视教师的主体地位，重视教师的个性发展，每一次评价结果都是在与教师个体的发展基础和发展目标的比较下形成的分析和判断，它不是简单地关于对与错、优与劣的价值判断，而是对教师个人目标达成度的总结和对现状问题提出的意见和建议。

激励性原则："评价不是为了证明什么，而是为了改进。"在反馈过程中，评价者应根据不同的评价内容、评价结论及教师不同的个性特点，给予教师积极的肯定与支持。反馈中应特别注意评价对象的反应，做好心理疏导工作，使评价对象能够冷静地、虚心地接受或认同评价结果。学校对评价结果应注意保密，以维护教师的尊严；对评价结果的表达应尽量采用建设性、激励性的语言，以书面反馈的方式进行；对评价结果的解释应全面、客观，采用个别面谈的方式，同教师们一起分析所出现的问题，避免评价"形式化"或"行政化"。

（3）加强团队评价，将教师个人发展与学校发展紧密结合起来

"管理心理学"强调，群体的准则、规范、舆论和人际关系，往往会形成一种无形的压力，有效地影响和改变着一个人的态度。团队评价可以更好地将个人发展与学校发展有机地融合在一起，教师教育教学水平的提高在很大程度上需要来自他人的评价和建议。教师的团队合作有利于教师从同伴那里获得有价值的信息、建议甚至比较成熟的教育教学模式，从而少走弯路，获得快速发展。教师之间不仅是竞争的关系，也是合作的关系。当评价对象由针对个人转向集体的时候，教师的心理压力会相对减弱，团队意识增强，出于对集体荣誉的珍视，很多教师会主动自觉地提醒、帮助部分年轻教师或问题教师，大家坦诚相待、真诚合作，一些老师的不足之处将会因为合作而大大地减少，而教师的合作能力、协调能力、人际交往能力及教育教学的专业技能，将会有很大的提高。

现代学校应该是一个"学习型组织",从对教师个人的评价到加强对教师团队的评价,更有利于调动广大教师的积极性,提高工作质量和效率,实现教师和学校的双赢。学校的教研组、备课组等不仅是学校的行政组织,而且是教师工作、学习、研讨的学习型团队。教师区分性评价倡导"同伴互助",鼓励教师间形成伙伴关系。学校可以实施捆绑式评价,充分发挥集体的力量来促进教师的专业成长和发展。

区分性评价面向全体教师,对教师进行全面评价,着力于促进每一位教师的发展,这将有利于提高学校教师队伍的整体水平,形成教师个人发展与学校发展相互促进的良好态势。

实现学校的总体需要和目标,不仅要依靠组织的力量,而且要依靠教师的努力,通过科学的教师评价机制,更好地调动教师的内在自觉,营造和谐、宽容、合作的良好氛围,用文化育人,用评价成就人,用评价发展人,最终实现教师、学生、学校的共同发展。

(五)教师区分性评价体系的价值

从理论与观念上理顺发展性评价与奖惩性评价的关系,在实践中探索出一条切实可行而且行之有效的改革之路,对于深化素质教育,促进教师专业发展具有非常重要的意义。教师区分性评价对于"区分性评价"体系的创新意义有如下几点。

1. 教师专业发展的必然要求

随着教育教学改革运动的全面展开,教师开始由知识的传授者变为学生学习的促进者,由教育教学的实施者变为教育教学的研究者,由课程的执行者变为课程的开发者,学校教师的学生观、课程观、教学观、教师的专业化水平直接影响着课程实施的质量和深度。

在传统的教师评价管理过程中,教师评价的理论研究者和实践者频繁使用"优胜劣汰"和"末位淘汰"等词语,给教师造成了不必要的压力。在对全国 14 个地区 168 所学校的教师进行抽样检测中发现,有 52.32% 的教师存在心理问题,而不合理的教师评价制度是导致教师职业倦怠的主要原因。教育部颁布的《关于积极推进学校评价与考试制度改革的通知》指出:"学校教师评价制度的改革要有利于加强教师职业道德建设，促进教师业务水平的提高，建立有利于实施素质教育，发挥教师创造性的多元的、新型的学校教师评价体系。"教师评价的特殊性主要来源于教师角色的多样性、教师劳动的复杂性、教师管理的特殊性。这就需要构建一套基于复合视角的教师区分性评价体系，在管理过程中达到促进教师专业化发展的目的。在对教师业务素质能力的评价中，应将教学与科研结合起来。在对教师的教学评价中，强调教学改革方法及实施和现代化教学手段的应用；在对教师科研业绩的评价中，应加入科研项目的基础研究工作部分，将科研项目的最终成果与基础性研究结合起来，并注重研究的应用价值；在对教师承担的公共服务职能的评价中，要将服务学生、关爱学生和其他公益服务性工作纳入指标体系。

此外，教师区分性评价理论重视教师的职业发展，从个人发展目标与方向选择，到教师潜能的发挥和教师职业培训的提高，成为复合视角下区分性评价体系的实施基础。教育管理者会根据教师个人发展情况做出评价，并对其进行相应的职业培训，再对职业培训的效果做出考核，以促进教师的不断进步。

2. 学校科学管理的实践需要

学校人力资源管理的变革成为每位教育工作者必须面对的现实，教师评价是学校对教师进行管理的重要手段之一。很多时候，学校的评价制度主要是上级主管部门政策的延伸，即使有变革，也要依据上级部门的要求或根据学校整体发展的需要制定。学校管理科学化的重要标志之一，就是实现对教师队伍管理的科学化，而教师评价是加强教师队伍管理和建设的一项有力措施，是实现教师队伍管理科学化的有效途径。

区分性评价的探索和实践可以帮助学校管理者在奖惩与发展中把握"适切性"，把评价从一种单纯的管理手段提升为一种专业指导，通过客观、公正的教师评价，不仅为管理者对教师做出聘任、提升、加薪等决策提供有说服力的依据，而且帮助教师诊断和发现教学工作中所存在的问题，为教师提供教育教学的信息反馈与咨询，帮助教师反思和总结自己在教育教学中的优势和薄弱之处，将教师个人发展与学校发展相融合，最终达到促进学校可持续发展的目的。

3. 教师评价改革的应然方向

由于奖惩性评价是一种面向过去的、终结性的、自上而下的评价，难以调动大多数教师的积极性，20世纪80年代后期，英、美等国开始摒弃教师奖惩性评价，推行发展性评价制度。英国是在教育界最早实行发展性评价的国家，其发展性评价的做法受到大多数教师的欢迎。但在实施过程中，由于其目标的多层次、评价标准的模糊性、操作程序的复杂性、评价方法的多元化以及过于"温和性"等特点，非但没有取得预期效果，反而逐步走到崩溃的边缘。美国制定了着眼于教师表现的专业化评价制度，实施优秀教师认证制，将统一标准与个性化标准结合起来。其后，英国实施了具有折中色彩的评价体系，将教师薪金与教师表现或绩效挂钩。"一个通过中介（外部评价员）实施的多元化综合评价体系正在形成：它既结合了政府的宏观调控，又照顾了具体组织及个人发展目标的实现；实行自上而下和自下而上相结合、标准与非标准相结合、形成性评价和终结性评价相结合的方法。"①

从国外教育发达国家教师评价的理论探索与实践经验来看，如何将"奖惩"与"发展"有机结合起来已成为教师评价研究亟须解决的问题，复合视角下教师区分性评价的提出顺应了教师评价理论与实践研究的发展趋势，为传统的教师评价体系向"区分性评价"体系的过渡奠定了坚实基础。

第二节 高校教师区分性评价的理论基础

教师区分性评价吸收了奖惩性评价和发展性评价的优点，克服其不足之处，在对以往多种教育评价理论的借鉴与批判基础上，形成了一种综合性的教师评价制度体系。其理论基础相对较为广泛。通过总结20世纪90年代以来相关学术研究及教育改革的实践发现，构成教师区分性评价的理论基础主要有两大类：一是围绕教师评价与教师专业发展、

---

① 李润洲：《对教师评价的审视与反思》，《天津市教科院学报》2003年第6期。

教育质量提升的逻辑关系展开的。教师区分性评价融合了反思性评价理论和发展性评价的思想，一方面，明确了教师专业发展是教育质量提升的重要途径，使人们认识到教师专业发展的重要性；另一方面，厘清了教师专业发展与教师评价之间的"目标—工具"关系，即教师专业发展是教师评价的目标，而教师评价则是促进教师专业发展的重要工具。二是在明确教师专业发展、教师评价来和教育质量提升三者逻辑关系的基础上，围绕从哪些维度能更好地运用教师评价促进教师专业发展，继而提升教育质量的问题进行的，即教师评价维度划分与教师专业发展关系问题的理论。一方面，教师区分性评价在结合差异化管理思想的基础上认为，从横向上，同一时间段里不同教师的发展水平和需求各有特点，且每位教师的专业发展途径也会有所差异；另一方面，区分性评价在结合职业生涯阶段理论思想的基础上认为，从纵向上，教师的职业生涯发展是一个漫长的过程，在不同的发展阶段存在着不同的需求特点，按照统一的评价方式进行评价和提供发展动力难以取得好的效果，对不同教师群体应采用具有区分性的评价方式。因此，笔者认为，反思性评价理论、发展性评价理论、差异化管理理论（分类管理）和职业生涯阶段理论共同构成了教师区分性评价的主要理论基础。它们之间的关系如图2-1所示。

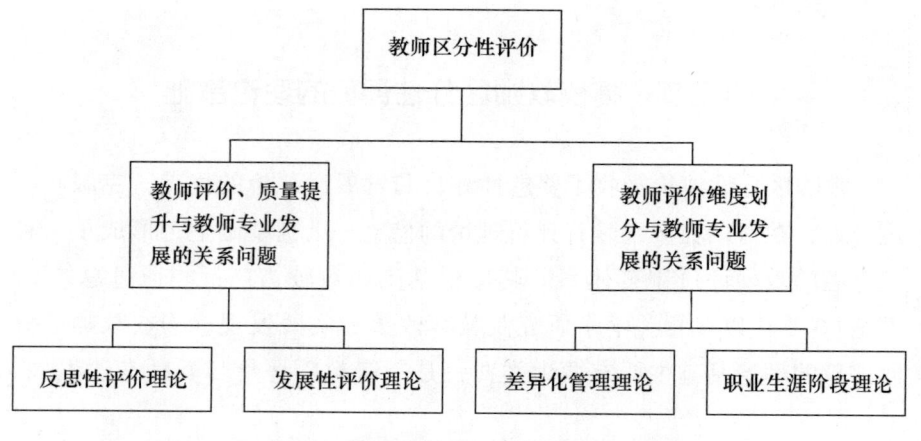

图2-1 教师区分性评价理论基础关系图

如图 2-1 所示，反思性评价理论是对传统奖惩性评价的批判，指出教师专业发展的重要性成为区分性教师评价的逻辑起点；发展性评价理论是对教师专业发展与教师评价的"目标—工具"关系的明晰，这构成教师区分性评价的思想基础；差异化管理理论以横向的教师评价维度区分构成教师区分性评价的研究基础；职业生涯阶段理论则以纵向的教师评价维度区分构成教师区分性评价的又一研究基础。

一 发展性评价理论

（一）发展性评价理论概念内涵的界定

"发展性评价"是以教师的主体性发展为目的的评价，是对区分性评价理论形成影响最为直接的理论。在实际的研究中，有的学者甚至将"教师区分性评价"当作"发展性评价"的下位理论概念。发展性评价理论始于 20 世纪 80 年代中期，是在美国被提出的，并在英国、日本等国家陆续加以实践推广。与其他国家相比，英国的教师发展性评价制度是最具有特色的，它注重对教师专业发展的促进作用，倡导将评价结果作用于教师工作的改进而非奖惩，使教师通过内心的体验，积极调整自己的工作方向和目标。评价主体和对象之间建立起互相信任的关系，呈现出双向互动。

1. 发展性评价理论的主要观点

发展性评价理论指的是以促进教师的专业发展为目的，通过实施不设定奖惩条件的教师评价来实现教师与学校双赢发展的一种评价理论。发展性评价理论注重教师个人价值的实现，同时承认教师个人的发展需要；在宽松的环境（即不以评价结果作为奖惩依据）下，促进教师自觉主动的发展，从而实现教师自身的目标和价值；教师具有做出正确判断的能力。正如学者 Taylor 和 Lyndal 所指出的，教师在教学中占据了主导地位，在评价中也同样应该占据主导地位。决定评价价值的是教师，决定理会还是不理会评价信息的也是教师。教师是其教学效果的最后仲裁人，也是通过评价期望而发生改变的执行者。评价是通过系统地搜集评价信息并进行分析，对教师的教育活动进行价值判断的过程；激发教师的参与意识;提倡教师自选评价者,再由评价者和教师协商确定评价计划和目标,把实现教师的专业发展目标看作双方的共同职责;重视多渠道交流信息,开展同行合作、互助式评价,提升"教育智慧",教师之间互相评价具有较大的意义。①

2. 发展性评价理论的特点

作为一种"形成性"评价,与奖惩性评价以奖惩为目的相比,教师发展性评价的目标是在没有奖惩的条件下促进和实现教师的专业发展。王斌华归纳了"教师发展性评价"体系的十个主要特征:"学校领导注重教师的未来发展;强调教师评价的真实性和准确性;注重教师的个人价值、伦理价值和专业价值;实施教师之间的评价;由评价者和教师配对,促进教师的未来发展;发挥全体教师的积极性;提高全体教师的参与意识和积极性;扩大交流渠道;制定评价者和教师认可的评价计划,由评价双方共同承担实现发展目标的职责;注重长期的目标"②。

具体而言,教师发展性评价制度的特点有:

第一,教育性。发展性评价将教师评价的立足点从业绩考核奖惩转向了满足教师发展需求,其评价指标对教师群体发展具有导向性,侧重于教师专业能力的提升,为教师的发展提供了更多的培训机会,更有利于培养高素质的教师队伍。

第二,合作性。教师发展性评价以教师的专业发展为出发点,一方面提倡通过全体参与以帮助教师提高自身能力,同时实现共同进步;另一方面通过民主化的合作形式有效降低教师对评价工作的思想负担,以及由此产生的抵触情绪,使教师积极参与到评价工作当中。

第三,全面性。教师发展性评价注重评价主体与评价形式的全面性。首先,在评价主体界定上,发展性评价主张由原来的学校行政主管人员扩展到教师本人、同事、学生和家长等多方主体上,把各方主体之间的交流提高到新的层次;其次,发展性评价通过听课、评课等活动相

---

① 李家成:《论教育活动中他人评价与自我评价的结合》,《教育评论》1999年第1期。
② 王斌华:《发展性教师评价制度研究》,华东师范大学2000年版。

互取长补短,不仅将定性评价与定量评价结合起来,而且将单项评价与综合评价结合起来,从而保证有利于充分运用各方的评价资源,形成合作性评价。

第四,实效性。发展性评价面向全体教师,在尊重教师个人隐私的基础上获取多种有效反馈信息,并将相关信息结果及时与教师本人进行传递沟通,以帮助教师正确认识自我的教学业绩,由此促进教师教学能力及日后业绩的提升,极大地增强了评价的实效性。

(二)发展性评价理论的步骤

教师发展性评价的实施步骤要"有的放矢",包括评价的准备、实施、结果的处理及其反馈等。

1. 确定评价者和对象

评价者由校领导、骨干教师及相关专家组成,负责对所属相同或相近学科的评价对象进行评价工作。

2. 确定评价内容及方式

由评价者和评价对象共同商定评价内容及其重点方向;确定评价步骤、评价周期和收集信息的方法,等等。

3. 收集信息

通过自我评价(先由评价对象自我评定其业务等级,拟订发展目标,再由管理部门进行客观评定),课堂听课(在说课的基础上了解其教学思想是否体现了开放性和差异性,教学方法是否灵活多样,具有启发性、通俗性和实用性,能否培养学生自主学习能力和提出问题、分析问题、解决问题的能力,教学目标是否符合学生实际),学生评价(通过座谈会、问卷和个别交谈等方式),领导及同事的评价、家长的评价,以及其他渠道收集信息。

4. 评价面谈

由评价者对收集到的信息进行分析、整理,总结其成绩和优势,找出存在的问题与不足,明确今后努力的方向,注意倾听评价对象的阐述和对学校管理方面的意见,共同制定发展目标。

5. 实现发展目标

这是实施教师发展性评价的核心部分，要求评价者依据与评价对象共同拟订的发展目标，给评价对象提供有效的指导和服务，并进行适当的监督。为了实现这一目标，有时可能要重复上述步骤。

6. 撰写评价报告

当评价对象实现了某一阶段的发展目标或者取得了一定的成绩时，由评价者将上述情况加以总结，拟订新的发展目标，存入教师个人业务档案。

（三）发展性评价理论的优势及局限性

1. 发展性评价理论的优势

（1）以师为本的评价目标有利于教师的专业发展

发展性评价理论认为，教师评价不应当单纯关注教师的过去，而应注重教师专业能力及个人职业的进退变化。评价的重点不应放在关注当前上，而应通过当前的评价结果为教师未来的发展引导方向。教师发展性评价帮助教师收集关于自身发展现状的有效信息，通过评价者的交流指导，树立下一阶段的职业发展目标，促进教师可持续的专业发展。因此，从学校层面而言，发展性评价的关注点以教师能力的可持续开发而非教师现有能力的使用配置为重点，促使学校在管理理念上注重人力资源培训与开发，它将评价的作用扩大化和深化，同时也是循序渐进的柔性管理方式的体现。由于发展性评价更多地从教师自身的需求出发，因此在教师群体中的认同度较高。而教师对于评价的认同度能够提高教师对于评价的配合参与程度，从而在一定程度上使得评价结果更为准确。

（2）有利于预防教师管理权的过度使用

在传统的教师评价制度中，评价结果与教师个人的奖惩密切相关，导致以学校为主的评价主体对于教师专业发展拥有相当大的权力。然而绝对的权力导致绝对的腐败，评价主体拥有决定教师奖惩的权力，在一定程度上就容易产生腐败行为。例如，教师为了获得较好的评价结果而对评价主体进行讨好甚至施以贿赂。与此同时，评价主体在开展评价工作时却不需要承担相应的义务，即使出现不公正的评价结果通常也不需要承担相应的责任，这就加剧了评价主体权力的滥用，更容易出现以评价主体亲疏喜好关系为标准的评价。因此，发展性评价所强调的全员参与式评价能使评价主体多元化，避免单个主体的权力过大。同时，由于评价与教师奖惩相脱离，在一定程度上预防了贪污腐败行为的出现。

2. 发展性评价理论的局限

（1）评价约束力及区分性弱化

发展性评价理论的最大特点是主张在评价中去除教师的奖惩机制。与奖惩性评价理论相反，发展性评价理论认为，如果评价制度与教师的岗位聘用、职位升降、薪酬加减、奖金发放以及其他涉及教师自身利益的事项相关，评价就会受到多方阻力，因而影响其成效。这些阻力或来自于对自身利益心存疑虑的教师，又或来自于他人对于特定教师个体的主观性看法，例如同行竞争者的恶意贬低性评价，以及以亲疏关系为标准的不公正评价等。然而，脱离奖惩制度的发展性评价一方面会导致评价的约束力弱化。由于评价结果不会影响教师的发展，教师缺乏由评价所带来的工作激励，因此评价就无法对教师的工作形成有效约束。另一方面完全摒弃奖惩原则在具体实践中也影响了评价的公正性。由于评价过程中的表扬与批评可视为一种隐性的奖惩，因此摒弃奖惩制度的发展性评价使得评价者不宜进行明确的表扬或批评，导致评价中出现居中效应，即所有人的评价结果都会集中在中等水平上，难以有效区分绩效优秀者和绩效劣者，这对工作勤勉的优秀教师而言实际上是一种不公平。因此，从各国的发展性评价可见，完全摒弃奖惩的英国教师发展性评价制度很快陷入困境且最终归于失败，而强调考核绩效与教师发展并重的美国式教师专业发展评价却在不断的自我更新中多有进步，取得了很好的效果。

（2）在一定程度上忽略教育教学质量的提高

发展性评价关注教师的专业发展，其出发点更多的是如何使教师获得更好的个人能力提升及职业发展，因此它所受到的教师群体的认同度较高。然而，教育事业发展的根本目的在于如何提高教育教学质量以使学生获得更好的成长。在一般情况下，教师的教学能力提升是与学生的更好成长呈现正比例关系的，然而，这一正比例关系并非绝对，例如当教师为了促进自身发展而频繁请假参加培训也会影响教学工作，又或教师将关注点过多地放在自身能力拓展而非学生发展上，这必然会影响教育教学质量的提高，因而脱离了教育事业的根本点。教师评价的最终目的应该是促进教育质量的提升，教师、学生、家长等社会成员都应是受益者，而不应仅仅是教师。因此教师评价无论从评价原则、评价方法、评价指标选择等上均应从教师、学生、家长、学校等多方主体出发。发展性评价过多地从教师单一主体出发必然会在一定程度上造成忽略教育教学质量的提高这一问题。

（四）发展性评价对区分性评价制度建设的作用

作为重要的指导理论之一，教师发展性评价对区分性评价制度建设所起的作用可以从以下三个方面来考察。

1. 为教师区分性评价铺垫了思想基础

发展性评价是对传统奖惩性评价的批判，它为教师区分性评价铺设了思想发展之路。尽管教师评价是一项伴随着学校的产生就已经出现的教育活动，但在20世纪以前，这种评价活动在世界各国均是自发的，人们在日常生活中根据自己的价值标准来评论教师的工作。进入20世纪以后，美国教师评价进入传统评价时期，教师评价获得了长足的发展。在此期间，深受西方泰勒式科学管理思想影响的奖惩性教师评价制度在美国得到了广泛运用。然而，从20世纪40年代开始，世界各国发现，传统单一的教师奖惩性评价虽然强化了教师管理，但是却难以对教师形成激励，不利于教师的专业发展，各国学者在对奖惩性评价的批判与反思中逐步总结出了一种新的评价理论——发展性评价。在教师区分性评价理论提出之前，发展性评价理论就通过对传统评价的批判性反思而使得教师专业发展、注重个体差异化等思想深入人心，从而使教师区分性评价更易为人们接受与认可。

2. 为教师区分性评价目标的定位建立了坐标

发展性评价理论将评价目标定位为促进教师专业发展，从而提高教育质量。发展性评价理论主张评价与奖惩脱钩以减少教师对评价的厌恶与恐惧，提高教师参与评价的积极性。在评价实践中，尽管教师大多对发展性评价表现出较大的热情，但由于发展性评价对于教师过分宽松而无法形成有效的行为约束，从而导致出现教师满意度提高但教育质量却得不到改善的状况。发展性评价理论的这一缺陷导致学者们对区分性评价的目标定位进行进一步反思。事实上，评价从本质上而言就是一种价值判断活动，并且这种价值判断只有通过奖惩杠杆才能对组织成员形成行为引导。因此不应对奖惩性评价予以一刀切的否定，也不应对发展性评价予以过分夸大，而是应将二者结合起来运用。教师区分性评价正是将目标更多地定位为奖惩与发展相结合的一种评价方式，既以发展性评价为思想起源，又注重评价对于教师的引导管理功能。以美国马里兰州针对问题型教师的同行评价为例。问题型教师的绩效评价是将对他们的发展帮扶措施与人事奖惩管理结合起来的。首先，由同行参与组成的同伴辅助与评议委员会对被评价教师的相关评价材料进行裁定。当被评价教师被裁定为问题型教师后，评议委员会要根据教师的具体情况帮助其制定改进辅助计划，包括为其安排顾问导师与提供学区补救项目等。随后，在该教师接受了一段时间的教育改进帮助以后，评议委员会应与其他评价者共同收集问题型教师的教育改进信息，并对其做出是否继续聘用的决定。这样就使得对问题型教师的改进帮扶与人事任免决定结合起来，既促进教师的专业发展，又能对教师形成奖惩约束。

3. 为评价对象的区分打下扎实的基础

发展性评价理论所提倡的"注重个体差异"理念为教师区分性评价对象的区分打下了扎实的思想基础。形成个性化教育是发展性评价理论的重要观点之一，它要求打破传统教育标准制定和执行两个环节相互脱离的做法。传统的教育标准所提倡的是由教育研究机构制定标准，然后强制要求教师不带任何主观思想的在教育实践中加以执行。发展性评价认为，这种出自大学科研机构的标准更多的是建立在理论之上的，缺乏对教育实践的总结，因此在教育实践中的效果不佳。发展性评价鼓励教师在自身教育实践的过程中不断总结创新教育方法，针对学生特点与自身特长形成个性化的教育风格。这一观点为教师区分性评价对象的区分打下了重要的思想基础。正如学者诺丁斯所指出的："对各种关心领域的重视和能力的开发必须考虑多种差异,由此产生的各种见解和主张也应得到及时的尊重和富于建设性的处理。"因此这种基于"对各种差异的考虑"的观点也是进行教师区分性评价的重要思想起点。从本质上而言,教师区分性评价的对象区分是对发展性评价理论中形成个性化教育这一观点的深化。教师区分性评价之所以需要进行不同教师类型的区分,其目标正是希望通过对象类型的划分而使得评价工作能更多地结合每种对象类型的教育实践工作特点,通过有区分度的评价标准引导每类教师形成个性化的教育,更好地提升教育质量。

二 反思性评价理论

"反思性教学"以解决教学问题为基本点,是一个动态的过程。在关于教师评价的改革中,"反思性评价"提倡建立促进教师不断提高的评价体系,尤其强调教师对自身能力提升的"反观"作用;主张教师作为教学情境的"内部人员",在评价中具有主体性,而不仅是供"外部人员"评价的对象。当下,反思性评价已演绎为教师评价的主流范式。

(一) 反思性评价理论概念的内涵界定

古今中外,"反思"这一行为均受到各国学者的重视与推崇。在西方哲学中,反思通常指的是个人的自我精神活动与内省的方法。洛克认为,感觉与反思都是经验的来源,其区别在于感觉属于外部经验,反思则属于内部经验。而在我国,儒家学派的经典著作《论语》就记载了"吾日三省吾身"这句名言,反映出我国古人对于自身日常言行反思的重视。而评价作为一种价值判断活动,是对客体满足主体需求程度的判断,因此教学评价是对教学活动满足学生及社会发展需求程度所做出的价值判断活动。美国学者格朗兰德(1971年)曾认为,教学评价就是"测量(量的描述)或非测量(质的描述)+价值判断"。根据教学评价的目的来划分,教学评价可分为终结性评价和形成性评价两种。终结性评价就是传统的以评价者为中心的阶段性的静态评价,而形成性评价则是结合教师发展周期的以教师为中心的发展性动态评价。反思性评价强调教师本人在动态评价过程中的反思主体作用,因此它属于形成性评价。

1. 反思性评价理论的主要观点

在"反思性评价"理论的研究当中，涌现出了一大批学者。美国学者维拉将反思性评价定义为："教师借助发展逻辑推理的技能和仔细推敲的判断以及支持反思的态度进行批判性分析的过程。"他认为，反思性评价是一种自我之外的批判性地考量自己行动及情境的能力。杜威认为，反思性教师对任何思想观点均持批判态度，并提出反思性思维五步说，这五步分别是感到的困难、困难的所在和界定、对不同解决办法的设想、运用推理对设想意义所做的发挥以及进一步的观察和实验。其思想为形成反思性教学评价提供了重要基础。卡尔和凯米斯从技术层次、实践层次和批判层次论述了反思的观点。他们认为，反思的问题在技术层次上是有效实现特定的目标，而在实践层次上则是包括了假设、倾向、价值观及行动所组成的结果，最后在批判层次上，反思的内容包括了社会、政治、伦理等方面的问题。萧恩认为，反思有两种时间框架：一种是反思发生在行动前和行动后，即"对行动的反思"；另一种是反思发生在行动过程中，即实践者对行动过程中出现的意外状况进行反应和知觉，从而调整行动。因此，萧恩认为，反思者既对行动反思也对行动过程反思。格里菲斯和唐提出五种反思维度框架。

（1）关于评价主体

反思性评价强调教师对于教学活动的自我反思，因此，反思性评价主体首先是由教师本人构成的。反思性评价致力于培养反思性教师，其特点是能够对自我教学实践行为过程、实践背景、实践效果等进行自我剖析，并从剖析中归纳、总结出教学中的优点以及需要进一步改进的缺点问题，从而使感性认识上升到理性认识，最终形成教学规律的总结，并将其进一步应用在新的教学实践中。其次，反思性评价主体还应包括学生、同事、学校管理层人员、教育专家以及家长等教师周围的社会成员。这些成员共同围绕教学行为进行反思，并通过总结给予教师有益的反思建议。

（2）关于评价标准

反思性评价标准是提高评价质量，促进反思性教学有效展开的重要保障。然而，建立反思性评价标准是评价实施过程中一个无法绕开的难题。正如学者斯金纳所言，人的内心就像一个黑箱。由于反思是一项内隐性很强的活动，评价过程中经常难以直接观察到反思者的内在心理活动，而只能通过外显的教学行为进行推测，因此外在教学行为准确反映内在反思的程度是建立反思性评价标准的首要难点。尽管存在这一难题，然而，由于评价标准涉及评价工作的价值导向，仍然很有必要在实践摸索中不断完善反思性评价标准。从当前各国的研究状况而言，关于反思性评价标准建立的方式可以有以下几种：一是通过细分教学环节来建立评价标准，把教师的教学活动细分为教学目标、教学准备、教学内容、教学过程和教学效果等部分，然后按照每部分的内容进一步细化成可操作的标准；二是通过剖析教学行为来建立评价标准，对整个课堂上教师的"教"、学生的"学"以及师生之间的"教与学"互动行为进行具体剖析，确立具体的行为标准；三是围绕普遍性教学问题来反向建立评价标准，将教学过程中容易出现的教学问题作为目标，将预防出现教学问题所应当做到的指标作为评价标准。

总体而言，这三种反思性评价标准建立的方式各有利弊，具体采用何种方式应根据具体的评价对象及环境来决定，同时反思性评价的标准探索还应在实践中加以进一步完善。

2. 反思性评价理论的特点

"反思性评价"是一种主体取向的评价方式和体系，体现了教育评价的时代精神。

（1）教师在评价中具有主体性，而不是被动的、供外部人员评价的对象，凸显了教师主体性的人文追求。真正的主体性评价不是靠外部力量的督促和控制，而是每一个教师对自己行为的"反省意识和能力"。它着眼于教师个体的参与，参与评价通常会对教师产生不同程度的压力，有助于强化其内在动机，使其思考下一步计划；它让教师成了评价的主人，并关注自己的发展和进步，真正体现了评价所应有的教育意义。

（2）教师自身具备强烈反思的内在动力，可以针对自己的备课和教学进行互动的自我反思、评价；有意识地聚集某些事件，表达自己对问题的看法，对教学实践进行批判性分析，成为研究型、专家型教师，因为"教师成长＝经验＋反思"[①]。

（3）从专业角度做纵向的引领和提升，开展反思性评价研究，使教师从与评价者对立的关系转向跟评价者共同研究的伙伴支持关系。

（4）要求教师不仅能将显性的教育理论技术知识应用到教育工作上，还应不断丰富默会知识，通过反思使自己长期处于教育的"形成性"过程之中，从而打破长期以来关于教师仅仅是技术人员的观点，树立教师的专业化发展是一个持续性过程的观点。

（5）强调通过自我分析和元认知工具，更好地根据学习需要以及不断变化的自身和外界情况调整完善自己的策略，取得新进展。

（二）反思性评价理论的步骤

在如何开展反思性评价的问题上，众多学者通过建立模型来剖析其实施的步骤，其中以埃拜模型和爱德华兹—布朗托模型较具有代表性。

1. 埃拜模型

埃拜（J. W. Eby）认为，反思性教师能为了实现自身、学生以及学校三方共同发展而在持续的教学实践过程中进行积极的、坚持不懈的、仔细的反思。

埃拜是从反思性计划、反思性教学、反思性评价三部分构建反思性教学模型的，其中反思性评价是对前面两个部分的总结与提升，因而反思性评价在整个模型中具有十分重要的地位。在制定反思性教学计划并将之付诸实施以后，教师通过查阅作业、听取学生意见、接受学校检验等渠道收集客观的教学信息，并在此基础上总结、反思该阶段中教学工作的不足，以及今后个人提升的重点方向。

埃拜认为，要实现教学评价中的反思，就应紧扣四个本质特征，即

---

① 由美国心理专家波斯纳提出。

主动关心目的与结果,以及手段与工具效率;将探究和使用技能与由思想开放性、责任性、执着性等构成的态度紧密结合起来;在螺旋式上升的教学过程中,教师不断监控、评价和修正自我的教学实践;教师的判断是反思性评价的重要基础,评价信息主要来自于教师的自我反思及顿悟。

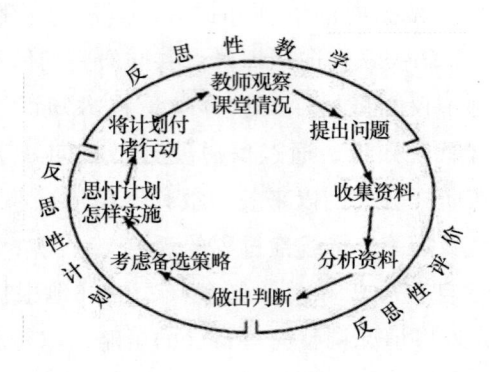

图 2-2 埃拜模型

2. 爱德华兹—布朗托模型

爱德华兹—布朗托(Edward-Brunton)模型主张教师的反思性评价应是教师个人努力与学习者共同体相互结合的过程,既需要教师个人的独立反思内化,也需要借助集体讨论反思构建认知结构。该模型将反思性教学评价分为四个象限以区分不同层面的教学任务,其中 A-D 象限是社会层面,B-C 象限是个人层面,A-B 象限是集体层面,而 C-D 象限则是个体层面。由模型可见,反思性教学是一个在社会中的集体层面—集体中的个人层面—个人中的个体层面—社会中的个体层面进行的,因此实施反思性评价的步骤应为:首先,教师与教师反思的促进者在学习者共同体内讨论教学的目的和任务,并使教师进行新的认知结构建立(即 A 向 B 象限发展);其次,教师将个人认知结构进行改造内化(即进入 C 象限);最后,教师重新回到学习者共同体中参与评价,并调整今后的教学实践(即进入 D 象限)。

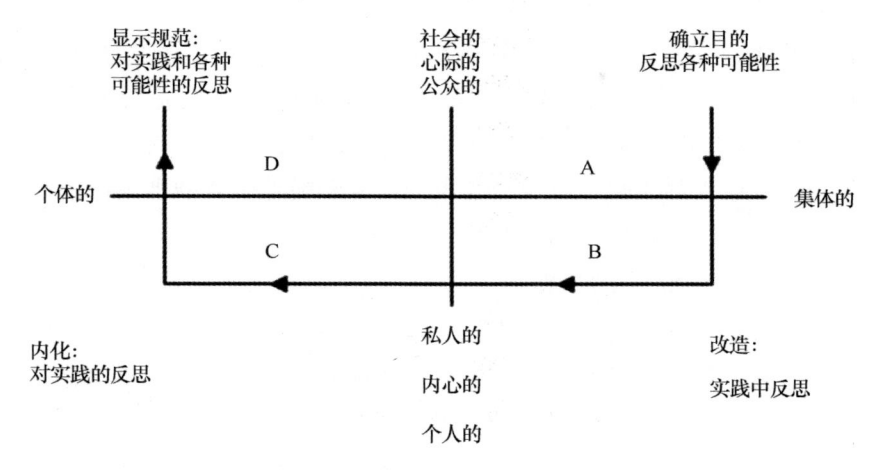

```
显示规范:              社会的           确立目的
对实践和各种          心际的           反思各种可能性
可能性的反思          公众的
                ↑          │         ↑          ↓
                │    D     │    A    │
个体的  ────────┼─────────┼─────────┼──────── 集体的
                │    C     │    B    │
                │          ↓         │
                ←──────────┴─────────←
内化:               私人的            改造:
对实践的反思         内心的            实践中反思
                    个人的
```

图 2-3　爱德华兹—布朗托模型

（三）反思性评价的起源与发展

反思性评价理论最早起源于 19 世纪 30 年代美国实用主义教育家杜威对"反思"进行界定的思想。在对杜威思想进一步发展的基础上，学者萧恩最先将反思性实践这一概念运用于教育领域。美国学者维拉将其定义为"教师借助发展逻辑推理的技能和仔细推敲的判断以及支持反思的态度进行批判性分析的过程"[①]。在反思性教育思想形成之前，规范的教育标准被认为是保证教育质量的核心，教师的职责仅仅是适应并严格执行外部研究所形成的教育行为标准。"教师总是被看作课程知识的消费者，而从未被认为具有创造或批判那种知识的技巧。"[②] 因此教师这一职业长期被社会定义为"二流"职业，认为教师仅仅是重复教育劳动的技术性人员。对此，芝加哥大学的学者施瓦布认为，研究者和教师分别具有"理论方式"的话语和"实践方式"的话语。尽管教师的实践性知识与研究者的理论知识相比在一定程度上缺乏严密性和普遍

---

① L. M. Villar, "Teaching: Reflective," T. Husen et al., *The International Encyclopedia of Education*, 1994: 215.

② C. Paris (1993), *Teacher Agency and Curriculum Making in Classroom*, New York: Teacher's College Press, p. 149.

性,但实践性知识以具体教育情境和教师的个人经验为基础而形成,更具有个性化,甚至在某些教育问题的解决中更加有效。20世纪80年代中期,美国麻省理工学院教授舍恩(D. Schon)在对马克斯·韦伯的"技术性实践"理念批判的基础上提出了"反思性实践"理论,并对教育界产生了极大的影响,成为教师行动研究和教育研究的理论基础。

(四)反思性评价理论的优势及局限性

1. 反思性评价理论的优势

反思性评价是与操作性评价、经验性评价相对的一种教师评价理论,相比较来说,反思性评价具有明显的优势。

(1)以内在动机激励教师提升教学质量

一方面,由于反思性评价的出发点是鼓励教师提高自身能力以改进教学质量,因此与传统的操作性评价侧重于他人外在评价而得出的评价结果不同,反思性评价以教师本人内在评价为主,更注重教师参与评价,并结合自身教学实践的体会开展评价,因此是从内部动机激发进行的;另一方面,尽管反思性评价是基于教师对自我教学实践的反思顿悟所进行的,也是教学经验的积累,但与传统的经验性评价只注重教师教学经验的累加不同,反思性评价要求教师在反思中实现教学理念的提升,并将提升的理念付诸教学实践中进行检验,并在检验中一边淘汰不合理的教学理念一边提升有益的教学理念,因此是以教学质量提升为目的的。

(2)将教师个人与集体更好地融合在评价实践中

正如学者杜威所指出的,反思既是内隐的思维活动,又是外显的探究行为。作为一种"考虑",它是内隐的;作为"探索、搜集、探究的行为",它是外显的。这种外显的探究活动意味着反思进入了实践领域。因此,一方面,以内隐理论为重要思想来源的反思性评价尤为强调教师主体的内在反思,鼓励教师将个人日常的教学实践通过教学日志、教学档案袋等方式进行记录,并对记录进行定期的反思性总结,以获得个人教学顿悟;另一方面,反思性评价又不是单纯的教师单个人的思考行为,在教师反思过程中,教学问题的发现、假设性改进策略的提出以及改进性的教学实验等都是由反思性教学共同体所策划和实施的，因而是集体智慧的结晶。

2. 反思性评价理论的局限

（1）评价成效过多地依赖教师的自觉性

反思性评价依赖教师的职业道德感，即教师自觉地在日常教学实践中不断收集和总结自我的教学体会。然而，在实践中存在着两类无法有效进行教学总结的教师群体：一类是因缺乏职业道德感而不会自觉反思自我教学行为的教师，另一类则可能是某些刚走上教师工作岗位，尚处在职业适应阶段，总结领悟能力较弱的新教师。由于缺乏教师个体的内省，反思性评价在这两类教师群体的评价中就显得苍白无力。因此也容易导致教学改进共同体无法掌握这些教师教学实践的真实状况，继而无法做出评价的判断。

（2）评价的公正性与准确性缺乏保障

尽管反思性评价在教师个人反思的基础上融合了教学共同体的集体智慧，但是由于对教师的评价是一项综合评价，其所涉及的方面较广，其中包含了一些复杂的难以量化的教学现象及内容，例如反思性教学是从教师个人的生活经历中提取形成的，这种经历对于个人的意义只有本人才能体会及解释，也就是说，反思性评价不可避免地会涉及教师个人的意识形态。因此定量化评价无法适用于教师评价的所有内容，而反思性评价却恰好能够运用人文评价弥补这一不足。所谓人文评价也就是客观事实判断与主观价值判断融为一体的评价，即把被评价者和评价者的主观因素包含在内的评价方式。然而，由于人文评价依赖主观定性评价，当融入的主观因素无法保证主体的理智和客观精神时，评价的公正性与准确性则有待考量。

（五）反思性评价对区分性评价制度建设的作用

反思性评价理论的发展，使得人们意识到，作为教育行为主体的教师们，不仅是教育评价的对象，他们还可以构成评价主体之一。反思性评价理论在美国教师区分性评价中所起的指导作用，可以从以下三个方面来考察。

1. 为教师自主性评价奠定了良好的思想基础

反思性评价理论使得人们重视教师的知识和专长，为教师区分性评价中的教师自主性评价奠定了良好的思想基础。教师作为教育一线的工作者，他们在教育经历中所形成的教育体会与经验积累是其他任何群体都难以替代的，因此如何引导教师将其长期的教育实践经验通过反思形成内隐理论，再借助教育评价来改善教育行为、解决教育问题对于教育质量的提升有着非常重要的作用。教师只有在对自己以往教育工作进行总结反思的基础上，才能对自己某一阶段的工作进行客观评价。学者杜威所提倡的反思性行为的有机组成部分——虚心、责任和全心全意都是区分性评价中教师自主评价得以有效开展的基础前提。因此，从本质上而言，教师自主性评价也是教师教育反思的过程。以美国田纳西州的课堂观察评价为例。2011年7月，田纳西州在全联邦范围内首先全面确立学生成绩导向的教育评价体系，州教育部门成立了田纳西州教育加速机构（TEAM）。课堂观察评价则是该州教学评价体系的重要组成部分。它是由评价专家根据TEAM统一制定的课堂教学观察评价表进行的。在此过程中教师被要求参与到每一个指标内容的自评中。在结合多次课堂观察的基础上，评价专家会在评价反馈会议上与教师本人共同讨论确定哪些是该位教师的优势领域，而哪些领域又需要重点改进。专家要针对教师没有达标的领域提出详细的专业改进意见，而教师本人也可以在教师反馈中提出自己的想法，从而在相互沟通的基础上保证所观察到的结果的公正合理性。这样通过课堂教学观察评价就将教师的教育反思充分结合到评价工作中，既检验了教师的教育技能，又培养了教师的教育反思能力。同时，通过参与到教育评价工作中，教师获得的工作成就感会更高，并且对于评价结果的认同度也更高，从而有利于教师评价工作的进行。

2. 为多元评价主体的构建提供了理论支撑

反思性评价理论为教师区分性评价的"多元评价主体"的构建提供了理论基础。尽管学者萧恩的反思理论曾因更多地偏向教师个人的单独反思行动，未考虑教师与其他专业人员的共同交流而受到质疑，但其提出的教师个人反思教育工作的思想指引后来的众多学者对多元评价主体开展了系统的思考与研究。目前大多数的学者均认为，要保证评价结果的公平性与准确性，打破传统单一性评价主体，实施多元化主体的综合性评价是十分必要的。反思性评价理论启示我们，在区分性教师评价构建中既要注重教师个人反思，又要注重在多元评价主体中的反思。当前，教师区分性评价的主体一般包括教师本人、学校管理者、教育专家、同行教师、学生和家长等。其中包括校长在内的学校管理者在评价实施主体成员中扮演着重要的协调者角色，当各方对评价结果出现分歧时，需要学校管理者进行沟通协商，教师需要管理者针对其优缺点提出建设性的反馈意见以及改进计划，而这点对于新手型教师尤为重要。[1]同行教师也是评价实施的主要参与者，由于共同担任相同或相近的教育教学工作，教师同事之间对彼此工作了解程度更深，有利于全面客观地评价教师个体的工作表现。同时，由经验丰富的教师同事给予的评价建议更能帮助新手型教师的专业成长。除了这些学校内部成员以外，校外的教育研究专家、家长也是评价实施的重要合作者。教育研究专家能为区分性教师绩效评价提供更有效的理论指导，也能帮助学校找出现存绩效评价制度的问题并提出相应的应对措施。家长作为评价主体之一，能通过观察学生的成长状况来为教师评价提供重要信息。这些多元化主体与教师本人的教育反思结合起来对教师进行评价，可以提高评价结果的有效性与全面性。因此美国十分注重区分性教师评价的多元评价主体构建，并强调教师本人必须与多元评价主体形成有效的互动。以美国"全美专业教育标准委员会"（NBPTS）制定的教师绩效评价指标体系为例。美国作为全世界教师评价与认证指标体系最完善的国家，由于其联邦制的国情，各联邦州的评价标准和评价机构多有不同，但影响力最大的是全美专业教育标准委员会制定的教师绩效评价指标体系。该指标体系详细阐述了要成为国家委员会认证的教师（NBCTs）在知识、技能、性格

---

[1] Bret Range, Heather Duncan, David Hvidston, "How Faculty Supervise and Mentor Preservice Teachers: Implications for Principal Supervision of Novice Teachers," *International Journal of Educational Leadership Preparation*, 2013 (10): 43–58.

和信仰等五项核心指标上的特征，其中特别要求教师成为学习型团队中的成员，校内外要形成多元化互动团队，并成为实施评价的主体。

3. 有助于差异化评价指标的设计

反思性评价理论关于反思阶段及类型的划分为教师区分性评价中不同对象的评价指标要求差异化提供了帮助。反思性评价理论的代表学者萧恩曾提出两种类型的反思：对行动的反思和在行动中反思，并且反思可以分为事前、事中和事后三个阶段。"对行动的反思"指的是发生在课前对课堂教育的思考计划和发生在课后对课堂发生的一切状况的思考，"行动中反思"指的是教师对课堂上正在发生的一切状况的思考，也就是边教学边思考的过程。尽管各类教师群体均应进行事前和事后的"对行动的反思"，以及事中的"行动中反思"，但是不同类型的教师在各类反思的评价要求上可以有所差异。例如，对于新手型教师而言，由于其仍处于教育生涯的初期，他们往往只能做一些简单的课后反思以完成学校的最低评价要求，而在事前结合反思来进行教学计划制定和事中结合反思来应对课堂突发状况的能力较弱，因此在教师评价中应注重事前反思和事中反思的指标设置，以培养新手型教师各类反思能力的形成。以美国北达科他州采用的新教师档案袋评价标准（INTASC 标准）为例。INTASC 标准中的第 9 条即是"自我反思与专业发展"的能力标准，要求新手型教师"成为反思性的实践者，能够持续评价自己在其他群体（包括学生、家长与其他学习专业人士）中的选择和行动，并积极寻找专业发展的机会"[①]。而专家型教师由于其往往已具备优秀的教育反思能力，因此可以适当降低反思总结指标的频率，更多地结合专业发展计划周期来检验专家型教师的教育反思工作。

三 差异化管理理论

管理学中的差异化管理的思想是分类管理的基础，认为正是由于组

---

① Ken Henson, "Making the Most of INTASC Standards," *SRATE Journal*, 2009 (18): 34–40.

织的工作任务和员工的特长等存在差异，因此应采用区分工作的方式来将每一个员工配置到最恰当的工作任务当中。差异化人力资源管理能够充分利用个体差异所带来的互补增值效应，在工作实践中进行人职匹配调整，为员工提供不同的职业发展阶梯，从而实现人力资源优化配置。将差异化管理理念应用于教师队伍管理也正是基于不同教师个体的差异特性而进行的。

（一）差异化管理理论概念的内涵界定

中国古语云：人上一百，形形色色。指的就是许多人聚在一起，各种类型的人便都有了，后来又延伸为各类人才应有尽有，事务就方便开展和处理了。可见，由于不同的先天生理条件、后天心理条件以及个人的精力环境等，不同的人有着不同的个性和特点。为了使组织事务得到更好的解决，必须将不同类型的人聚集起来，形成优势互补的合力来开展工作。因此管理自诞生以来，它面对的对象即具有千差万别的特点。在西方大工业时代早期，学者们为了便于提高组织效率更强调以统一的方式和标准来管理员工，尽管这在一定时期里适应了大工业发展的要求，但随后在管理的发展中却弊端渐露，管理冲突愈发频繁，反过来导致组织效率的降低。因此基于不同员工特性的差异化管理方式重新回到管理学中心视角。总体而言，差异化管理理论的主要观点有以下几个方面。

1. 正确看待个体差异所导致的冲突

与传统上认为组织冲突有百害而无一利的管理观点不同，差异化管理理论认为，管理的冲突可分为建设性冲突和破坏性冲突两种类型。其中建设性冲突是有利于组织发展的，不同组织成员对组织的异议、组织内部的压力和焦虑是组织不可缺少的活力因素。如果过分追求和谐与同质性，那么不管其成员之间关系多么融洽，都无法带来组织内部应有的多样性、创造力和新思维。因此在员工管理中尊重不同人才的特性，并在一定范围内允许这些特性差异所带来的建设性冲突是促进组织发展的动力。

2. "适才适岗"的选拔程序

差异化管理理论认为，每个人都力求使自身的个性、兴趣和将来的职业准备联系起来，不断寻求能够获得必备技能并发展兴趣的职业，即与自己"相适合"的职业。而对于组织管理而言，对员工的选拔应从分析空缺职位开始，不仅要求候选人的职业发展和组织文化有一定的契合，还要充分考虑候选人在心理、兴趣以及技能等方面的个体差异，真正做到"适才适岗"。根据组织成员的个体差异特征为员工提供不同的职业发展阶梯，使每项工作都由适合的人来承担，实现人力资源的优化配置。

通过一段时间的培训、自我调整等社会性学习过程，在工作实践过程中还应该进行人职匹配调整，考虑员工的个性特点是否与工作环境相适应。从纵向职位调整上考虑员工个性心理因素不仅具有重要意义，从横向职位调整上考虑员工的个性差异也不容忽视。

3. 差异化的教育与培训

差异化管理理论认为，由于岗位要求、个人能力、个人素质等的差异，组织成员对同一时间里的职业培训存在不同的需求。只有根据员工个体差异所导致的不同需求有针对性地开展教育与培训，才能达到最佳效果，并在此基础上做到"适人适岗"。这样做的目的是使个体对组织的目标任务有着明确的了解并为之努力，也使组织成员对自己及他人有着深入的认识，从而使个体在组织中的自我定位更加准确，组织更易发挥其整体优势。对不同个性特征的成员在其职业发展道路上给予区别性的指导、设计，既能发挥员工的潜力，又优化了组织资源的配置。

4. 尊重个性差异的组织文化

差异化管理理论将个性差异管理上升到组织文化层面，在软性制度上保证其得到更广泛的认可，树立个性差异管理意识，建立相应的行为准则。在创建尊重个性差异的组织文化时以下几点值得注意：创建尊重个性差异的文化，并考虑该文化的特征与组织的核心价值观相融合的程度；建立积极应对差异的价值观；管理者对员工培训的项目应包含个性心理的理论知识，并提供相关的测量工具和方法，建立完备的员工个性心理档案；高层领导积极参与个性差异管理政策的制定和执行。

总之，差异化人力资源管理模式看到了组织中的个体差异所带来的冲突，基于组织成员的个性特征实施"适才适岗"的选拔程序，在实践中进行人职匹配调整，为员工提供不同的职业发展阶梯，对组织成员进行差异化的教育与培训，并创建尊重个性差异的组织文化，从而实现人力资源的优化配置。只有认识到并有效地利用组织成员的差异，才能使组织既保持和谐与稳定，又富有生机与活力。

（二）差异化管理理论的起源与发展

1. 社会分工

早在科学管理时期，以泰勒为代表的学者就提倡通过社会分工来提高社会生产效率，而社会分工本质上就是一种差异化管理（分类管理）。差异化管理理论在被引入教育界以后受到极大的重视，这不仅由于不同层次的学校所采取的管理模式有差异，而且需要学校提供有针对性的个性化教育。随着社会对教师知识和专长重视度的加大，以差异化理论为基础的分类管理也被引入教师管理工作中。

2. 人本理念的延伸

"以人为本"的人本理念在中西方均有着悠久的起源。古希腊哲学家普罗泰戈拉曾提出"人是万物的尺度"这一著名论断。然而，资本主义大工业时期对组织效率的过度追求导致管理者对员工采取高度统一的管理模式，人性需求一度被忽视。人本理念的回归与管理对象权利意识的觉醒密不可分。"以人为本"也就是要按照人性需求来实施管理，而自然遗传因素、社会因素、组织环境因素以及偶然因素造成了个体之间的个性差异，即使在大体相同环境中生活和成长的人，由于他们的实践活动的不同，以及主观努力倾向的不同，都会形成不同的个性，从而导致个体的需求层次差异。这种需求层次差异必然导致统一化的管理模式难以实施，因此差异化管理理念正是基于满足管理对象多样化的需求背景而提出的。

（三）差异化管理理论的优势及局限性

1. 差异化管理理论的优势

差异化管理理论在管理主体、客体、方式上均注重突出基于管理客体对象特征的差异性。一方面，差异性实际上尊重了管理对象的多样性特征以及需求，是对人性理念的回应，能够更好地促进管理对象的发展，调动管理对象的积极性以及对管理的配合度。另一方面，随着管理对象积极性的充分调动，可使管理效果得到进一步提升。

2. 差异化管理理论的局限

差异化管理理论的关注点集中于如何根据管理对象的差异性进行分类，并对不同类别的管理对象进行差异化的管理。一方面，在对管理对象进行分类时，较难形成统一的划分标准；另一方面，差异化的管理在一定程度上导致了组织内部管理标准方式的不统一，容易造成组织内部对于标准方式公平性的问题。

（四）差异化管理对区分性评价制度建设的作用

由于教师工作存在特殊性，不同岗位的教师所担任的工作可能差异比较大，如行政岗位教师和教育岗位教师，迫切需要根据教师的工作任务来采用不同类别的管理模式，以开展教师评价、聘用、激励等各方面的工作。这为美国区分性教师评价起到了一个良好的引导作用。具体而言，可以从两个方面来考察差异化管理理论在教师区分性评价制度建设中所起的作用。

1. 为不同教师类型的划分提供了思想指导

差异化管理承认管理对象的差异性，因此提倡为了提高管理的有效性应采用针对性的差异化管理方式。在同一时间和学校组织内，由于教师类型以及学校发展阶段均有所差异，因此需要根据工作任务和个人发展阶段对同一学校内的教师群体进行划分，以便于评价及相关管理工作的开展。在构建区分性教师评价体系中，学者们一般将教师群体划分为四种类型：新手型教师、成熟型教师、问题型教师和适应型教师。学者丹尼尔森和麦克格利尔对前三类教师的区分定义分别是：新手型教师一般指在试用期内的实习教师、刚参加工作0—4年的教师以及近期跨学区调动工作的教师，这类教师专业成熟程度较低，需要在评价中获得更多的督导和反馈，从而获得专业成长的认同感及应对职业发展的困惑。成熟型教师则是指有经验的教师，尤其是已获得终身任职资格的教师，他们任教时间较长，对专业教育实践已较为熟练，能自主确定实施并完成专业发展计划，因此在整个评价中自主参与程度可以更高一些。问题型教师则是指教育上存在困难的教师，这类教师在明确有效教育标准的特定方面存在特殊的帮助需求，需要由教育研究专家、学科专家及其他教师给予特定指导和帮助。其他学者在新手型教师和成熟型教师之间增加了一类适应型教师，指的是从教时间一般为4—10年，已较为熟悉常用的教育方法并开始形成自我教育风格，但教育水平还不是很稳定的教师群体。另外，它还包括一些从教时间在10年以上，心理和专业成熟度还不是很高的那些教师。美国联邦州际教师评价与支持联盟（IN-TASC）将教师划分为实习型教师、新手型教师、成熟型教师和专家型教师四种类型。

2. 为评价指标的区分提供了借鉴

在同一时间段内，任何一所学校中均存在不同类型的教师，若采用同一套评价方法来对全体教师进行评价，必然会导致评价结果对部分教师是不公平的，如对刚参加工作的新手型教师和已工作多年的成熟型教师采用同样的标准评价，必然会使新手型教师难以达标并且造成较大的心理压力，而对于成熟型教师则可能因标准过低而无法形成工作激励。因此分类管理理论提倡对不同评价对象采用不同评价指标方法的思想，启示教师区分性评价对不同教师类型构建不同的评价指标体系。学者们均认为，区分性绩效评价制度应通过不同的评价指标来体现不同评价对象的需求特点，即对不同对象的评价在指标数量和方向上应有所区别。在指标数量上，美国的一些学校采取循序渐进式增加评价指标的方法来使新手型教师有一个适应工作的过程，即对于刚参加工作一年的新教师只评价22个指标体系中的10个基础指标；在第二年的评价中增加另外6个扩展指标；在第三年评价中再增加最后6个高难度指标。[①] 在指标的衡量方向上也应有所区别。如对于新手型教师，应以评价其掌握基础教育技能为主，对于成熟型教师则可在结合其专业发展优缺点及专业发

---

① Charlotte Danielson, "New Trends in Teacher Evaluation," *Educational Leadership*, 2001, (5): 12.

展兴趣的基础上,根据上一轮绩效评价的结果来确定其今后发展的目标和计划。而对于问题型教师的评价指标,一部分指标可以与新手型教师相似,即帮助其重新学习基础教育技能,并对他们所存在的教育困难制定有针对性的整改任务指标。

四 职业发展阶段理论

随着对于教师专业化重视度的提高,从20世纪60年代末开始,职业发展阶段理论被引入教师发展研究当中,并涌现出大量教师职业生涯方面的研究成果。学者史密斯于20世纪80年代提出了教师培训的知识基础(Knowledge Base)问题。对教师培训的知识基础的重视正是教师职业发展阶段理论的一个研究切入点,它强调教师培训应以教师职业发展中的现有知识基础为依据而有针对性地开展。学者们认为,系统的职业知识培训是教师专业发展的基础。根据皮亚杰的认知发展理论,个体在知识建构从低级向高级发展的过程中遵循着一定的时间顺序,因此可以从教师从教开始,依据教育时间的推进,将专业能力的提升划分为不同的职业阶段。学者柏林纳将教师教育专长的发展划分为新手型教师、熟练新手型教师、胜任型教师、业务精干型教师和专家型教师五个阶段,并且指出不同发展阶段中教师所具有的不同的教育专长。

(一)职业发展阶段理论概念的内涵界定

1. 职业发展阶段理论的主要观点

职业生涯主要是指一个人与工作相关的整个人生历程,同时每个人只有一个职业生涯,它是一个连续的不断变化的过程,既可以是发展、提升的职业历程,也可以是地位、权力、责任下降的职业历程。职业生涯发展阶段的划分是职业生涯规划研究的重要内容,众多学者针对这一主题展开了不少研究,因此这一理论是作为管理的一个理论类别而存在的。支持职业发展阶段理论的学者普遍认同职业发展阶段是一个包含多个连续阶段的发展过程,在每一个不同的阶段,个体会有不同的心理特征、心理需求和发展任务,因此有着不同的职业需求和人生目标。其中比较具有代表性的包括萨帕、格林豪斯、沙因、金斯伯格等人的研究。

这一类理论认为，尽管每个人的职业生涯发展各不相同，但在发展过程中仍可寻找出相近乃至相同的规律，即人的职业生涯会形成一定的发展周期，并可将周期基于不同的职业发展任务重点划分为不同阶段。根据每个人不同的发展阶段来有侧重地开展职业生涯规划，既有利于个人的职业发展，也有利于组织进行有效的员工管理。

学者们围绕职业发展阶段理论与模型的研究较多，但大多基于三个共同的基本假设而展开：第一，所经历的不同职业生涯阶段促使个体实现职业发展，每一个职业发展阶段具有不同的重点任务；第二，个体会在每一个职业发展阶段里表现出不同的工作态度和行为；第三，在同一职业发展阶段的个体会以相似的方式满足自己与工作有关的需求。

2. 职业发展阶段理论的特点

（1）以个体的生命周期为依据

职业发展阶段理论认为，人的职业发展是一种有序且有固定形态、可以预测的动态过程，它与人的生命周期既相类似又密切相依。一方面，职业发展阶段理论认为，正如人的生命周期会依次经历幼年、青年、壮年、老年阶段一样，个体的职业发展也会依次经历从初期到上升期，到顶峰期再到衰退期等阶段。同时正如人的生命周期由幼年到老年是一个不可变更的自然发展过程一样，它是无法重来的。职业发展阶段也是具有不可逆转性的。另一方面，职业发展阶段理论与人的生命周期密切相依，人的职业发展是伴随着人的生命周期而完成的，可以说，职业发展是内在于个人的生命周期当中的。职业发展阶段理论就是将生命周期观点应用于职业发展领域而形成的。因此其阶段划分大多与人的年龄密切结合，这一点在早期的职业发展阶段理论研究中尤为明显。

（2）注重阶段的差异及其应用

职业发展阶段理论的研究关注点在于不同阶段之间的差异特点，例如职业早期的迷茫与选择状态、中期的稳定及高峰状态、晚期的衰退状态等。通过对各阶段特点的发掘，使阶段之间的划分更为明晰。通过不同阶段中人们不同的职业行为特征，职业发展阶段理论归纳、总结出不同阶段中的职业发展指导建议，以避免不良职业行为对个体职业发展及组织发展的负面影响。

（二）职业发展阶段理论的步骤

对于职业发展各阶段的划分步骤，涌现出不少观点和模式，学术界对于发展阶段的划分标准和范围有着不同的看法，其中以萨帕、格林豪斯、沙因和金斯伯格的划分最具有影响力。被理论界广为推崇的是萨帕的划分法和解释，他认为，职业发展阶段是一种纵向的职业指导理论，通过对个人职业倾向和选择过程本身进行研究，把人的职业发展划分为五个主要阶段，且每一个阶段均有迥异的"主要任务"，分别是从职业好奇到职业能力逐步发展的成长阶段（0—14岁）、完成择业及最初就业的探索阶段（14—25岁）、稳定职业的确立阶段（25—44岁）、升迁和精专的维持阶段（45—65岁）和退休的衰退阶段（65岁以上）。格林豪斯依据人生不同年龄段职业发展的主要任务，将职业生涯划分为职业准备（0—18岁）、进入组织阶段（18—25岁）、职业生涯初期（25—40岁）、职业生涯中期（40—55岁）、职业生涯后期（55岁至退休）五个阶段。沙因提出的时间相互重叠的九阶段理论，则将职业发展划分为成长、幻想、探索阶段（0—21岁）、进入工作阶段（16—25岁）、基础培训阶段（16—25岁）、早期职业的正式成员资格阶段（17—30岁）、职业中期阶段（25岁以上）、职业中期危险阶段（35—45岁）、职业后期（40岁以后到退休）、衰退和离职阶段（40岁以后到退休）、离开组织或职业——退休阶段（40岁之后到退休）。施恩根据职业状态和职业行为的重要性，立足于人生不同年龄段所面临的主要问题和职业任务，将职业生涯分为九个阶段。金斯伯格将职业生涯分为幻想期（11岁以前）、尝试期（11—17岁）和现实期（17岁以后）三个阶段。幻想期指的是儿童时期，儿童基于对所接触到的职业的好奇而进行的不考虑自身条件和机遇的兴趣爱好幻想，并极力效仿职业行为。尝试期是从少年向青年过渡的时期，此阶段个体开始结合自身的条件和机遇考虑职业，又可细分为兴趣阶段（11—12岁）、能力阶段（13—14岁）、价值观阶段（15—16岁）和综合阶段（17岁）。现实期指的是青年期和成年期，这个时期能客观地将职业愿望和实现条件结合起来，有具体和现实的职业目标，可分为试探阶段、具体化阶段和专业化阶段。

（三）职业发展阶段理论的起源与发展

职业发展阶段理论源于20世纪40年代兴起的心理学、社会学等学科对于职业动机、职业行为和生涯发展的研究。首先，对职业发展阶段理论有重要支撑作用的是关于职业动机的研究。动机理论在职业领域的应用是职业动机（career motivation）概念的起源，它包括工作动机和管理动机。职业动机的理论框架将职业选择与发展的内外因素结合起来进行研究，既注重个人特征所引起的职业兴趣，又注重情境特征所引起的职业决策和行为。从整合的视角在更广泛的工作范围和更精确的职业情境中发现和总结职业动机特点及其发展规律。它将职业动机中所包含的寻找和接受职位、是否留在某个组织里、修订职业计划、寻找培训和新的工作经验、设立并完成职业目标等步骤串联起来构成个人的职业生涯发展过程，因此职业动机理论对于职业生涯发展理论起到了一个先导作用。除了职业动机研究以外，职业行为和生涯发展研究也对职业生涯阶段理论做出了较大的贡献。职业行为研究与职业生涯发展研究有相互融合的地方，职业生涯发展中的前职业生涯研究着力于预测何种职业更适合某一类个体，而不是个体如何适应职业，也就是职业选择研究。它指的主要是人们依照自己的价值观、职业期望、兴趣能力等，从社会现有的职业中进行选择，代表性理论有帕森斯的特质—因素理论、霍兰德的人格—职业匹配理论以及沙因的职业锚理论等。然而，前职业生涯理论过于强调职业前特征的重要性，未能充分考虑到个体主动适应和自我调节的能力，因此，随着理论研究与实践的深入，后职业生涯研究应运而生。后职业生涯研究的着力点在于将研究指向工作后的职业发展和变化，而职业行为研究就是其中的重要组成部分。后职业生涯研究的主要分支除了社会化与角色理论、职业转变理论以外，还有一个重要的分支即是职业发展阶段理论。

职业发展阶段理论扎根于发展心理学，它认为职业生涯发展阶段在本质上内在于人一生的发展，即它与人的生命周期密不可分。早期职业发展阶段理论大多是围绕前职业生涯研究展开的。例如 Ginzberg

(1951)的职业发展阶段划分以幻想阶段（儿童期）、尝试阶段（青少年期）、过渡阶段（青年期）作为重点。随后，Miller 和 Form（1951）建立的毕生发展模型（life span model）则开始转向后职业生涯的研究。Super（1957）的自我概念调整模型进一步揭示了调整内容。到了 20 世纪 70 年代末，职业发展阶段理论更多地与组织情境研究结合起来。该理论的代表性学者萨帕将个体职业生涯发展分为探索期、立业期、维持期、衰退期四个阶段。学者莱文森根据其生命阶段理论提出职业生涯发展与人的生命周期是密切结合的观点，认为 30 岁、40 岁、50 岁分别是人的生活发生结构转型的时间点，因此，以时间点为分界划分出不同的稳定期，并且在每个稳定期中，个体都有不同的职业目标与价值观。

（四）职业发展阶段理论的优势及局限性

1. 职业发展阶段理论的优势

职业发展阶段理论参照人的生命周期，将人的职业生涯进行归纳划分，使人们了解了职业生涯是可以划分为不同阶段的，并且每一阶段均有不同的职业发展任务，有利于指导人们进行个人职业生涯规划。同时职业发展阶段理论还根据不同阶段中人们可能出现的职业行为，引导人们对这些积极的职业行为进行强化，而对消极的职业行为实施预防与控制。例如，在职业发展中期出现的事业平原状态可能会导致人们的工作积极性下降，而通过职业发展阶段的划分，可以使管理者在员工的职业生涯规划管理中提前实施预防措施，采取轮岗、工作扩大化、再培训等方式突破瓶颈，从而有效地进行管理。

2. 职业发展阶段理论的局限

以萨帕、格林豪斯为代表的学者将职业生涯阶段单纯地按照生理年龄进行划分，对心理年龄、职业年龄以及职业环境因素考虑较少，因此带有一定的片面性；而沙因的九阶段理论尽管在生理年龄划分基础上增加了重叠的部分，但并未深入论证重叠划分的原因、背景、特点和处理对策，因此带有一定的主观性。同时西方学者的划分标准是基于他们国家的年龄标准及环境而提出的，与我国的实际情况存在一定的出入。在借鉴国外经验的基础上，我国学者廖泉文创建的职业发展"三三三"

阶段理论对经典职业发展阶段进行了一定的修正,他提出的人生三大阶段是一个具有弹性边界、动态发展、开放流动的过程,它受个体的教育程度、工作行业、职位高度、身体状况和特质、成就欲望等因素的影响。该理论更加具有个性化(因人不同)、弹性化(因教育背景不同)、开放化(因工作性质不同)等特点,然而,这一理论仍需要更多的实例加以论证。

(五)职业发展阶段对区分性评价制度建设的作用

这些关于教师职业生涯发展的理论和模型极大地促进了各国教师的专业化发展。具体而言,教师职业发展阶段理论在美国教师区分性评价中所起的指导作用,可以从两个方面来考察。

1. 为评价对象的划分避免绝对化提供了思想基础

职业发展阶段理论扎根于发展心理学,它认为人的职业生涯是一个由多个阶段连续而成的发展过程,在每个阶段中个体的心理需求与特征均存在差异。因此教师职业发展阶段理论尽管把教师的职业生涯划分为不同的阶段,但由于这些职业阶段并非相互独立分割的,而是以连续的

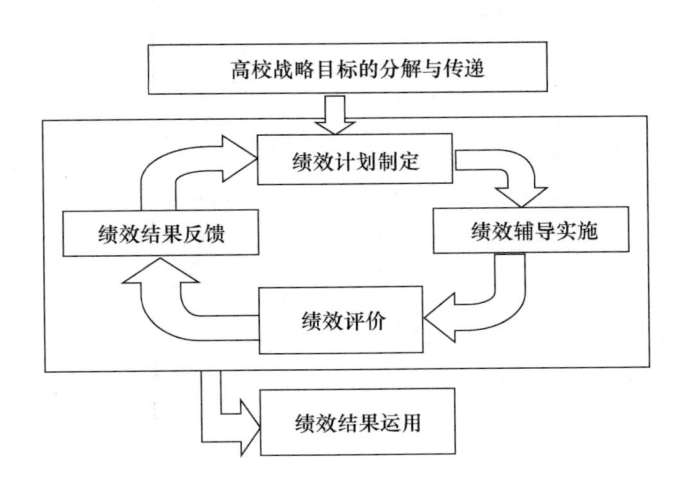

图 2-4 教师区分性评价对象类型的划分

资料来源:Charlotte Danielson, Thomas L. McGreal, "Teacher Evaluation: To Enhance Professional Practice," *Assn for Supervision & Curriculum*, 2000 (7).

形式出现在教师个体的职业发展中,它对于教师职业发展的认识是建立在动态发展的基础之上的。正是教师职业发展阶段理论这种动态发展的观点,指导了教师区分性评价在教师个体对象的类别划分上也并非绝对的,会随着教师职业生涯的发展而不断发生变化。按照正常教育生涯发展途径,一名新手型教师可以通过其职业生涯的不断发展而转变成为适应型教师,甚至是成熟型教师。因此伴随着每位教师的职业知识和能力的转变,他所处的职业发展阶段就会发生转变,而对其的类型划分也应随之发生变化。2. 为教师区分性专业发展计划的制定与实施提供参照

教师职业生涯发展阶段理论使人们认识到教师职业生涯是一个不断学习、不断接受教育的连续变化的过程,因此"终身教育"应当贯穿于教师的每一个职业生涯阶段。学校应根据教师不同发展阶段的需求制定不同的专业发展计划,充分运用教师培训教育促进教师的职业发展。而教师区分性评价的目的不仅是得出教师的绩效考核结果,而且是根据评价结果来推动教师的专业发展,因此在制定教师的专业发展计划时就应根据其划分类型而各有不同的侧重点。具体而言,新手型教师的专业发展计划应当通过有效的外部督导评价来解除其对教育工作和个人职业生涯发展的困惑,引导其尽快建立良好的教育反思与职业生涯规划能力,避免在教育生涯初期形成错误的观念及行为习惯,从而为其顺利过渡到适应型教师,甚至是专家型教师打下坚实的职业生涯发展基础。适应型教师由于处在职业发展快速上升的关键时期,既需要外部评价来帮助其尽快掌握扎实的教育基础技能,又需要自我评价来引导其理清教育思路,创新教育风格方法,因此适应型教师的专业发展计划侧重于外部评价与内部评价相结合。专家型教师在专业发展计划上更多地侧重于以自主计划为主,他们在职业发展中能结合自身专业发展兴趣获得更大的职业规划自主权,与此同时,通过包容、灵活的外部评价来进一步辅助自我内部评价的完善。对于问题型教师来说,则需要更具体的评价数据作为基础性材料来提供一些有针对性的帮扶改进项目。以美国马萨诸塞州的专业发展计划评价(根据新的马萨诸塞州教师评价法规)为例。该专业发展计划评价将教师专业发展计划分为四种类型:教师发展计

划、自我发展计划、定向发展计划和改善计划。① 除教师发展计划外，其余三类计划均可用于达到专业状态水平的教师（PTS），而自我定向发展计划则用于绩效表现等级为模范的成熟型教师的评价。在得到相关评价人员审查允许的基础上，自我定向发展计划的目标由成熟型教师自己设定。由于经验丰富型教师对学生的教学影响力一般可达到中高等级，因此目标设定后一般以两年为周期，在第一年年末进行形成性评价，而在第二年末进行总结性评价。

当前，"教师评价不应追求一次性，放之四海而皆准的制度方法，而应确立一个基于支持教师发展和提高教育水平的综合性系统"② 这一观点已得到美国教育界的普遍认同。尽管教师区分性评价理论基础的来源相当广泛，但是反思性评价理论、发展性评价理论、分类管理理论和教师职业生涯发展阶段理论是其中具有代表性的四大理论。这四大理论作为指导教师区分性评价的理由可以从教师评价与教师专业发展、教育质量提升的逻辑关系问题、教师评价维度划分与教师专业发展关系问题方面来分析。一方面，反思性评价理论揭示了教师专业发展的重要性，发展性评价理论则明晰了教师专业发展与教师评价的"目标—工具"关系，从而促使区分性评价主张教师专业发展是教育质量提升的重要途径，教师评价则是促进教师专业发展的重要工具；另一方面，差异化管理理论指明了从横向维度看同一时期同一组织内必然存在不同类型的教师个体，而职业生涯阶段理论则指出了从纵向维度看同一教师个体其职业生涯阶段会出现连续的发展，从而促使区分性评价理论主张从纵向和横向两个维度采用具有区分性的评价方法来对不同教师类型展开评价。因此，这四大理论共同为"教师区分性评价"奠定了良好的理论基础。

---

① National Institute for Excellence in Teaching, A Teacher Evaluation System That Works, 2010 (8), http: //eric. ed. gov/? q = Differentiated + Teacher-Evaluation&id = ED533381.
② National Institute for Excellence in Teaching, A Teacher Evaluation System That Works, 2010 (8), http: //eric. ed. gov/? q = Differentiated + Teacher-Evaluation&id = ED533381.

第三章 高校教师区分性评价的对象

在职业发展过程中，受到年龄、经验和能力等条件的制约，教师群体不可能实现同步发展目标，不同教师能够达到的专业高度也不同。因此，除了现有"岗位分类"基础上以教师评价为手段的管理之外，在理论和实践中都应注意教师发展具有非常明显的生命周期特点，应根据不同教师发展阶段的特点进行有针对性的评价，以达到科学地促进其专业发展的目标。

第一节 岗位分类视域下的对象区分

在已有的教师岗位类别设置的现实下，本书从职业生涯发展的视角对教师进行评价对象的区分和理论探索；如果把高校教师的评价看作一个坐标系统的话，我们大体上可以将其看作两个方向上的评价以便进一步研究：横向——基于已有的对教师进行"岗位分类管理"基础上的评价；纵向——基于教师职业生涯发展的评价，即本书研究所涉及的核心评价体系：区分性评价。前者从教师岗位分类的角度加以评价，关注高校教师教育水平的提升；后者从教师职业生涯发展的角度加以评价，关注高校教师自身专业的成长。

第二节 评价对象区分的意义和原则

对评价对象进行科学区分是"区分性评价"体系的核心。区分性评价制度的贯彻要求兼顾教师的差异问题，评价者针对不同教师群体甚至个体的特点，制定适合其发展的评价体系。

一 评价对象区分的意义

以往的教师评价过于注重结果，忽略了不同教师发展水平和发展需求的差别。"区分性评价"是一种发展性的评价系统，强调对不同发展阶段教师的评价有不同的侧重点，有利于根据不同教师的特点来有效地促进其专业成长。

（一）有利于调动教师的积极性

高质量的学生、高质量的各种现代化人才，在很大程度上取决于教师的质量和水平。而教师的质量和水平的提升，关键在于教师积极性的调动。首先，它是正确贯彻落实改革开放以来党和政府提出的教育战略论、教育基础论、教育改革论和教师论的基本措施，将积极推进有中国特色教育事业的发展；其次，它是强化教育基础建设，有力地调动教育科研积极性的重要手段，对于提高全民族的整体文化素质有着深远意义；最后，它是我国快速提高科技水平的基础，是民族伟大复兴的基础性保障。

管理心理学认为，积极性是指人的思想和情感促使人的行为发展的有利方面，即人在工作中所表现出来的主动性和创造性，它是有利于社会和组织进步的一股动力。教师的积极性是指教师在教学工作中所投入的感情、智慧、力量，它包括内动力的释放和遵照社会规则所付出的劳动质量，它的发挥状况是以社会普识价值观来衡量的。由于我国社会正处在转型期，教师积极性的发挥主要受制于教育自身环境（包括分配制度、激励制度、人文和谐情况）和教育外部环境的优良程度。

面对教师队伍积极性的发挥状况，采取有针对性的有效措施来调动其积极性有着重要而深远的意义。区分评价对象的做法充分考虑到了不同成长环境和发展需求主体的特征，将教师评价对象区分为新手型、适应型、成熟型、专家型和问题型五种不同类型，并针对不同类型的教师制定有针对性的评价指标，更加符合不同类型评价对象的需要，可以调动不同类型教师工作的积极性，保障其工作质量。

（二）有利于科学有效地开展评价

教师评价往往是一项既涉及科学地衡量教师成绩和实效的工作，也是一项牵涉不同主体的利益分配的工作，具有复杂性和导向性。不同类型教师具有不同的群体特点，对于教学工作的理解可能不同，在高等教育工作方面的投入也不同，甚至对于评价工作标准的看法也存在差异。如果用同一个标准来衡量不同类型教师的工作情况，很难做到科学和公正。区分性评价考虑到了不同类型教师的工作水平和利益诉求，有利于高校制定具有针对性的评价标准，得出符合实际情况的评价结果。

（三）有利于教师自觉地提升专业化水准

教师这一职业具有其独特的要求，具有专门的培养、激励等管理制度体系。教师区分性评价正因为考虑到了不同类型教师的成长背景和特点，以及通过区分性评价可以使得教师的专业化成长具有较强的针对性，所以它是引领教师专业发展的重要途径。通过不同类型教师的区分性评价，能够帮助处于不同发展阶段的教师认识到自身发展所处的阶段性特点，反思自己在高等教育工作中所存在的问题，推动自己向更高发展阶段转化。

二 评价对象区分的原则

进行区分性评价的操作不仅要把握不同类型教师的特点，了解其成长环境和发展需求，同时，也要结合评价实效发挥其评价的功能，这里提出评价对象区分应该注意的几个原则。

（一）激励性原则

教师评价的目的不是将教师分为三六九等，而是通过评价这种方式，让教师认识到工作中所存在的问题，同时，也认识到自身的发展路径，激励教师不断克服困难获得专业化发展。区分性评价作为教师评价的一种方式，无疑也具有这样的功能。高校在制定相应的评价准则时，应该注重指标选择的激励性。通过区分性评价引导不同类型教师充分认识到自身所处的发展阶段，了解不同类型教师之间的优缺点，通过区分性的评价机制，激励教师扬长避短，在工作中做出更大成绩。

（二）发展性原则

区分性评价的一个很大的特点就在于将不同教师根据其成长环境和发展特点进行区别对待，针对不同类型教师制定不同的评价标准。通过对教师的专业化成长路径进行分析，我们不难发现，教师的专业化成长具有阶段性，不同成长阶段的教师具有不同的特点，也承担着不同的发展任务，但不同阶段的教师都会导向一个更高的发展阶段。评价指标的选择应该贯彻发展性原则，让新手型教师尽快适应新的环境，逐渐成长为适应型教师等。

（三）区分性原则

区分性评价强调根据不同类型教师的实际需求，通过明确且具有针对性的评价标准、差异化的评价程序和评价主体来保证教师对工作投入的有效性和监督性的一种评价模式。这种对教师类型的区分，因为评价目的的不同而具有不同的功能，区分的目的不是将教师分等级，而是在承认差异的前提下，着眼于教师更好的发展，同时，创设出一种和谐的评价氛围。

（四）动态性原则

不同类型教师的发展始终处于动态发展变化之中，不同发展阶段的教师由于客观环境和职业需求等原因的影响可能会转化为问题型教师，同时，问题型教师也可能因为个人的努力和环境的改变而走上教师良性发展的道路。所以，高校制定的评价标准应该是动态变化的，呈现出一种时间序列的特点，以此动态地反映教师个性化变化的趋势。

（五）可行性原则

教师的个性特征、职业发展情况、教学风格、与同事的交往情况等都有可能存在较大差异，如果采用一种评价标准、一种评价方式可能会忽略这些差异对教师工作所产生的影响，从而不能对教师做出客观公正的评判。所以，应该全面分析教师的差异情况，理清这些差异对教师工作的影响，设计科学可行的评价标准，这样才能做到有针对性的评价。

第三节　教师专业发展

国内外学者对教师专业发展的内涵有不同的理解,如潘懋元(2007)根据中国高等教育的发展程度与水平状况,认为高校教师专业发展包括教师学术水平、职业道德、专业知识与技能的提高三个方面[1];高宏(2007)认为,高校教师专业发展是指在教师的专业发展过程中依托有关培训机构,进行专业知识的学习与培训,获得有关高等教育科研、教学的专业知识与技能,逐步提升其教学与科研能力并成为一个优秀教师的发展过程[2];E. Hoyle(1980)认为,教师专业发展可以理解为在教师职业生涯的各个阶段,教师逐渐具备良好的专业教学实践知识和技能的过程。[3] 综上所述,教师专业发展包括科研与教学知识、技能和职业素养三个方面。由此,笔者认为,高校教师专业发展主要是指高校教师在职业生涯成长过程中依靠专业培训机构,通过专门的科研、教学知识与技能的学习和培训,获得高校教师必备的高等教育科研和教学知识与技能,并促使其专业素质养成的过程。专业发展的实质就是指高校教师学会高等教育科研和教学知识与技能的过程,也是不断习得与高校教师有关的角色期望与规范的社会化过程。在这一过程中,高校教师通过不断学习和探究,逐渐累积高等教育科研与教学经验,提升高等教育科研与教学技能,拥有属于自己的高等教育科研能力与教学风格,从而逐步达到成熟型高校教师的工作水平。

第四节　高校教师评价对象的区分

从不同维度指标划分教师类型,就会得出不同的划分结果。单一维

---

[1] 潘懋元:《高等教师发展简论》,《中国大学教学》2007年第1期。
[2] 高宏:《高校青年教师的专业化发展策略》,《理工高等教育》2007年第1期。
[3] E. Hoyle, "Professionalization and Deprofessionalization in Education," In Eric Hoyle & Jacquetta Megrry (Eds.), *World Yearbook of Education 1980: Professional Development of Teachers*, London: Kogan Page, 1980, p. 42.

度指标的划分方法,不能科学、全面地揭示教师专业成长的阶段性规律。因此笔者根据专家调查结果采用心理成熟度、专业成熟度和从教时间三个维度指标来划分教师类型。这里的从教时间是指高校教师从事高校教育活动的时间;心理成熟度是指高校教师能够正确认识、评价和调控自己心理的成熟程度;专业成熟度是指高校教师所拥有的某一学科领域内的专业知识,以及在运用这些专业知识解决实际问题时所表现出来的专业成熟程度。

一 高校教师区分性评价对象的专家咨询

按照问卷设计的基本原则和要求,采用李克特七点量表法,设计我国教学型高校教师区分性评价对象区分的专家调查问卷。选择具有丰富的理论知识和实践经验,且长期从事教师评价相关实践工作的高校教务处、人事处、教师发展中心、科研处的管理人员和教师评价研究人员等,运用专家问卷咨询法对教学型高校教师区分性评价对象的区分进行专家咨询。共回收有效问卷72份,由统计分析得出新手型教师情况(见表3-1),适应型教师情况(见表3-2),成熟型教师情况(见表3-3),专家型教师情况(见表3-4)和问题型教师情况(见表3-5)。

表 3-1　　　　　　　　新手型教师的专家咨询结果

指标	分类	频次	百分比(%)
从教时间	3 年以下	1	1.4
	3 年	31	43.1
	3 年以上	3	4.2
	0 年	5	6.9
	0—3 年	32	44.4
心理成熟度	比较高	1	1.4
	中等程度	4	5.6
	比较低	14	19.4
	比较低—中等程度	3	4.2
	低	15	20.8

续表

指标	分类	频次	百分数（%）
心理成熟度	低—中等程度	1	1.4
	低—比较低	7	9.7
	极低	4	5.6
	极低—中等程度	2	2.8
	极低—比较低	12	16.7
	极低—低	9	12.5
专业成熟度	比较高	1	1.4
	中等程度	3	4.2
	比较低	16	22.2
	比较低—中等程度	2	2.8
	低	18	25.0
	低—中等程度	1	1.4
	低—比较低	8	11.1
	极低	3	4.2
	极低—中等程度	1	1.4
	极低—比较低	12	16.7
	极低—低	7	9.7

表 3-2　　　　　　　适应型教师的专家咨询结果

指标	分类	频次	百分数（%）
从教时间	3 年以上	31	43.1
	3 年以上—10 年	19	26.4
	3 年	6	8.3
	3—3 年以上	9	12.5
	0 年	1	1.4
	0—3 年以上	5	6.9
	0—3 年	1	1.4
心理成熟度	比较高	2	2.8
	中等程度	25	34.7

续表

指标	分类	频次	百分数（%）
心理成熟度	中等程度—比较高	7	9.7
	比较低	10	13.9
	比较低—比较高	3	4.2
	比较低—中等程度	6	8.3
	低	2	2.8
	低—中等程度	1	1.4
	低—比较低	9	12.5
	极低—中等程度	5	6.9
	极低—比较低	2	2.8
专业成熟度	比较高	5	x6.9
	中等程度	21	29.2
	中等程度—比较高	4	5.6
	比较低	14	19.4
	比较低—比较高	3	4.2
	比较低—中等程度	12	16.7
	低	2	2.8
	低—中等程度	3	4.2
	低—比较低	4	5.6
	极低—中等程度	3	4.2
	极低—比较低	1	1.4

表 3-3　　**成熟型教师的专家咨询结果**

指标	分类	频次	百分数（%）
从教时间	10 年以上	17	23.6
	10 年以上—20 年	6	8.3
	10 年	22	30.6
	10—10 年以上	3	4.2
	3 年以上	7	9.7
	3 年以上—10 年以上	1	1.4
	3 年以上—10 年	8	11.1

续表

指标	分类	频次	百分数（%）
从教时间	3 年	3	4.2
	0—10 年以上	1	1.4
	0—1 年	4	5.6
心理成熟度	高	5	6.9
	比较高	23	31.9
	比较高—极高	2	2.8
	比较高—高	13	18.1
	中等程度	11	15.3
	中等程度—极高	1	1.4
	中等程度—高	3	4.2
	中等程度—比较高	3	4.2
	比较低—中等程度	3	4.2
	低—比较低	1	1.4
	极低—极高	1	1.4
	极低—比较高	4	5.6
	极低—中等程度	2	2.8
专业成熟度	高	4	5.6
	比较高	27	37.5
	比较高—高	9	12.5
	中等程度	11	15.3
	中等程度—高	6	8.3
	中等程度—比较高	6	8.3
	比较低	1	1.4
	比较低—中等程度	2	2.8
	低—比较高	1	1.4
	极低—比较高	4	5.6
	极低—中等程度	1	1.4

表 3-4　　　　　　　　专家型教师的专家咨询结果

指标	分类	频次	百分数（%）
从教时间	20 年以上	14	19.4
	20 年	8	11.1
	20 年—20 年以上	2	2.8
	10 年以上	19	26.4
	10 年以上—20 年以上	1	1.4
	10 年以上—20 年	5	6.9
	10 年	6	8.3
	10—10 年以上	3	4.2
	3 年以上	3	4.2
	3 年以上—10 年	1	1.4
	3 年	2	2.8
	3—20 年	1	1.4
	3—10 年以上	1	1.4
	3—3 年以上	1	1.4
	0—20 年以上	1	1.4
	0—20 年	1	1.4
	0—10 年以上	2	2.8
	0—10 年	1	1.4
心理成熟度	极高	3	4.2
	高	21	29.2
	高—极高	8	11.1
	比较高	15	20.8
	比较高—极高	6	8.3
	比较高—高	6	8.3
	中等程度—极高	1	1.4
	中等程度—比较高	3	4.2
	比较低—高	2	2.8
	比较低—中等程度	1	1.4
	极低—极高	1	1.4

续表

指标	分类	频次	百分数（%）
心理成熟度	极低—高	4	5.6
	极低—比较高	1	1.4
专业成熟度	极高	2	2.8
	高	25	34.7
	高—极高	12	16.7
	比较高	13	18.1
	比较高—极高	6	8.3
	比较高—高	4	5.6
	中等程度—极高	1	1.4
	中等程度—高	1	1.4
	中等程度—比较高	2	2.8
	比较低—中等程度	1	1.4
	极低—极高	2	2.8
	极低—高	3	4.2

表3-5　　问题型教师的专家咨询结果

指标	分类	频次	百分数（%）
从教时间	20年以上	7	9.7
	20年	7	9.7
	20—20年以上	5	6.9
	10年以上	7	9.7
	10年以上—20年	3	4.2
	10年	2	2.8
	10—10年以上	1	1.4
	3年以上	15	20.8
	3年以上—20年	1	1.4
	3年以上—10年以上	1	1.4
	3年	6	8.3
	3—10年	1	1.4
	3—3年以上	4	5.6

第三章　高校教师区分性评价的对象

续表

指标	分类	频次	百分数（%）
从教时间	0 年	3	4.2
	0—20 年以上	3	4.2
	0—20 年	2	2.8
	0—10 年以上	1	1.4
	0—10 年	2	2.8
	0—3 年	1	1.4
心理成熟度	极高	11	15.3
	高	7	9.7
	高—极高	3	4.2
	比较高	5	6.9
	比较高—高	5	6.9
	中等程度	1	1.4
	中等程度—比较高	3	4.2
	比较低	4	5.6
	低	3	4.2
	低—高	1	1.4
	低—中等程度	2	2.8
	低—比较低	1	1.4
	极低	5	6.9
	极低—极高	4	5.6
	极低—中等程度	4	5.6
	极低—比较低	6	8.3
	极低—低	7	9.7
专业成熟度	极高	8	11.1
	高	10	13.9
	高—极高	3	4.2
	比较高	5	6.9
	比较高—高	5	6.9
	中等程度	5	6.9
	中等程度—高	1	1.4

续表

指标	分类	频次	百分数（%）
专业成熟度	中等程度—比较高	2	2.8
	比较低	5	6.9
	比较低—中等程度	2	2.8
	低	4	5.6
	低—比较高	1	1.4
	极低	5	6.9
	极低—极高	3	4.2
	极低—高	1	1.4
	极低—中等程度	4	5.6
	极低—比较低	7	9.7
	极低—低	1	1.4

根据表3-1至表3-5可以得到高校教师评价类型的区分（见表3-6）。按照高校教师从教时间、心理成熟度和专业成熟度三个维度指标可以把其区分为新手型教师、适应型教师、成熟型教师、专家型教师和问题型教师五种评价类型。通常，新手型教师指从教时间在0—3年，心理成熟度和专业成熟度处于较低水平的高校教师；适应型教师指从教时间在3—10年，积累了一定的教学经验，掌握了基本的教学与研究方法，心理较为成熟，但专业还不够成熟的高校教师；成熟型教师指从教时间在10年以上，积累了丰富的教学经验，掌握了常用的教学和研究方法，并能运用其在熟悉的教学和科研环境中从事教学与科研活动，但在新的教学和科研环境中还不能综合运用多种要素，创造性地进行教学和科研活动的高校教师；专家型教师指从教时间在20年以上，积累了丰富的教学经验，形成了适合自身特点的教学和科研方法，并且上升到了一定的理性高度，能有效指导其教学和科研活动，心理成熟度和专业成熟度都非常高的高校教师；问题型教师是指从教时间在3年以上，虽具有一定的教学与科研经验，但教学和科研效果较差，心理和专业都很

不成熟的高校教师。①

表3-6　　　　　　　高校教师绩效评价类型区分表

类型	从教时间	心理成熟度	专业成熟度
新手型	0—3年	从低到比较低	从低到比较低
适应型	3—10年	从比较低到一般	从较低到中等
成熟型	11—20年	从中等到较高	从中等到较高
专家型	20年以上	从较高到极高	从比较高到极高
问题型	3年以上	从比较低到低	从比较低到低

二　不同类型教师的动态转化

由于高校教师个体的性格、智力、个人追求等的不同，教师专业成长存在着差异性特点；有的教师专业成长很快，而有些教师专业成长相对较慢，如同人的身心发展体现了身体与心理发展的不平衡一样，高校教师的专业成长也不是简单的直线上升的发展过程，体现在高校教师专业成长的非直线性、动态性特征上。大多数高校教师要经历一个从新手型教师—适应型教师—成熟型教师的专业发展过程，只有极少数非常优秀的教师经过自己的长期努力并及时把握住了机会，才有可能发展为专家型教师。其动态变化过程如图3-1所示。② 新手型教师经过3年的高教实践努力可能会发展成为适应型教师，也可能经过3年高教实践后直接变为问题型教师。适应型教师也会出现分化，绝大多数适应型高校教师能够全面掌握和提升自己的教学技能，继续向前发展，成为教学基本功娴熟、教学经验丰富、教学效果良好的成熟型教师，而极少数适应型教师由于各种原因而沦落为达不到合格教师标准要求的问题型教师。需要注意的是，由于高校教师个体差异的客观性，并非每一位教师都会经历图3-1所示的发展路线的各个阶段，也不是固定不变地按照图3-1所示的各阶段的先后顺序发展，有人甚至可能会跳过某一或几种专业类

---

① 周景坤、邱房贵：《区分性高校教师绩效管理研究》，《广西社会科学》2013年第6期。
② 周景坤、邱房贵：《区分性高校教师绩效管理研究》，《广西社会科学》2013年第6期。

型而直接进入下一种专业发展类型等。①

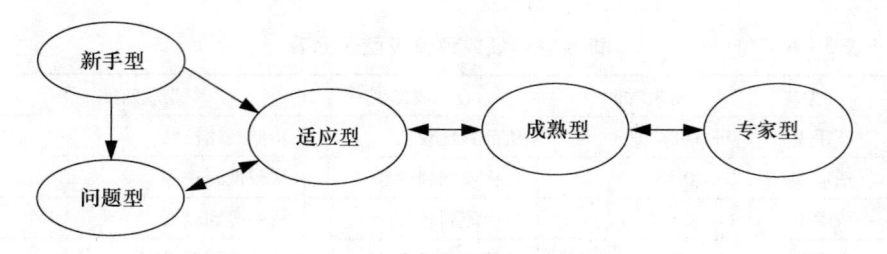

图 3-1　高校教师评价类型动态转化过程图

三　不同类型教师的特点

21世纪以来，我国高校教师评价工作进行了不少改革，逐步建立起了较为完善的评价体系。由于高校教师的成长环境、个人追求、心理状态和从教时间等因素的差异，形成了不同的高校教师评价类型。我国的教育体系还处在不断完善当中，我们不能按照同一套教师绩效评价体系来对所有的教师进行评价，否则会影响教师的专业成长和教育事业的健康发展，由此逐渐产生了分类教师评价方法。同时，不同类型的高校教师具有不同的特点与需求，他们需要用不同的评价方法来进行有针对性的评价，以此确保教师评价工作的科学性和有效性。而实际上，当前我国大多数高校教师评价制度仍采用统一的评价指标体系来评价所有教师的绩效水平，这种缺少区分性的评价体系无法有效调动大多数教师的积极性。

从本章开始，我们就各类评价方法在高校教师评价方面的运用进行一些探索性的研究工作，为找到适合我国高校教师的评价体系提供一定的借鉴。我们按照高校教师从教时间、心理成熟度和专业成熟度三个维度，将教师分为新手型、适应型、成熟型、专家型和问题型五大类型，并从各个阶段的特点出发进行区分性评价研究，其评价方式的发展变化

---

① 周景坤、邱房贵：《区分性高校教师绩效管理研究》，《广西社会科学》2013年第6期。

遵循循序渐进的教育管理规律。其中,"问题型教师"作为一类特殊的教师人群,并不归属于某一个职业生涯发展阶段,对这类人群的评价方式、评价标准及其评价机制的形成应该建立在独特的哲学、心理学和管理学理论基础上,有着与上述四个阶段本质上不同的研究路径和范式。

将"新手型"与"适应型""成熟型"和"专家型"等进行对比研究,是认知心理学家在研究专门领域的知识时经常采用的方法。从总的区分度来看,这三种情况的管理策略、成就目标和人格特征均有着较大的不同;从具体的管理方式角度看,这三类人群在课前计划、课堂教学过程和课后教学评价等方面都有着明显的差异,因此,这种比较研究对于青年教师提升教学研水平有着较为直接的意义。

(一)新手型教师

"新手型教师"主要是指从教时间在 3 年以内,心理和专业成熟度等处于较低水平的高校教师。他们的关注点更多地放在自我的生存方面,其职业承诺仍处在一种选择性的阶段和状态,还不稳定,有着以下的共同特征。

1. 思维灵活,富有朝气

新手型教师大多是些年轻人,拥有良好的专业知识,对自己的岗位工作富有热情,兴趣爱好广泛,富于幻想,心态年轻,易于与学生沟通,且普遍具有积极进取、朝气蓬勃和较为远大的职业目标等特征,但他们认识能力和知识结构还不是很完备,缺乏高等教育实践经验,教学上也没有信心,处理问题理想化,缺乏灵活性,不能有效进行教学反思,因此他们在任教之初往往会遇到很多难以自行解决的困难。

2. 知识量结构性失衡

教师不仅要具备扎实的学科专业基础知识,还应掌握教育教学理论知识和丰富的跨学科知识,这样才能有效解决各种课堂问题,激发学生学习的积极性,积极地应对各种教学情境和问题,实现课堂教学的有效性。冯友兰说:"一个教师讲一本教科书,最好的教师对这门课的知识必须比教科书多许多倍,才能讲得头头是道,津津有味,信手拈来,皆成妙趣。如果他的知识和教科书一样多,讲来就难免结结巴巴,看来好像是不能畅所欲言，实际上他没有什么可言。如果他的知识少于教科书，他就只好照本宣科，在学生面前唱催眠曲了。"新手型教师虽然通晓所教的学科和专业，但因其缺乏实践的历练，不能将其他学科知识、教育科学和心理学等知识很好地运用到课堂实践中，对课堂情境的控制力差，解决课堂问题的能力不够。在教学的过程中如果遇到一些无法用学科知识解决的问题时，新手型教师往往会直接略过，影响课堂教学的效果。

3. 教学技能还不成熟

新手型教师虽然拥有良好的专业知识，但由于缺乏教学实践经验，教学方法不够灵活，不能有效把握教学进度，也不能突出教学重点与难点，导致其教学效果不佳。新手型教师在教学策略上比较重视课前的准备，尽管他们在课前做了充足的准备，但由于其初执教鞭，犹如初生牛犊，教学技能不够成熟，在课堂上往往只是按部就班地完成教学任务，对课堂上的突发事件手足无措，并且在导入新课、把握教学进度、突破重点难点、灵活运用教学方法等方面明显不足。另外，他们过多地关注自己的教学任务是否完成，教学是否成功，而忽视了课堂上的主体——学生积极性的调动，直接影响其教学效果。

4. 职业信念尚不稳定

新手型教师初站讲台，尚未适应从学生向高校教师的角色转变。他们缺乏高等教育的实战经验，教学能力和水平都处于较低状态，在高等教育工作中容易遭遇困难和挫折，经常感到力不从心，且大多情绪容易受外界干扰而产生波动和偏激，从而丧失工作信心和热情。另外，高校新手教师大多是从高等院校和研究所走出来的，其学历和社会地位都比较高，具有年龄和知识方面的优越感。面对全新的工作环境，他们对自己所从事的职业具有一定的新鲜感和热情，但由于大多数新手型教师刚毕业就走上教师岗位，工作能力不强、科研成果不丰、学术职称不高，他们的工资福利又低于企业员工和政府公务员。当他们发现职业理想和现实的距离过大时，加上他们对教师职业所赋予的意义认识还不够深刻，责任感不强，很容易对自己的职业选择产生怀疑和动摇，甚至会引起弃教从商，跳槽下海等行为的发生。

5. 专业发展意识模糊

新手型教师应当具有清晰的专业发展意识，这样才能有压力和动力，不断进行实践、反思和学习，取得更好的专业发展。作为一名新入职的教师，既要完成基本的课堂教学活动，又要处理好课堂上出现的各种问题，特别是学生的问题。新手型教师刚刚开始自己的教学生涯，对教材不够熟悉，缺乏教学实践经验。每天忙于备课、上课、批改作业，没有时间和精力对自己的课堂教学活动和学生问题的处理进行反思，更别说花时间搞科研了。但是，教学实践和科学研究应该是相辅相成的关系，只有在教育教学的实践和体验中不断研究实践性知识和技能，才能促进教师自身更快成长和发展。而新手型教师在入职初期往往重教学轻科研，缺乏科研意识，忽略了教学理论的输入以及科学研究的开展。另外，由于高校对新手型教师的科研要求比较低，其专业发展的压力比较小，没有意识到专业发展对自身发展的重要性，缺乏专业发展的内在动力。新手型教师处于教育的认知阶段，他们刚刚迈入高校教师这一行业，浑身充满活力，干劲十足。但由于面对的是全新的工作环境，还未掌握基本的教学技巧，教学活动较为呆板，处理学生问题还不是很成熟。他们需要同行教师的鼓励和督导，这样才能尽快形成其教学风格，更好地化压力为动力，融入集体。在评价的过程中，评价主体要善于根据具体情况，对新手型教师进行有效的指导。

(二) 适应型教师

适应型教师是指从教时间在3—10年，心理和专业成熟度较低，专业能力和业务水平仍处于成长期，但积累了一定的教学经验，工作积极性比较高的那部分高校教师。他们具有如下共同特征。

1. 学习主动性和积极性较高

适应型教师虽已具有一定的教学经验，但仍处于经验积累期，他们积极主动参与高校的各种学术活动，渴望得到更多的自我发展机会；其知识结构中程序性知识比较丰富，但这种知识运用多为长期练习的结果，条件反射的成分较大，缺乏更多的条件性或背景性知识。

2. 富有挑战精神并敢于创新

由于适应型教师从教时间不长，他们普遍容易接受新的思想和新的观念，不满足于传统的教学方式与方法，而是把高等教育工作当作一种挑战，勇于创新，积极参加各种教学创新活动和科研活动，不断提升自己的教学与科研能力，渴望寻找到新的方法和解决问题的思路。

3. 具有相对成熟的教育教学技能

适应型教师处于职业生涯的建立期，他们大多适应了教学环境，掌握了基本的教学方法，同时敢于尝试新的方法，但其心理、专业成熟度还不是很高，教学水平起伏较大，需要进一步巩固和稳定，还不能很灵活地与学生进行沟通交流；他们也需要上级领导及同行教师的引导和督促，使其能更快地自我成长，形成自己的教学风格；他们的知识结构比较稳定，逐渐开始关注学生的个体差异，但是因为自身的知识背景仍不深厚，在教育教学工作中需要不断地"纠错"和"反思"。所以，适应型教师的工作重点应该是高效率地实施教育教学工作，更多地反思自身的教学情况，提升教学技能。

（三）成熟型教师

"成熟型教师"是指从教时间在10年以上，积累了较为丰富的教学经验，掌握了常用的教学与研究方法，并且能运用这些方法在自己所熟悉的教学和科研环境中从事高等教育和教学实践活动，但还不能够综合运用这些因素在新的教学与科研环境中创造性地进行教学和科研实践活动的高校教师。[①] 我国高校的成熟型教师大多拥有一定的专业地位或因此而占据着较高的行政职位，具备了较丰富的学术或行政资源，但他们对新的教学和科研环境的创新能力还有待进一步提高。除此以外，成熟型教师还具有如下共同特点。

1. 具备相当的专业自觉

成熟型教师从事高等教育实践活动的时间较长，他们比较熟悉所处的教学环境，也积累了较为丰富的高等教育教学经验，并取得了一定的

---

① 周景坤、邱房贵：《区分性高校教师绩效管理研究》，《广西社会科学》2013年第6期。

专业见解。他们大多具有灵活、快捷和流畅的教学方法，其教学能力与水平得到社会的普遍认可，并且已经形成了独自的教学风格和教学习惯。他们会将其运用到自己的教学活动中去，根据不同个性的学生进行有区分性地分类教学，满足不同学生的个性化需求。

2. 较易出现职业倦怠感

成熟型教师大多处于人生的中年阶段，在这个时期，他们通常担任着父母、人生伴侣、子女等众多社会角色，他们在处理这些复杂的社会关系时需要花费大量的时间和精力，所以他们在处理日常教学与科研工作时往往会觉得比较累。另外，他们在社会和生活等多重压力下也比较容易感觉到职业疲倦，产生沮丧等不良情绪，久而久之会影响他们对日常教学与科研工作的热情。

3. 承受着较重的心理负担

成熟型教师教学经验丰富，教学方面的专业素质达到了一定的高度，且在教学中拥有较多的主动权，这时候，他们的能力得到了多方面的肯定，高校和社会都给予他们较高的期望，这些都增加了他们的心理负担，造成他们要比其他类型教师承受更多的心理压力。

4. 教法稳定但缺乏创新

成熟型教师在高等教育实践中积累了较为丰富的教学经验，逐渐找到了适合其自身的教学方法，并且已经形成了自己的工作习惯，而且这些方法大多已经被学生所接受。成熟型教师在高等教育实践中偶尔会遇到新的问题，但由于他们的创新意愿和动力不足，他们通常不愿接受新的培训，不想也不愿主动改变自己业已形成的工作习惯等。

5. 科研能力和水平一般

成熟型教师已经习惯于教师的角色，他们把大部分时间放在教学工作上，没有很多的时间和精力投入教学科研的研究，其科研能力和水平还有待进一步提高。

成熟型教师属于职业生涯的发展期，能够正确认识、评价和调控自己的心理，具备了灵活娴熟的教学方法，同时乐于大胆创新教学方法，热衷于参加各种学术活动，有自己独特的见解。关注学生群体的发展，能较好地处理师生关系。但是也可能会满足现状，形成固定形式，同时成熟型教师处于教育事业的中后期，他们大多担当着多重角色，容易产生职业倦怠情绪。成熟型教师在长期的课堂教学中积累了丰富的教学经验，教学思路和教学风格别具一格。但是，如果满足现状，不积极主动地改变自己的教学方式，极有可能会使自身的专业发展能力停滞，容易产生职业厌倦心理。在此阶段，成熟型教师需要不断创新，强化其专业能力。

（四）专家型教师

专家型教师作为教育一线岗位上的专职教师，不仅应该具备专业学科的相关知识与技能、过硬的科研能力以及较为优良的道德修养，而且要对高等教育方面的问题具有敏感的意识和广阔的视野。与此同时，能够反思自身在教学实践过程中所实施的教学行为及其所导致的结果，并且能够不断探究以及解决教学过程中所出现的问题，通过将教学与反思整合起来，使研究所获得的成果得以转变成为具体的教学行动。[①] 具体来说，专家型教师是指在高校从事教育教学活动的时间为20年以上，在多年的教学过程中积淀了丰富的经验，有其独特的教学风格，并且已经摸索出符合自身特点的教育教学与科研方法，能够有效指导其理性地投入教育教学、科研活动当中，在新的教学与科研环境中也能够灵活、综合地运用多种要素，创造性地实施科研活动和教学行为，在心理与专业上都达到成熟水平的高校教师。[②] 专家型教师在教育教学的某个方面（一般指在学术研究方面或者是教学方面）有所专长，它强调的是教师的科研素养及教学素养，而不是单纯的知识素养。专家型教师不应满足于作为经验型的"知识传递者"，还应是在实践中不断探索的研究者。另外，专家型教师能够将理论与实践相融合，探索出具有自身特色的教学思想、教育理念和实践操作体系，形成符合自身特点的教学理念、风

[①] 高忠明、郭晓琴：《反思性教学——反思专家型教师的成长之路》，《河北科技师范学院学报》（社会科学版）2005年第4（2）期。

[②] 周景坤、邱房贵：《区分性高校教师绩效管理研究》，《广西社会科学》2013年第6期。

格与特点。① 从专家型教师总体情况来说,其主要特征有如下几个方面。

1. 拥有合理的知识结构

当专家型教师在某一方面或某一领域里具备的知识比其他人更丰富的时候,才能表现得更为优越,才能更为有效地解决某一特定领域的问题。首先,专家型教师在特定的领域中比非专家型教师掌握了更多的知识以及技巧,专家型教师已经高度熟练地掌握了教学的常规工作程序,基本上不需要经过意识控制,已达到自动化程度;其次,专家型教师还具备了良好的知识素养,比如允许学生自由提问甚至引发讨论,专家型教师对此都能够做到应对自如,推动教学活动顺遂、平稳的展开,并实现预期目标②;最后,专家型教师具备优良的专业知识结构,并且能够灵活地使用,既要具备与学科内容以及教育方面相关的知识,也要积累和教学相关的社会知识,以便进一步提高专家型教师随机应变的能力。③

2. 能高效地解决教学问题

专家型教师在解决高等教育教学问题时,相对于非专家型教师来说,他们能够利用较少的时间把高等教育教学中所存在的问题解决掉,这主要因为:一是专家型教师拥有熟练的知识和经验以及程序化、自动化的技能,这些技能与知识经验让专家型教师得以在有限的认知资源下不用花费太多的认知努力便能够完成更多的任务;二是专家型教师拥有一定的计划、监督以及自我评估的能力。专家型教师能够富有计划地对自己的认知以及教学过程中所遇到的问题进行监控,并且能够很好地进行自我评价和自我调整。这种反思式思维让其在实践中学习,推动教学技能的进一步提高。

3. 有着较强的创新能力

专家型教师具有较强的创新意识和创新能力,他们勇于和善于发现

---

① 吴义昌:《中美专家型教师标准及比较》,《教育科学研究》2003 年第 3 期。
② 曾涛:《专家与新手教师的研究及培养启示》,《河北民族师范学院学报》2005 年第 3 期。
③ 郑颖、盛群力:《如何成为一名专家型教师——斯滕伯格论专家型教师的基本特征》,《远程教育杂志》2010 年第 6 期。

问题，揭开纷纭的社会和自然现象，提出有价值的研究问题，在问题的解决中寻找规律性的东西。另外，专家型教师勇于冲破原有的思维方式，大胆改进教学与科研方式与手段。相对于非专家型教师来说，在处理问题上，专家型教师的视角更为独特而富有洞察力，所采用的方式也比较新奇，更具创造性。他们能够透过表面现象从全新的视角审视问题，以寻求问题的本质，从而找到巧妙且富有洞察力的解决问题的方法，能够深刻地剖析问题，并且善于重新定义问题。这主要体现在：第一，对与解决问题有所关联的信息与没有关联的信息进行区分；第二，基于有利于解决问题的方式将某些信息进行整合，能够发现一些单独看与所要解决的问题无关，而将之结合起来看却与所要解决的问题相关的信息；第三，运用从别的地方取得的信息来处理眼前的问题。

4. 具有成熟的教学监控能力

专家型教师能够有序并且灵活地实施教学计划，在教学过程中，将学生的需求同教学目标结合起来，不仅对目标达成的情况予以关注，同时还会积极地监控教学活动的进行情况。专家型教师不只是依照其教学计划进行教学活动，而且能够依照教学活动的实际情况做出灵活调整，机智地处理问题。专家型教师具有完善的教学监控能力，这不仅体现了专家型教师对课堂整体的掌控能力，还体现了其对学生需求的关注与反馈能力。

专家型教师处于教学职业生涯的顶峰，其心理、专业成熟度高。具备与教学相关的科研知识和社会知识，能随机应对课堂状况，更好地引导学生成长。处于教学经验方法分享期，拥有娴熟的教学科研方法，且知识结构优良，使得专家型教师能高效率地解决问题。能够透过现象看本质，创造力与洞察力强，具有完善的教学监控能力，但固有的教学模式使其无法找到突破口进行创新。专家型教师具有高尚的师德，独特的教学风格，卓越的研究成果，并由此产生教育政治背景。富有洞察力和创造力，学有所长，有较高的专业能力，能够灵活自如、高效率地解决各类教学问题。专家型教师具有正确的教育价值观，优良的个人素质，人文素养，谈吐自然，不急不躁，深入浅出，旁征博引，对待学生能更好地引导其发展自身能力，同时还具备深厚的专业知识和富有张力与活力的教学课堂能力。此阶段的教师应该为其创造更大的价值发展空间，解除其被解雇的压力，使其更专心于做学问。所以此阶段的教师评价主体应该是以教师本人为主。

（五）问题型教师

"问题型教师"是指那些教学时间达到3年以上，虽拥有一定的教学和科研经验，但教学和科研效果较差，在心理和专业上都不是很成熟的高校教师。[1] 他们具有如下几方面特征。

1. 工作积极性不高

问题型教师往往是一些已从教多年的教师，不管是在其职业生涯发展上还是在生活上都遭遇了一定的困难，专业能力和水平在近几年的工作中没有得到应有的提升，他们在其付出努力的工作里也没能得到自己所期望的回报，导致其心灵上对教育工作的不满。他们对于学校下达的工作任务不太关注，缺乏应有的热情，而且工作积极性不高，在课堂教学中缺乏责任感，不善于与领导、同行教师、学生等进行交流，情绪波动大，容易在生活中自暴自弃，甚至会产生偏激思想，严重者会离开教育岗位。

2. 教学效果要求低

问题型教师虽然具有一定的教育经验，但由于专业知识和教学能力的不足，他们不能在课堂上采取有效的教学方式，容易造成其课堂教学效率不高。这里所指的课堂教学效率是指衡量学生的学习收获和教师、学生教学活动实践的尺度。尽管学生在课堂上认真听课，积极配合教师的教学工作，可问题型教师因为教学方式不当，使得学生在学习过程中达不到期望的学习效果。问题型教师在教学工作结束之后，又不能很好地进行自我评价与反思，在遇到教学问题时，不能及时做好改进与总结等工作。

---

[1] 周景坤、邱房贵：《区分性高校教师绩效管理研究》，《广西社会科学》2013年第6期。

3. 工作动机功利化

问题型教师虽然有几年的执教经历，但工作业绩和效率都不高。很多问题型教师因为对工作缺乏热情和不受重用等原因，他们担心自己将来能否继续执教以及自己的生存问题，担心自己的评价结果是否合理。工作动机主要以提高自己的业绩为主，希望受到学校的重用，提升自身教学水平和专业知识能力，最终的目的是希望自己能够继续执教。

4. 心理承受度较低

问题型教师虽然具有一定的教学和科研经验，但由于其在生理和心理上遇到了一定的困难，而且他们心理抗压能力较差，容易在教育过程中产生心理的不稳定现象。同时问题型教师在教学实践中的经验不够丰富和专业知识不够完善，造成其课堂教学效果不高。虽然问题型教师在教育教学中也花费了大量的时间来重视自身的课堂教学工作，但他们墨守成规、按部就班，更多只是关注自身的教学任务是否完成，不关注教学成功与否。没能及时进行自我分析与反思，不能有效促使其教学方法得到改善，这样也不利于其专业知识技能的提高。

5. 心理成熟度不高

教师的心理问题应该受到全社会，特别是管理者的高度重视。问题型教师普遍心理成熟度不高，容易产生心理障碍。其心理障碍产生的原因在于：第一，由教师这个职业的特点所引起的；第二，教师这个职业与社会其他职业相对而言比较独立；第三，高校间、教师间的竞争逐渐加大，使教师的焦虑情绪日益增多；第四，高校的管理机制及评价机制不当。教师是一个神圣的职业，教师对学生的影响是很大的，是一辈子的。因此高校应加大对教师心理的关心，特别是要加大对问题型教师的关注，在一定程度上帮助其恢复心理健康。

6. 专业技术水平低

每位教师的学历及专业水平都是不一样的，由于其教学经验的不同，每一位教师的教学水平都是参差不齐的。高校中的问题型教师，普遍存在专业水平低的问题。部分问题型老教师倚老卖老，他们的学历普遍不高，且不愿意再花精力继续进修，提升自己的学历和知识水平，那些年轻的问题型教师因教学经验少,不懂得如何引导学生,难以教会学生学习知识的方法。问题型教师的出现不仅不利于学生的学习,而且在一定程度上影响了整个教师群体的教育水平。

7. 存在职业倦怠感

教师们在各自的教学课堂上都会有各自的态度与方法,不同类别教师的课堂教学活动有其不同的态度与方法,如有的教师是温柔型,有的是热情型,有的则是幽默型,还有的是枯燥沉闷型,而问题型教师在其课堂上的表现多数是沉闷的、自顾自的讲课,这类教师经常抱怨学生课堂上不专心听讲,他们很少从自身的角度反思,对自己的职业充满倦怠,毫无教学激情,每天得过且过。

问题型教师属于教学职业生涯的停滞期,他们在教学方面通常遭受了严重的困难,急需外界的支持与帮助,自我认识与自我提升能力有限。① 他们通常教育方法不当,教育观念不正确,使得学生被动地接受教育,所以纵使掌握了基本的教学方法也无法发挥其作用,教学能力和效果较差。无法顾及学生的学习发展情况,无教学激情,对自己的教育事业产生质疑。问题型教师主要有两类:一类是由主观原因导致的,比如婚变、重病、灾难、破产等带来的负面情绪影响和心灵创伤;另一类是由客观原因导致的,例如,教学方法不当导致教学效果不佳,教学素养不高、教学水平下降等导致的不符学校要求。问题型教师处于教学生涯的低谷,缺乏自我认识、自我重塑的能力,急需外界的援助。问题型教师评价应该使其走出困境,重拾自信。②

---

① 周景坤:《高校教师区分性绩效评价方法研究》,《教育探索》2015 年第 11 期。
② 周景坤:《高校教师区分性绩效评价方法研究》,《教育探索》2015 年第 11 期。

第四章 高校教师区分性评价的主体

本章在对教学型高校教师评价主体进行梳理的基础上，探究如何选择相应的评价主体对新手型、适应型、成熟型、专家型和问题型高校教师开展评价工作，并考察评价主体的心理误差以及调控问题。

第一节 教学型高校教师评价主体

高校教师评价主体是指直接参加评价活动的组织与实施工作，并按照一定的评价标准对被评价教师进行价值判断的团体或个人。评价主体对评价活动的方向与进程起着决定性作用，必须保证评价方案的制定、标准的确立、方法的选择、内容的确定和评价结果的使用等的科学性。因此，合理选择和确定评价主体并充分发挥其在评价活动中的功能，是教师评价活动取得成功的支撑，是改进教师教育教学工作的关键。

目前，教学型高校教师的评价主体主要包括学生、同行、学校领导、专家和教师本人等。[①]

一 学生评价

（一）理论基础

随着我国高等学校学生规模的不断扩大，深化教育体制改革，加强高等教育管理变得越来越重要。在高校教学活动中，学生评价对教师教

[①] 樊小东：《试论教师教学评价主体的选择》，《教育与职业》2007年第14期。

学质量的提升有着非常重要的作用。早在 20 世纪 20 年代，美国就开始了学生评价的理论与实践探索工作；到了 20 世纪 90 年代，我国高等教育改革步伐渐渐加快，学生评价开始在我国的各大高校中展开，各类高校也逐步加大学生作为教师课堂教学评价主体的改革力度，把学生评价法纳入高校教学质量监控体系中来。教师的教学效果会直接影响学生的学习质量，学生对教学的满意度是教学质量评价的重要参考依据。学生直接参与教学活动，与教师面对面交流，能根据自身的体验对教师做出具体的客观的评价。学生评价的结果从一定程度上反映出教师的工作态度、教学能力、教学效果，是教师教学质量的真实反馈。在我国大部分高校中，将学生评价用于指导教师教学效果、教学质量以及教师的教学方式是否符合学生的个性发展需求的方法，并将此评价结果作为衡量教师绩效的基础和奖惩的依据。[①]

（二）学生评价的基本问题

学生评价是指学生对教师的教学方式、内容、效果、态度等，以一定的标准进行评价，并通过有效的途径向教师反馈，从而进一步提高教学水平与质量的活动。学生评价主要包括两种形式：一种是学生主动进行评价，即学生主动向教师反馈教学中的优势或者不足。另一种是学生被动进行评价，这种评价多是高校管理者以一定的形式和标准组织学生进行的评价。学生评价有利于促进教师与学生之间的信息交流，有利于促进教学相长，促进教师及高校的教学管理者及时调整学校的教学行为，不断改善和提高学校的教育教学质量。[②]

（三）作用分析

"以学评教，以教促学"，让学生参与评价教师的教育教学工作，实际上是让其对高校教师教学管理提出自己的意见和看法。高校管理者希望通过学生的评价，一方面了解教师教学中所存在的不足，以便为教

[①] 李楠：《高校教师绩效考核中"学生评教"存在的问题及对策分析》，《首都经济贸易大学学报》2009 年第 5 期。

[②] 李丰生、周景坤：《教学型高校教师区分性绩效评价主体的选择研究》，《广西师范学院学报》（哲学社会科学版）2016 年第 7 期。

师提供更有针对性的学习机会;另一方面,学生评价可以让教师明确自己在课堂上的不足,促使教师完善相关的教学策略。与其他评价主体相比学生评价有以下优势:学生评价面向的是该教师所教的班级学生,评价的人数较多,因此其信息采集面比较大,评价结果具有较高的可信度;教师的课堂活动主要由学生参与,他们与教师的接触是长期的,他们对教师的教学思想、教学方法、教学态度以及教学效果具有深刻的印象和感受,他们对教师教学活动的评价最有发言权,因此学生评价主要侧重于教师的课堂表现;高校学生的认识能力和判断是非的能力明显高于一般的学生,在一定的评价标准和评价目的下,绝大多数学生都能够对教师的教学活动表现做出客观、公正的评价;通过开展学生评价,可以让教师及时发现自己在教学活动中所存在的优势与不足,帮助教师不断改进自己的教学工作,提高自身的教学质量,有利于建立平等的师生关系,调动学生学习的积极性,培养学生积极进取的精神,增强学生的参与意识;学生评价方便高校领导者和有关的教学管理部门全面了解教师在课堂上的表现,为提升高校的教学质量提供了重要的依据,从而有针对性地改善管理风格,强化教学管理,提高高校管理者的管理技能,有效提高了教学质量。[①]

学生评价在教师评价中也具有一定的局限性。第一,学生评价的效果容易受到学生的评价能力、评价态度、心理特征等的影响,带有较强的主观随意性。他们对客观、公平和公正的尺度把握不够,容易受到自己喜好的影响,在评价中缺乏对教师客观公正的态度,往往只是为了敷衍了事而胡乱打分,对自己喜欢的教师往往给予较高分,而对自己不喜欢的教学比较严格认真的教师则会给出较低的分数。有时高低程度甚至很离谱,有些学生因受过教师的批评或惩罚而对教师进行报复,恶意给教师打很低的分,并未严肃地对待教师评价这一活动。第二,大多数教师不信任学生的评价,所以很多时候学生评价只是一种形式,他们很少

---

① 李丰生、周景坤:《教学型高校教师区分性绩效评价主体的选择研究》,《广西师范学院学报》(哲学社会科学版)2016年第7期。

把评价结果应用到课堂上。第三，不能准确把握评价标准，无法做出深度的分析评价。学生对专业知识的认知、对教学的认知具有一定的局限性，对教师教学水平的评价无法像同行教师、专家那样做出深度评析，往往可能会更多地关注教师的教学形式与教师基本的职业素质，忽略对教师教学内容的深度评价。

（四）学生评价的原则

1. 学生只是多元评价主体之一，并不是最重要的评价主体。学生还处于成长和发展阶段，缺乏评价所需要的专业、全面和系统的知识和能力。学生对教师教学情况的评价，能够为教师的教学情况提供很重要的信息，能使教师了解自己在教学活动中的优缺点。

2. 学生作为评价主体之一，参与多元教育教学的评价，其主要目的在于教育性和发展性。学生参与教师教学评价，可以使其开阔视野，了解和参与到与其紧密相关的教师教育教学中，从多方面增进他们的能力，促进他们的成熟和发展。

3. 对学生评价的结果要进行合理的分析和运用。一直以来，由于"师道尊严"传统观念的束缚和影响，很多教师都有着这样一个消极的观念，即学生要尊重老师，他们没有资格也没有能力对教师的教育教学行为进行评价。他们不愿意接受学生对他们的评价，导致教师不能认真分析和利用学生评价的结果，从而影响了学生参与评价的积极性和主动性。

随着"以人为本"教育理念的深入贯彻落实，高校对待教师的工作不再是形式主义、功利主义，而是正逐步朝着规范化、体制化发展。学生评价法则是秉承以人为本的宗旨，充分考虑到教学的接受者——学生这个主体对教学质量、教学效果的重要体会，以人性化的方式让学生积极参与对教师的评价，为高校教师管理工作提供更多的参考依据。虽然学生评价法在运用过程中还存在一定的不足，但是，随着理论研究的不断深化、成熟，学生评价法在高校教师工作中会得到更好的运用。

二 自我评价

（一）自我评价的基本问题

教师自我评价是教师本人对照评价内容、评价标准，对自己的教学工作表现所进行的评价,它是一个教师自我反思、自我批判、自我激励和自我提高的过程。① 教师无疑是对自己工作评价最为直接、最现实的主体之一。教师作为评价主体之一,其主要特征有以下几个方面。

1. 承认教师的个体差异

由于教师个性特征、教学背景、教学学科、教师级别以及专业水平的不同,他们在教学技能、工作习惯、专业发展目标、职业素养等方面存在着较大的差异。在进行评价时,要充分尊重教师的个体差异,针对不同类型的教师运用不同的评价主体,以实现每一位教师的专业发展。

2. 通过检验课堂教学活动进行评价

教师获得专业发展的有效途径是对课堂教学活动的研究,教师在评价中的角色是其他评价主体所不能替代的,因为只有教师本人最了解自己的教学过程、教学背景和学生情况。只有让教师参与到评价中来,所得到的评价结果才有可能最大限度地反映教师真实的教学情况,评价结果才更加真实、全面,也更容易让教师接受和认可。

3. 教师参与评价的建构过程

教师评价以教师的教学需求为出发点,特别是课堂上学生的具体学习问题。在确定评价目标之后,评价双方才能围绕目标来共同构建评价的程序、方法、评价时间和评价结果。在制定评价标准时,要让教师充分表达自己的意见、需求,确立有效的评价标准和计划。在评价的过程中,评价标准和程序只能由教师和评价者双方共同建构。只有让教师和评价者就评价结果进行更多的沟通和交流,才能使教师真正认清自己的缺点和不足,同时也乐于改进自己的不足,不断促进教师的专业发展和自我价值的实现。②

4. 教师在评价中进行自我评定与自我反思

要发挥教师的评价主体性,就要鼓励教师进行积极的自我评价与自我反思。怀特海(J. Whitehead)说过,教师作为教育、教学过程中的

---

① 张志泉、李银玲、蔡晨云:《中小学教师自我评价探析》,《当代教育科学》2015年第9期。
② 李丰生、周景坤:《教学型高校教师区分性绩效评价主体的选择研究》,《广西师范学院学报》(哲学社会科学版)2016年第7期。

最知情者，具有对自己行为的反思意识和能力。① 教师通过自我评价，能够真正认识到自己在教学活动中的优点和不足，通过分析比较自己所存在的问题，从而进行自我反思，改进自己的缺点和不足，促进自身专业的发展。

(二) 教师自我评价的优缺点

由于教师教育教学工作具有创造性和复杂性的特点，这就决定了教师本人是对自己教育教学实践努力程度最为了解的人。教师自我评价是教师对自己所进行的评价，它是一个教师自我反思与自我批判的过程。在教师的自我评价中，教师兼负着评价主、客体的双重身份，具有一定的特殊性。教师的自我评价不仅要求教师拥有对自己各方面全面认知的能力，还要求教师具备一定的自我分析能力，综合分析自己各方面的优势和不足，以便充分发挥自己的优势并改进不足。② 教师的自我评价是一种内部评价，是教师自身发展的根本动力，具有不可替代的作用，它的优势主要有：教师最了解自己在课程设计、教学方式、教学过程中的优势和劣势，因此他们能对自己的教学活动做一个客观、有效的评价；教师的自我评价能够提高教师在评价中的参与程度，增强教师的自我开发和自我约束的意识，有利于激励教师完善自己的教学能力；教师的自我评价有利于激励教师的内在动机，通过自我评价机制，可以促进教师获得自我反思、自我完善和自我发展的内在力量；教师在自我评价时，有机会进一步明确相关的规范、职责、目标等，方便其在日常的教学中调整自己的教学行为。教师的自我评价能在个体和集体的动态发展中，在自我评价中鼓励教师积极参与评价的整个过程，增强其主人翁意识，有利于信息渠道的拓宽，提高评价结果的可靠性和客观性，增强教师自我评价意识，培养教师的自我评价能力，促进教师专业发展。

但教师的自我评价也存在许多的不足，主要表现在如下方面：教师自评虽然能够让教师通过对整个教学过程的回顾与分析来发现一些问题

---

① J. McNiff (1995), *Teacher as Learning: An Action Research Approach*, Routledge, p. 39.
② 邹丹、钱晓薇：《影响教师自我评价的自身因素分析及对策》，《师资》2012年第4期。

与不足，但会出现"当局者迷"的情况，很多关键的、细节的问题可能会被忽视，评价结果一般比管理者评价、同行评价等要高出很多，从而使评价结果的可信度低，还可能会导致双方的矛盾；教师在自我评价中容易受到外部因素的影响，他们虽然清楚地认知自己的优势和不足，但在评价中他们既不想使评价结果高于其他教师，也不想低于其他教师，因而会出现过高或者过低评价自己的情况，与自己的实际教学行为不相符；高校教师在进行自我评价时没有相关的理论依据和正确的自评方法，只是粗略地参照某一标准进行评价，因而自我评价在实际的运用中缺乏一定的科学性、可信性和说服力。

三　同行评价

（一）同行评价的基本问题

同行评价是指教师之间针对教学行为及教学绩效所进行的评价，它是在教学过程中进行的，并结合教学实际、教师的日常生活习惯、教师的为人处世等，评价的内容比较丰富。同行评价通常是一种不同于领导、专家等的评价，他们会以更现实的眼光评价教师的实际工作绩效。同行教师主要是本专业、本课程的内行，他们大部分都与被评价教师来自同一学科，甚至教授同一门课程，有着相关的、相似的课堂教学经验。他们在教师的课堂教学活动评价方面具有较大的发言权，因而对其他同行教师可以做出较为真实的评价，甚至可以提出一些科学合理的改善建议。由于被评价者与评价者都是同一专业或者同一领域内的教师，他们的评价更加专业，评价结果具有更高的信度与效度。

（二）同行评价的优缺点

同行评价是对管理者评价的有益补充，学校领导关注更多的是教师的实际工作表现和绩效，而同行教师则更多地考虑合作的情况，被评价教师也因此在领导和同行面前表现得不一样。同行评价的优势主要体现在这些方面：首先，由于与被评价者共事，对所从事的专业以及教师本人有比较深入的了解，同行评价能够对教师的教学能力做出比较全面的评析；其次，同行教师彼此比较熟识，交往较多，认识较深，通过与教师日常的相处以及教师之间经常性的相互听课、讨论，更容易实现有针对性的、日常性的评价；再次，学术共同体的共同决策决定了评价的民主性，同行评价从本质上说是一种学习共同体的民主决策，他们对彼此的教学工作比较了解，在专业方面的判断也比较一致，他们可以通过共同认可的评价标准与个人的行为准则、主观因素与客观因素的结合，消除个人评价的极端性，从而形成一种综合性的教师评价，有效避免个人的主观臆断，增强教师评价的民主性、科学性和有效性。另外，同行教师通常可以使评价环节相对轻松活跃，比较容易增加彼此间的满意度。同时，同行评价有利于增加被评价教师的压力，迫使教师更加努力地提高自身的教学水平和教学质量，也有利于同行教师之间的教学交流，切磋教学方法，提高教学质量。借助同行评价，可以有效促使教师教育教学质量的不断提高。

然而，在具体的评价活动中，教师同行评价也存在着一定的局限性。目前很多高校的教师评价结果不仅是促进教师相互学习、交流以及方便领导者了解教师的日常教学情况的重要手段，也是教师晋级、奖励的主要依据，但从根本上忽略了评价对教师个人的价值和意义。这样，同行教师与被评价教师之间就会形成利益竞争，使得教师评价的真正目的和功能被淡化，导致评价结果脱离实际。因此，同行评价容易受到同行教师主观方面的影响，难以做出客观、公正的评价，容易出现过高或者过低的评价。首先，由于同行评价的结果可能与教师之间有着直接的利益关系，他们都承受着巨大的心理压力，导致教师之间的关系紧张，缺乏真诚的交流与合作，这样就很容易使同行教师做出比较扭曲的、不真实的评价；其次，同行评价也会涉及评教主体的兴趣爱好、学术观点、认知偏差、情感态度、价值观念和思维方式等问题，导致对教师教学不够认同，即使是面对相同的评价对象，不同的同行教师对其教学的创新点、教学行为、教学质量等的评价也会存在很大的分歧和差异；最后，同行评价会受评价主体认识水平的制约，现行的高校同行教师评价基本上是由学科组内的全部教师互评，由于教师在评价知识、专业背景、研究经验等方面存在一定的差异，导致评价结果参差不齐，无法体现教师评价的真正目的和实际意义。

此外，由于评价的主体较少，教师之间的听课次数不多，仅凭教师之间的日常相处或是被评价教师的某一堂课，很难对教师做出全面判断，因而评价的信度和效度较差。在评价的过程中，上级领导不愿意失去他们在教师评价中的控制权，使得同行评价难以真正有效开展和实施。同行评价还有可能受到评价双方私人关系好坏、被评价者资历深浅或身份尊卑等其他因素的影响，无法真实地反映教师的教学情形，甚至可能会存在"相互标榜"的问题。因此，同行评价不适合总结性评价，而比较适用于形成性评价。

四 领导评价

领导评价一般指由高校的高层管理者对教师的评价，它是教师评价中对教师影响较大、最为特殊的一种外部评价机制。领导参与的评价大都是针对教师的教学心态、教学责任心、综合素质等，即师德方面的评价。

（一）领导评价的基本问题

在传统的管理模式中，高校领导集行政权力和学术权力于一身，抑制了教师专业精神的释放。领导评价带有明显的规范、控制、监督、检查等行政职能倾向，这样会妨碍教师个人的专业发展，挫伤教师工作的积极性。而且管理者评价较多采用定性评价的方法，他们通常会根据自己个人情感的好恶、关系亲疏进行评价或者是在评价时统一口径，简单打分。这样的评价方式隐藏着领导主观随意性和走过场的可能性，而且学校领导可能会更加注重教师的奖惩性评价，忽视教师的专业发展。

现在，领导者在教师评价中的角色发生了很大的改变，他们在教师评价中只能是非权力领导，也和其他评价主体一样，共同参与教师评价程序、标准等的制定。那么，高校管理者和行政人员在教师评价中应该扮演什么样的角色呢？他们主要扮演评价工作的协调者角色，从策略上指导和保障教师评价工作的顺利开展。高校管理者很少参与到具体的课堂教学实践活动中，对实际课堂教学活动中所遇到的困难也无力解决，他们只能发现其他教师解决类似问题的经验，从教师队伍中寻找先进的因素。高校领导首先应该以身作则，将自己纳入被评价的范围，用自己的行为激励教师投入评价实践中；其次，要积极为教师提供经验交流的平台，充分发挥集体的智慧和才智。一方面要帮扶和培养新手型教师，另一方面又要为有发展需要的教师提供展示其才能的舞台。通过评价使教师的才华得以释放，不断提高教师的专业发展和学校的整体发展；再次，学校应根据教师成长的需要，集中人力、物力和财力全力支持教师的发展和提升，如资助教师到校外进行教学研讨、进修等；最后，学校领导要下放一些权力，让教师更多地表达自己的意见和想法，给予参与决策的机会，为教师评价创造一个民主、平等、和谐的评价氛围。

（二）领导评价的优缺点

领导评价是目前最常用的教师评价方式之一，其好坏或有效性取决于校长（或其他管理者）自身的专业素养，取决于行政管理人员对教师所教学科及课堂教学的了解程度。教师评价的相关领导主要是通过教师的工作报告、听课、教师档案等方式来了解教师，他们可以更好地把握评价标准和评价原则。在管理者评价时高校管理者常用引导和监督教师教育教学行为的方法，他们对教师评价的内容比较熟悉，有利于实现一定的管理目的。在评价的过程中，由于领导者本身所具有的权威性，教师对领导的评价比较重视，从而使管理者评价的影响力比较大，这也在无形中促使教师不断完善教学工作。

在现实中，由于行政工作繁忙，绝大多数领导已脱离教学一线，他们很少有机会进入课堂，观察教师的课堂教学情况和实际表现。在这种情况下，管理者评价的可信度就会大大降低。此外，校长评价容易受科层制管理的影响，以行政为思考取向。还有，这种评价容易受校长刻板印象或私人交情等因素的影响。管理者评价的不足还体现在以下几个方面：高校领导者的职责广泛，工作任务也比较多，因此时间相对紧张，容易忙中出错，通常对采集到的资料无暇进行仔细分析和总结，导致结论的得出不够严谨；管理者的评价水平、公正程度，受到领导者个人才华、责任心、管理权限大小等的影响；上级领导可能缺乏评价的技能培训或者领导个人偏见等都会影响评价结果的客观公正性，挫伤教师工作的积极性和主动性；高校领导者很少参与到具体的课堂教学实践活动中，对实际的课堂活动缺乏深度的了解和整体的把握，因而管理者评价虽然具有一定的权威性，但其评价仅仅根据教师的工作成绩以及领导者的主观判断，缺乏全面性；在实际的评价操作过程中，领导往往凭借教师的工作记录、教学档案等对其进行评价。如果缺乏严格统一的标准、可靠正确的评价方法，就会导致评价结果缺乏准确性；上级领导手中掌握着所有教师的奖惩权，管理者评价，往往会使教师产生巨大的威胁感，心理负担比较重，不利于领导与教师之间的双向沟通。

五 专家评价

（一）专家评价的基本问题

专家评价法是出现较早且应用较广的一种评价方法。它是在定量和定性分析的基础上，以打分等方式做出定量评价，其结果具有数理统计特性。一般来说，不能充当教育实践的指导者，教育理论专家不能真正理解教师教学工作的复杂性，也无法有效解决课堂上的实践问题。因为他们所研究的都是理论性的知识，无法代替教学的实践性知识。复杂的课堂问题单纯依靠某种理论是根本无法解决的，只有将理论知识根植于实践的土壤，理论联系实际才能从根本上解决问题。教育理论专家的研究只有加强同课堂实践的联系，才能为教师提供有价值的理论指导。教育理论专家确实能为教师提供很多理论知识，但是那些理论知识并不能简单照搬利用，它们只能为教师的教学实践提供某种帮助。任何理论都来源于实践。教育理论专家要想取得进一步突破，不仅要加强各个专业的理论积累，还要从教师的课堂实践中学习具体的实践经验，同教师进行合作。

专家评价主要由教育知识丰富、学术水平高的教育专家担任，他们对教学的规律以及评价的原则都比较明确，从而使教师评价更具有权威性和客观性。专家评价不仅能够为教师提供改进教学的切实可行的建议，也可以对高校的工作方向、学科设置等提出具有建设性意义的方针。

(二) 专家评价的优缺点

专家评价的准确程度,主要取决于专家的阅历、经验以及知识丰富的广度和深度,要求参加评价的专家对评价系统具有较高的学术水平和丰富的实践经验。总的来说,专家评价法具有使用简单、直观性强的特点,但其理论性和系统性尚有欠缺,有时难以保证评价结果的客观性和准确性。专家评价相对于其他的评价方式有以下优势:首先,专家对教师教学表现的评价更广泛和深入,对受评教师的教学方式、内容、效果以及重难点等的把握更为准确;其次,专家评价在教师的评价活动中与评价者之间没有直接的利益关系,它作为一种外部评价更具有真实性和公正性,评价更具权威性,评价结果也更加客观公正;再次,通过专家的外部评价能够清楚地了解到那些只有外部人员才能够感知的问题和情况,并能够有效引导教师的教学行为,做出令学校领导、学生家长、社会等满意的行为;最后,专家评价的信息是通过对大量的资料进行统计分析以及参与教师的教学活动观察得出的,因此实用性较高。

专家评价具有很多的优点,但也存在一定的局限性。首先,大多数高校的专家年龄都较大,他们对教育知识的理解比较深,也有丰富的教学经验,但是他们对新事物的接受比较慢,对一些年轻教师新奇的授课方式不认同,这样往往会挫伤年轻教师的积极性。其次,在很多时候,专家只能抽样对教师的教学行为进行分析,所得出的评价结果具有一定的局限性。再次,由于聘请专家进行评价的花费较大,专家的人数较少,他们要负责的评价项目、人数却比较多,而且专家不可能对每门学科都很熟悉,再加上评价时间比较短,因此他们的评价可能不够全面。由于学科性质的不同,专家不可能对每个学科、每门课程都很熟悉,他们也不可能对所有的教师进行系统考查。因此,专家难以对每个教师都做出全面的、科学的评价。专家的责任不是告诉教师教学是什么,而是对教师无法清晰表达的疑惑和问题做出回答。不可否认,教育理论专家具有较高的理论知识,但是,如果教师无法将专家的理论知识运用于实践中,无法在课堂上体验到这种理论知识所带来的成效,那么它就不能促进教师教学能力的提升和教师的个人专业发展。这样的事实决定了他们只能是教师评价的合作者。在教师评价中，他们和教师是一种平等的关系，只有教师、教育理论专家和其他的评价主体相互合作，才能使评价取得更好成效。

第二节 教学型高校教师评价主体的区分

一 不同对象的评价主体差异

教学与科研是教学型高校的主要工作，通过对教师的评价，教师与管理者可以实现持续有效的沟通，从而促进教学型高校目标的实现，并使教师得到全面的发展。教师评价活动是完善教师全面管理的一个主要方式，也是提升高校教育水平的重要手段，因此评价主体的选择尤为重要。不同的评价主体对被评价教师观察的视角、评价的方式、思考的深度等各不相同，从而使其评价结果的有效性及使用范围不尽相同。区分性教师评价主体的选择通过承认教师之间的差异以及评价主体的优势和不足来进行有差异的评价。[①] 本书选择高校教师评价领域的专家为咨询对象，将教学型高校教师区分性评价主体制成专家咨询表，采用网络问卷的形式发送给专家，请专家依据个人的知识及经验，从各种评价主体中选择三个他们认为对不同类型高校教师最为重要的评价主体。这些专家来自广西、浙江、河南、安徽、湖北、重庆等地区的高校，长期在人事处、教务处、科研处和教师发展中心从事教师评价管理工作或专门从事教师评价相关研究工作，具有丰富的理论知识和实践经验。通过隶属度分析，可以综合多个专家的意见，在一定程度上消除单个专家的主观偏差，删除一些专家们普遍认为的重要性不高的评价指标，提高评价主体的客观性和有效性。笔者共发放专家咨询问卷 100 份，回收问卷 95 份，其中，对教师区分性评价有一定了解的专家咨询问卷 72 份，这里

---

① 李应军、荆玉梅：《教学型高校的特点与教学型高校学生工作》，《高等农业教育》2007 年第 3 期。

以这 72 份对教师区分性评价有一定了解的专家咨询问卷为样本进行统计分析。专家咨询结果的统计分析如表 4-1 所示，通过专家咨询结果的统计分析，发现不同类型教师的最佳评价主体（见表 4-2）。

表 4-1　　　　专家选择的不同类型的评价主体统计表　　　　（人）

	新手型	适应型	成熟型	专家型	问题型
教师本人	22	18	28	28	13
直接领导	32	17	11	7	25
同行教师	55	61	50	43	45
督导	42	42	33	29	36
学生	46	56	49	49	44
专家	15	19	36	47	41
家长	3	2	6	5	3
其他	1	1	3	8	9

表 4-2　　　　教学型高校教师区分性评价主体选择表

教学型高校教师的类型	适合评价主体	较佳评价主体
新手型教师	学生评价、同行教师、督导、直接领导、教师本人、专家	以同行教师、学生、督导评价为主
适应型教师	学生评价、同行教师、督导、直接领导、教师本人、专家	以学生评价、专家评价为主
成熟型教师	学生评价、同行教师、督导、教师本人、专家	以学生评价为主
专家型教师	学生评价、同行教师、督导、教师本人、专家	以自我评价为主
问题型教师	学生评价、同行教师、督导、直接领导、专家	以同行教师、专家评价为主

（一）新手型教师评价主体的选择

新手型教师在开始教学生涯的时候充满激情与活力，接纳事物的能力强，但由于其教学经验不足，在教学和科研业务上比较生疏，他们通常找不到自己的定位，其教学方法也比较固定，不能有效解决教学活动中所遇到的种种实际问题。新手型教师学科知识不完备，对教材内容的掌握不精熟；教学经验欠缺，实践知识积累较少；教学方法重模仿，缺少灵活性和创造性；教育研究能力不足，探究意识和反思能力不强。这时候，他们特别需要大量的帮助，以使他们尽快适应和成长。新手型教师需要专家对其进行专业性的指导及同行教师对其进行经常性的指导，并提出相关的意见和建议，让其逐渐找到自己的教学定位和教学方法。

新手型教师由于刚进入教师行业，在教学策略方面时常会受到限制，他们只掌握基本的教育理论知识，缺乏相应的教育实践性知识和技能，容易出现各种状况。他们刚入职，其主要任务是熟悉教学环境、教学过程、教学任务以及掌握基本的教学方法并能熟练处理课堂上出现的各种问题，此时，同行教师是他们最好的选择。同行教师同样经历了作为新手型教师时的困惑、迷茫，比较了解他们的需求。同行教师在教学中已经积累了比较丰富的实践性知识，能够在教学业务上传帮带，及时解决教师所遇到的问题。特别是在处理学生问题和班级管理问题方面，同行教师在一边教学一边摸索中学到了行之有效的方法。新手型教师在教学过程中随时接受同行教师的帮助和指导，使他们可以绕过许多弯路，更快走向成熟。而且同行教师与新手型教师的日常接触较多，有较多的机会与他们进行交流，对新手型教师的性格特点，所存在的问题也比较了解，因此能给他们及时的、经常性的评价及建议。

（二）适应型教师评价主体的选择

适应型教师在教学方面已经达到了高校的基本要求，但还有很多可以提升的空间。他们努力寻找各种途径来提升自己，渴望成为经验丰富、教学方法运用娴熟、教学效果良好的教师。适应型教师主要以学生评价和专家评价为主。适应型教师已经掌握了一定的教学技能和教学方法，也基本熟悉了教学的各个环节，同行教师有针对性、日常性的评价已经不能满足其需求了。

学生作为教育消费者，他们对教师的教学方法和策略感受最为深刻。① 并且由于学生评价收集的信息比较广，能使适应型教师比较全面、及时地找到自己的不足。由于适应型教师对教学的各个方面都处于适应阶段，他们不断适应专业的发展，以找到适合自己的教学方法，使理论知识能够在课堂实践中灵活运用，从而提高自己的教学水平。而督导对于受评教师的教学方式、内容、效果以及重难点等的把握是否准确则一目了然，因此，督导评价使适应型教师可以更全面、清晰地看到自己的缺点。

（三）成熟型教师评价主体的选择

成熟型教师在教学各个方面的发展都已经比较成熟，丰富的教学经验、独特的教学风格和教学理念、熟练的教学技术，使他们能够对课堂进行有效的监控，解决问题的效率也比较高。然而，他们在专业知识的掌握方面仍不够完善，且其处于职业发展的"高原期"，具有一定的职业倦怠感。对成熟型教师的考核主要注重对其课程的考核，因此成熟型教师主要以学生评价为主。学生评价比较直接，能够根据教师的课堂教学行为，直接反映教师教学方式所带来的效果。成熟型教师的分析能力和反思能力比较强，而且成熟型教师已经表现出对学生群体的重视，因此他们可以通过分析学生的评价，判断自己在哪些方面可能没有达到要求，或者不受学生的欢迎，他们能够使学生评价的结果得到充分利用。

（四）专家型教师评价主体的选择

专家型教师在教学各个方面的发展都已经成熟，他们拥有丰富的专业知识储备及丰富的教学经验，这些使他们能够高效完成工作，对问题的洞察力也很强，能够快速有效地解决问题。这时的专家型教师已经不需要其他专家进行评价了，因为他们本身就是专家，各方面的发展都相当完善，此时主要以360度评价为主。专家型教师经过教师成长的各个阶段，各方面的发展已经比较完善，是其他教师渴望成为的类型，因此

---

① 陈伟民：《学生评价教师教学质量的若干问题思考》，《广东工业大学学报》2007年第4期。

只有专家型教师自己才比较容易看到自己的不足,而且专家型教师对自我的认知及自我的分析能力也比较强,比较适合进行以自我评价为主的360度评价。通过以自我评价为主的360度评价,专家型教师能够总结出自己教学过程中的经验和不足,同时增强专家型教师的自我开发和自我约束的意识。在评价专家型教师时,应当注重对其课堂教学的每一个环节的评价,因为专家型教师的授课过程对一般教师的发展具有一定的借鉴和指导作用。而管理者评价的权威性和影响力,会促使专家型教师的教学方法、教学技能得到更多人的借鉴。

(五)问题型教师评价主体的选择

问题型教师在各方面的发展都很难得到肯定,在生活和工作上缺乏自信,其教学能力和教学效果比较差,解决问题的能力弱。因此,需要各方面的力量引导其找到正确的方向,帮助其克服困难,使其尽快走出困境,达到高校的教学标准。问题型教师的评价主体主要以专家和同行教师评价为主。问题型教师自我认知和自我分析的能力弱,并且处于困境中的他们有一种焦急困惑情绪,不能对自己做出客观实际的评价。因此,自我评价不适用于问题型教师。[1] 问题型教师是处于困境中的教师,即处于生活或者工作的困境中,评教专家对问题的洞察力比较强,能够比较清楚地看出问题型教师所存在的问题,通过认真分析评价,能给他们提出适当的建议,有利于他们尽快走出困境。[2]

二 区分性评价主体选择原则

在教师评价工作中,评价主体与评价内容是否匹配,评价主体是否真正了解和掌握教师评价的方法及要求等问题都对教师评价起着重要的作用。教师评价主体选择的一般原则是:评价主体所评价的方面必须基于他们所了解的内容和掌握的情况;评价主体对所评价的教师岗位的工

---

[1] 李丰生、周景坤:《教学型高校教师区分性绩效评价主体的选择研究》,《广西师范学院学报》(哲学社会科学版)2016年第7期。
[2] 李丰生、周景坤:《教学型高校教师区分性绩效评价主体的选择研究》,《广西师范学院学报》(哲学社会科学版)2016年第7期。

作内容有一定的认识和了解①；评价主体的选择要有助于学校教育教学管理目的的实现。

教学型高校主要以教学为中心任务，重点在于培养学生的应用及动手能力，所以教学是教学型高校的主要活动，高校的主要工作就是做好教学工作。教学型高校教师评价主体选择的原则有以下几个方面。

（一）公平性原则

教学型高校的教学活动具有多样性，在教师的评价过程中，根据不同的教师类型，评价主体也具有多样性。②评价的主体各有特点，评价的最后结果受到评价主体的直接影响。因此，评价主体的选择既要兼顾教师的个体差异，又要得到被评价教师的认可。评价主体选择的公平原则主要指在具体的评价过程中要充分体现评价双方的权利和利益。因此，在选定评价主体时，应结合相关部门和教师的意见，充分考虑评价主体与被评价教师之间的利害关系，尽量避免出现利益冲突。同时，被评价教师应当有权利知道选用哪一种评价主体，并拥有对最终评价结果的知情权。③

（二）高效率原则

高效率原则主要体现在评价主体能在较短的时间以及有限的资金范围内，总结出对高校管理、教师水平的提高等具有实际意义的评价信息。每一类教师都有其长处和短处，相同地，每一种评价主体也有自己的优势和不足，在选择评价主体时，应充分考察评价主体的优势，尽量避免评价主体的不足，这样才能对教师做出高效率的评价。另外，评价主体能否高效率地完成教师评价活动，还取决于高校的环境因素，主要包括高校可利用的资源、文化背景、教学特色、管理方式等，因此，只有充分考虑这些因素，才能保证评价主体高效率地完成评价工作。

---

① 李丰生、周景坤：《教学型高校教师区分性绩效评价主体的选择研究》，《广西师范学院学报》（哲学社会科学版）2016年第7期。

② 李丰生、周景坤：《教学型高校教师区分性绩效评价主体的选择研究》，《广西师范学院学报》（哲学社会科学版）2016年第7期。

③ 李丰生、周景坤：《教学型高校教师区分性绩效评价主体的选择研究》，《广西师范学院学报》（哲学社会科学版）2016年第7期。

（三）针对性原则

针对性原则主要体现在针对各种教师类型、评价目的等选择具有针对性的评价主体。在选择教师评价主体时，应当根据不同类型教师的特点，对教师进行分类，并根据不同类型教师的特点，选择区分性的评价主体。不一样的评价主体所具有的评价价值也不尽相同，有的评价目的是出于帮助教师成长的需要，有的是管理者为提高高校管理水平的需要，有的是教师晋级、提高薪酬的需要，只有结合教师评价的目的，才能充分发挥评价主体的优势。因此评价主体的选择还应当根据评价目的的不同进行。[①]

三 区分性评价主体重建路径

教师评价随着社会的发展而不断变化，因此，对教学型高校教师进行区分性评价时，需要关注以下几个方面的问题，从而在动态发展的环境中实现评价结果的客观性和准确性。

（一）多种评价主体相结合

目前，许多教学型高校在进行教师评价时，都选择学生作为单一的评价主体。但由于学生在各方面的发展还不成熟，仅以学生作为评价主体，只能对教师的教学态度、授课内容以及授课方式等进行主观的评价，对其他方面如教师的教学目标与任务是否明确、教师处理课堂以外事务的能力如何等都不能进行全面的评价。事实上，只通过单一的评价方法所得到的评价信息的有效性和可靠性都比较低。高校的教学工作具有较高的挑战性和创造性，其教学是一个复杂的过程，应当从多个角度对教师进行评价。因此，应当根据不同的教师类型，有针对性地选择多种评价主体，充分发挥评价主体的优点，避免或克服其缺点，从而使评价结果更加客观、全面。

---

① 李丰生、周景坤：《教学型高校教师区分性绩效评价主体的选择研究》，《广西师范学院学报》（哲学社会科学版）2016年第7期。

（二）充分尊重教师的个体差异

我国对教师所进行的评价工作，主要是通过学生成绩和科研业绩等指标来评价教师的专业发展水平。然而，由于教师个性特征、教学背景、教学学科、教师的级别以及专业水平不同，他们在教学技能、工作习惯、职业素养等方面存在较大的差异。因此在评价时，应充分尊重教师的个体差异，针对不同类型的教师运用不同的评价主体，对教师的工作进行全面、持续的评价，以实现每一位教师的发展。如新手型教师群体积极进取，而成熟型教师或者专家型教师由于年龄及经验等各方面的原因，则表现出沉着老练的特点，不能因此认为新手型教师各方面都优于这两种类型的教师。[①]

（三）突出教师的主体地位

高校的类型以及教师的类型不同，决定了它们所肩负的使命是不一样的，所以，高校领导者在制定评价标准和计划时，应与教师进行有效的协商，通过平等的交流与沟通，确立有效的评价标准和计划。目前，许多高校仅把评价当成是一种形式或者是对教师进行管理的一种手段，而忽视教师在评价中的主体地位。评价的结果不仅有利于提高教师工作的主动性，也能使教师对自己的课堂教学进行反复思考，并加以完善。因此，应当让被评价教师与其他教师就评价结果进行更多的积极沟通和交流，在使教师逐渐认清自己的不足的同时也乐于改进自己的不足，从而促进教师的可持续发展。

（四）注重相关信息的收集

信息的收集工作对教师区分性评价是至关重要的，其收集的信息是否科学全面决定了教师区分性评价结果的科学性和全面性。在高校教师的区分性评价中，信息的收集贯穿于评价的每一个阶段。对教师进行区分性评价时，不仅要注重对被评价教师以及评价主体信息的收集，也要注重对评价方式方法、评价时间等信息的收集。信息的收集主要通过相

[①] 李丰生、周景坤：《教学型高校教师区分性绩效评价主体的选择研究》，《广西师范学院学报》（哲学社会科学版）2016年第7期。

关的书面资料、口头交谈、实地观察等多种途径进行,从而发现那些细微而富有价值的信息。

(五) 完善配套制度建设

选择区分性评价主体,还要有相关配套制度体系作为保障。其重点在于选择具有针对性的评价指标,教师评价指标的选择应当针对不同类型的高校、不同的评价目的以及不同类型的教师加以确定,只有这样才能使教师评价主体的选择更具有针对性。针对教学型高校,评价指标应当主要关注课堂教学的具体过程,从而根据教学过程建立相应的评价指标。评价目的各有不同,应当根据不同的评价目的具体选择相应的指标。而针对不同的高校教师类型,也应当根据教师的特点来选择有针对性的评价指标。如针对高校的新手型教师,由于其刚从事教育工作,教学经验不足,在教学及社会服务方面的能力相对薄弱,因此在绩效考核时,应当把考核的重点放在其教学态度上。随着其教学经验的不断积累,而不断变更相应的考核指标。评价指标的差异性选择,可以使评价结果更具有说服力,同时也可以促进教师的自我完善。

高校教师的评价是一种具有价值取向的活动,根据不同教师类型的特点选择具有针对性的评价主体,不仅能提高教师评价结果的实用性,同时也促进了教师的全面发展。教学型高校教师区分性评价主体的选择在实际运作中仍处在探索阶段,虽然区分性评价的理论和实践研究具有一定的基础,但还不够成熟,还没有一个公认的、比较系统的理论模式,因此,对教学型高校教师区分性评价主体的选择仍需要不断完善。另外,在具体的评价活动中可能会出现许多不可预见的问题,只有解决好这些问题,才能更好地实现区分性评价的公平性和准确性。[①]

[①] 李丰生、周景坤:《教学型高校教师区分性绩效评价主体的选择研究》,《广西师范学院学报》(哲学社会科学版)2016年第7期。

第三节　评价主体心理误差及调控

高校教师评价的有效性和可靠性，不仅取决于评价的方法，而且受到许多因素的影响，其中特别重要的因素是评价人员和教师的心理状态。在教师评价中，评价人员由于兴趣爱好、团体利益、评价能力、评价角度等方面存在较大的差异，他们在评价的过程中，在心理和行为中会自觉或不自觉地出现偏差，导致评价结果的误差。降低在评价过程中所出现的各种心理弊障的影响，有效提高教师评价的效度和信度，有着非常关键的作用。[①]

一　在评价过程中出现的心理障碍

在教师评价工作中，较为常见的心理误差有晕轮效应、首因效应、偏见效应、近因效应、暗示效应、刻板效应、情感效应、趋中效应。

（一）晕轮效应

1. 概念界定及其表现

晕轮效应又称成见效应，是指人们对事物或他人的某种印象影响对其整体评价的现象，是一种典型的以点带面、以偏概全的认知偏见。这种心理"成见"妨碍着人们评价和知觉客体的真正特点和体现。在教师评价中，评价主体过分关注被评价教师所重视和关注的某些因素，忽略评价对象的其他行为、品质或特征等评价因素。晕轮效应容易将被评价教师的喜恶放大，在教师评价活动中会使评价结果出现很大的误差。其一，出现以差概好的"扫帚星效应"，即如果评价主体对被评价教师的某一方面有了较差的印象之后，他们会把其他不属于被评价教师的缺点也加在其身上，而忽略该教师其他方面的优点；其二，出现以好概差的"晕轮效应"，即由于对被评价教师的某一方面产生了好感，进而把

---

① 周景坤、胡永政、方锋：《高校教师测评中存在的心理弊障及其对策研究》，《惠州学院学报》（社会科学版）2006 年第 4 期。

这种好感放大到其他方面，忽略其存在的缺点和不足。由于晕轮效应的存在，评价主体往往容易对被评价对象产生成见或偏见，从而使评价结果产生极大的误差。

2. 应对措施

在教师评价活动中，要减少和避免晕轮效应误差，就需要采取一定的方法和措施帮助评价主体克服这一心理问题。先要提供全面准确的评价材料。在教师评价中，评价主体产生晕轮效应心理误差的主要原因，是被评价主体在评价之前没有提供全面准确的评价材料。因此，全面准确地向评价主体提供与考评内容有关的被评价教师的材料，便成为减少和避免评价主体形成晕轮效应误差的一项重要措施；科学运用评价方法。要减少和避免教师评价中的晕轮效应误差，就不能采用简单的投票方法，而应该运用科学合理的考评方法；加强对评价主体的培训。如在教师评价前，要对评价主体进行统一的培训，指导他们熟悉和明确评价的程序、标准、内容以及相关的技能，要求他们严格按照评价标准做好评价的各项工作，对评价内容要逐一思考，切不可模糊笼统，评分时要冷静思考，不可操之过急等。

（二）首因效应

1. 概念界定

首因效应是指由于对被评价者的第一印象影响以后的评价结果而出现的心理误差。比如"以貌取人"现象。当评价主体第一次与被评价教师接触、产生认知时，第一印象会左右人们对他以后的一系列行为做出解释。第一印象体现为一种优先效应，只重视前面的信息，而忽视后面的信息，容易使人的认知产生表面性，甚至"以貌取人"。不同的评价主体对被评价教师的印象存在着很大的差异性，这样的心理误差会对评价结果产生很大的影响。

2. 应对措施

在教师评价中，首因效应误差的产生主要是评价主体通常会根据最初所获得的印象做出结论。第一次印象是难以改变的，它会使人的认知带有一定的表面性。在教师评价中，要减少和避免首因效应误差的产生，就必须严格要求评价主体按照既定的评价标准和评价内容，全面、客观、实事求是，不以貌取人，不能仅凭第一印象就对教师做出或高或低的评价。而是要深入调查，坚持以实事为评价依据的原则，公正合理地对教师做出评价。同时，被评价教师平时也要注重仪表风度，与人交往时要落落大方；注意言谈举止，尽量给人留下好的印象。

（三）近因效应

1. 概念界定及其表现

近因效应是指在教师评价中，评价主体与被评价教师最后一次见面时所留下的印象会在对方的脑海中存留很长时间。它是指一种在获得时间上距离最近的信息所形成的印象，对人的社会认知具有强烈影响作用的心理现象。近因效应很容易导致考评结果误差。如一位教师在以前的10个月里都有着优秀的业绩，但在最近的2个月里表现不佳[1]，这可能会使10个月的优异表现付之东流，到头来成绩比应得的要低。

2. 应对措施

提供全面的工作业绩和行为材料。在评价时，要向评价主体提供被评价教师全面的工作业绩和行为材料，使其能够在评价过程中充分考虑到教师整个时期的工作表现，减少和避免近因效应误差的产生；指导评价主体全面、客观地分析被评价者的考评材料。在教师评价中，即使向评价主体提供了全面的工作业绩和行为材料，也不能保证评价主体会认真、细致、全面地分析被评价教师的考评材料。因此，除了要向评价主体提供被评价教师全面的考评材料外，还必须要求评价主体全面、客观地分析被评价教师的考评材料，并且确保评价主体能够根据全面的工作业绩和行为材料进行综合评价等；做好被评价教师的行为表现和工作绩效的书面记录。在教师评价工作中，向评价主体提供全面的工作业绩和行为材料是减少和避免近因效应误差的前提条件，而要保证这一点的实现，就要在评价的过程中，做好记录工作，尽量减少和避免近因效应误

---

[1] 周景坤、胡永政、方锋：《高校教师测评中存在的心理弊障及其对策研究》，《惠州学院学报》（社会科学版）2006年第4期。

差的产生。

（四）偏见效应

1. 概念界定

偏见效应误差是人员在评价活动中出现的一种最严重的错误。偏见是一个社会心理学概念，它是指对某一个人或者团体所持有的一种不公平、不合理的消极否定态度。偏见效应误差是指在教师评价活动中评价者由于受到某种偏见的影响而对被评价者做出低于或高于实际情况的评价所产生的误差。它是由各种错误的思想意识所造成的，如论资排辈、平均主义、求全责备、嫉贤妒能、吹毛求疵以及学术偏见等，这些常常在人员考评活动中起着严重的消极作用。由于被评价者的一些差异，如年龄、外貌、地位等的差异往往会导致评价结果与实际水平有较大的偏差。从部分高校对教师评价实践来看，评价结果在某种程度上受到教师非教学因素的影响，如年龄大的教师的得分往往比年轻的低；相貌好的教师的得分比相貌一般的教师高；担任领导职务的教师得分比普通教师高等。[①]

2. 应对措施

帮助评价主体纠正偏见。在教师评价中，偏见效应的产生，一方面是受深刻的社会因素的影响，另一方面是评价主体个体心理因素的作用。因此，要帮助评价主体纠正思想中的偏见；正确制定具有控制偏见影响力的评价标准。在教师评价工作中，可以根据不同年龄阶段、不同职业生涯发展阶段的教师制定出适合不同教师的评价标准，以控制论资排辈这一偏见对教师评价的作用和影响；采取强力措施保证评价标准的执行。在教师评价中，若所制定的评价标准能够得到有效执行，就能排除偏见效应的影响，得到比较客观、公正的评价结果。因此，对于评价主体在评价中容易产生的偏见效应，可以规定，对没有按照要求行事的评价主体，其所做出的评价结果不予承认等。

[①] 周景坤、胡永政、方锋：《高校教师测评中存在的心理弊障及其对策研究》，《惠州学院学报》（社会科学版）2006年第4期。

（五）暗示效应

1. 概念界定及其产生原因

暗示效应也是一种容易造成人员考评误差的心理因素。暗示效应是指一个人的语言、表情和行动有时能够通过暗示使他人不加批判地接受或照办，并且迅速地引起相应的心理和行为反应的心理现象。在教师评价中，考评者很容易接受其他考评者，特别是领导或具有权威身份的人的暗示，盲目地附和他们的意见，从而形成或者改变自己原来的看法。[①]

例如，在教师评价的过程中，如果领导说："在座的评委们都是有丰富经验的，我没什么好说的，据我了解，某某教师的业务水平很不错，能力很强，我就不多说了，请各位评委评价打分吧。"这样的讲话就有暗示的意思，也可能是无意的指示。言者无意，听者有心，其他的评价主体会领会领导的意思，因而对这位领导所提的某某教师的实绩评价就会偏高，造成误差。

2. 应对措施

在教师评价中，能够引起暗示效应的因素包括言语、行为、外部的环境等，这些因素会诱导人们的思维，并出现与之相一致的评价结果，要防止教师评价中暗示效应的产生，不仅要使评价主体认识到暗示效应对评价活动所产生的危害性，还应该开展培训，加强对评价主体的思想道德教育，鼓励他们树立独立思考、敢于坚持自己正确意见的精神。从主观方面讲，暗示效应产生的主要原因，是被暗示者性格的独立性水平较低。因此，在教师评价工作中，一定要善于启发和鼓励评价主体独立思考，敢于坚持自己的正确意见[②]，对教师的评价要客观公正，不轻易受他人的暗示所影响；在教师评价中，采取身份地位颠倒顺序的发表意见的方法。

心理学研究表明，身份地位高的人对身份地位低的人的暗示作用大，而身份地位低的人对身份地位高的人的暗示作用小。[③] 在很多高校

---

① 洪波：《人员考评的心理误差与对策》，《湖北教育学院学报》2005年第2期。
② 洪波：《人员考评的心理误差与对策》，《湖北教育学院学报》2005年第2期。
③ 洪波：《人员考评的心理误差与对策》，《湖北教育学院学报》2005年第2期。

的教师评价会议上,通常是学校上级领导或具有一定权威、地位的人物率先发表意见,然后其他身份地位较低的考评者,比如同行教师等才能发表自己的意见和看法。上级领导和权威人物的发言对后者的发言所产生的暗示作用是巨大的,甚至会作为教师的评价结果。为了纠正这种偏差,可以先让身份地位低的评价者发表自己的意见和看法,再由身份地位高的评价者发表意见并进行总结,这样,可以在一定程度上减少教师评价中暗示效应误差的产生。还可以运用每个评价主体独立进行书面评定的方法。在教师评价时,要求评价主体独立对被评价教师进行书面评价,并且严格要求评价主体不得进行讨论,也不允许相互交换意见,而是独立完成对教师绩效的评价工作。采取这样的评价方法可以从根本上杜绝人员考评暗示效应误差的出现。

（六）刻板效应

1. 相关概念

刻板效应是指对某类人或某人产生的一种比较固定的、类化的看法。如一些比较年老的评价主体一般认为年轻人上进心强,敢于创新,但缺乏经验、容易冲动、做事不可靠,而年轻的评价主体却认为年老的教师墨守成规,缺乏进取心,这些就是人们所形成的刻板的、固定的印象。在教师评价中,评价主体容易用这种定型的刻板印象去衡量被评价教师,没有充分掌握和了解教师各方面的信息,造成认知上的偏差,产生"刻板印象"偏见,严重影响评价结果的真实性。

2. 应对措施

在教师评价中,克服"刻板效应"的具体方法是:鼓励评价主体善于用"眼见之实"去核对"偏听之辞",有意识地重视和寻求与"刻板印象"不一致的信息;深入教师群体中,与群体中的成员广泛接触,并重点加强与教师群体中有典型化、代表性的成员的沟通,不断检索验证原来"刻板印象"中与现实相悖的信息,最终克服"刻板印象"的负面影响而获得准确的认识,做出更加客观、公正、合理的评价。[①]

[①] 杨皎蕾:《刻板效应——对人对事的固定看法》,http://blog.sina.com。

（七）情感效应

1. 概念界定及其表现

情感效应是指在教师评价中由于评价主体和评价客体因感情的亲疏关系而导致评价结果失真的现象。情感是人的一个基本心理活动，是维护人与人之间关系的桥梁和纽带，它反映着人与人之间不同的利益关系。首先从性质上讲，这种感情关系有好坏之分。[1] 一些评价者在对教师进行评价时，并非考虑评价本身，而往往考虑评价结果可能对教师、自己所产生的影响。有的和被评价教师关系密切或对某门课程感兴趣等，容易对教师做出偏高的评价；而对于那些与自己不怎么熟悉，又不喜欢的课程则给予较低的评价。[2]

2. 应对措施

采用"匿名评价"方法。匿名评价能够从根本上防止感情效应误差的产生，因此，在教师评价工作中，要尽可能以匿名评价方式对教师进行评价；制定刚性的评价标准。在进行教师绩效考评工作时，应该尽可能根据考评的内容制定出刚性的考评标准，同时辅之以"去掉明显不符合考评标准的评定意见"的规定，从而有效防止感情效应误差的产生；帮助评价主体形成公正无私的待人处世态度。必须加强对于评价主体的思想品德教育工作，切实提高他们的思想觉悟和道德水平，从而使得他们在教师评价活动中能够自觉地做到大公无私、坚持原则、不徇私情、客观评定。[3]

（八）趋中效应

1. 概念界定

趋中效应是指错误地将被评价主体划分为接近平均或中等水平，以避免出现即使有正当根据的过高或过低考评结果的错误。当趋中效应发

---

[1] 黄永忠：《试论教育评价主体的心理误差及调控》，《绵阳师范高等专科学校学报》2001年第9期。

[2] 周景坤、胡永政、方锋：《高校教师测评中存在的心理弊障及其对策研究》，《惠州学院学报》（社会科学版）2006年第4期。

[3] 洪波：《人员考评的心理误差与对策》，《湖北教育学院学报》2005年第2期。

生时①，尽管被评价教师的实际工作绩效差别很大，但是评价主体往往对所有教师均以平均或接近平均的得分结束考评，进而不能辨别哪个是最佳或最优的工作者。不从实际出发，撇开两头，取中间状态进行评价，不好也不坏。比如，如果评价等级是从第1等级到第7等级，若避开较低的等级（第1和第2等级），把大多数教师简单地评定在第3、第4、第5这三个等级上，就是发生了趋中效应。② 这种过于集中的评价结果会使教师评价变得扭曲，从而掩盖特别好和特别不好之间的差异。在教师评价中，不同的评价主体所掌握的评价标准不一，若将所有的被评价主体的评价结果都集中在"中等"这一等级上，则无法区分出被评价主体的优劣。趋中效应与教师评价区分好坏和优劣的目的背道而驰。造成趋中效应误差的原因主要有：评价主体不愿意做出"极好""极坏"之类的极端评价；评价主体与被评价主体接触的时间太短，对他们不够了解，所掌握的信息不对称；评价主体对评价工作缺乏信心；评价要素不完整或评价方法不明确等。从理论上说，如果不同的评价主体掌握一样的评价信息，那么对于同一个教师的评价结果应该基本一致。而在实际的评价实践活动中，由于领导、同事、自我、学生、专家对被评价主体的绩效拥有不同的信息，并且他们对信息的加工过程也不大一样，因此，他们对于同一个教师的评价结果相差甚远。

2. 应对措施

为克服这类偏差，评价主体应在平日多与被评价主体沟通和交流，在必要时可以适当延长评价的考评期。了解教学评价原则，明确评价指标体系及各级指标权重。这样，在教师评价的过程中才便于衡量对照，克服"好人主义"、平均主义和嫉妒心理，坚持用客观、公正的原则进行评价。在必要时可采用常态分配评价法，具体规定好、中、差的名额

---

① 赵旭玲：《电力企业保险经纪公司部门考核体系研究》，硕士学位论文，华北电力大学，2014年。

② 周景坤、胡永政、方锋：《高校教师测评中存在的心理弊障及其对策研究》，《惠州学院学报》（社会科学版）2006年第4期。

或比例，进行科学的对比。① 或者采用排序法来减少或避免该问题的产生，因为如果每个人都排成序列，就不会再有所谓的"平手"了。同时还应该加强评价主体的信心，鼓励他们，对待评价工作要充满信心。

二 克服评价主体心理障碍的路径分析

评价主体的心理误差不仅会使评价结果缺乏科学性、准确性和客观性，还会影响教师评价的诊断、激励、导向功能，严重背离以评促建的根本目标。为了能真实地反映教师绩效，消除由于心理弊障所引起的评价过程中的偏差，应该从理念培育、技术指导、制度完善等多个方面进行系统考虑。

（一）树立正确的评价理念

造成高校教师评价各种心理弊障的主要原因之一是对教师评价的目的缺乏足够的认识，认为教师评价只是走形式，应付了事，或认为教师评价只是对教师的监督管理，从而出现在评价中以亲疏关系来打分的现象。② 因此，评价主体要明确评价不仅是为了奖惩，而且是要帮助教师调整抵触情绪，分析教师的实际工作表现，寻找其工作中的不足，为其发展提供培训指导，调动他们的积极性，进而提高其绩效，最终实现提高教学质量的目的。③

应挑选责任心强，政策水平高，组织能力及人际协调能力较强，并有一定教育理论水平和教育实践经验，掌握现代教育评价技术的有关人员组成评价组。评价组成员要在专业、能力和个性等方面进行搭配，力求合理平衡。这样，评价的结果才能得到教师的认可和接受。可以通过观看录像带、小组讨论和借助计算机辅助等形式进行评价技能培训，帮

---

① 刘海立：《浅谈教师评价中的常见误差及对策》，《中等医学教育》2000年第6期。
② 周景坤、胡永政、方锋：《高校教师测评中存在的心理弊障及其对策研究》，《惠州学院学报》（社会科学版）2006年第4期。
③ 刘银花：《高校教师课堂效果评价中的主要影响因素及对策分析》，《云南财经大学学报》2004年第19（4）期。

助评价主体避免在评价中出现心理弊障，掌握评价方法，提高评价的能力。①

评价主体的心理误差是评价主体主观上发生的错误，规避心理误差最有效的方式是对评价主体进行培训，使他们了解各种心理误差产生的原因，从而有意识地尽可能避免各种心理误差的产生。

第一，强化评价主体的评价技能。要减少评价主体的心理误差，就要对他们进行评价指标设计、评价标准、评价程序②、评价结果反馈、心理障碍等方面的专门培训，使评价主体明确掌握评价的各个环节，切实熟练运用评价技术和方法，以降低评价主体可能产生的晕轮效应、刻板效应等心理误差。

第二，准确掌握评价的各种信息。评价主体由于没有掌握充分的、准确的评价依据会造成首因误差、近因误差等。通过培训评价主体，让他们准确掌握评价中所需要的事实依据，能够科学地记录和收集相关的评价信息，并学会与被评价教师进行沟通交流，尽量减少或规避上述心理误差。

第三，培训评价主体学会正确选择评价时间。在进行评价之前，要选择好评价时间，以保证不被其他事情或工作干扰。如果在评价的过程中受到干扰，等再回到评价上时，刚才在脑海中建立起来的评价方向可能会出现偏差，从而影响评价结果。另外，在选择评价时间时还要保证自己在评价期间的情绪比较稳定，因为评价主体的心情、精神状态都有可能影响评价结果的公正性。

(二) 加强评价制度建设

评价制度的完善对评价的有效性起着非常关键的作用。要规范管理设计评价的各个环节，如评价主体的权利和义务有哪些？评价活动开展的过程中应该有哪些具体行为规范？对违反准则的评价主体如何进行处

---

① 周景坤、胡永政、方锋：《高校教师测评中存在的心理弊障及其对策研究》，《惠州学院学报》（社会科学版）2006年第4期。

② 韩伟：《新课改背景下初中教师课堂教学发展性评价研究》，硕士论文，重庆师范大学，2012年。

置等。建立评价主体内部责任分担机制,将评价结果与评价主体的收入、奖惩等挂钩,增强评价主体的责任感,尽量减少由于心理因素而产生的误差。

同时,如果没有申诉制度、反馈制度等权力监督机制,就难以保证评价的可信度。从部分高校评价的现实情况来看,特别需要完善评价申诉制度、反馈制度和协助制定绩效改进制度等。反馈制度要求评价人员反馈评价结果,这样评价人员就会有意识地克服心理弊障,降低教师对评价结果的不公平感;申诉制度保证了如果教师对评价结果有不同意见,具有直接找相关监督者提出自己见解的权利,力求使教师接受认可评价结果,应强化监督机制,进一步监督评价人员的行为;协助制定绩效改进制度就是指管理者通过鼓励教师对评价结果提出反馈信息,根据教师评价的结果,确定教师个人的发展要求,并帮助其制定相应的改进措施,向教师提供指导、培训或自我发展的机会,从而促进教师教学水平的提高,进而实现教师评价的目的。①

公开性原则作为高校教师绩效评价的基本原则,不仅需要公开评价结果,还需要公开评价目标、评价内容和标准、评价过程。为了使评价结果令人信服,成功实现评价目标,必须提高评价的透明度。同时,教师不仅要在评价过程中接受上级管理人员的评价,而且要积极参与评价体系的完善及评价内容和标准的改进。一方面,随着教师参与改进和完善评价指标,教师将更加关注绩效评价,提高教师参与绩效评价的积极性;另一方面,由于这些指标直接由教师参与建立,教师作为评价主体和被评价主体会更加意识到自己如何做才能达到评价标准,促进了教师教育教学活动质量的提升。②

(三) 制定可行的评价方案

科学合理的评价方案是教师教育教学评价工作的指导标准,是保

---

① 周景坤、胡永政、方锋:《高校教师测评中存在的心理弊障及其对策研究》,《惠州学院学报》(社会科学版) 2006 年第 4 期。

② 周景坤、胡永政、方锋:《高校教师测评中存在的心理弊障及其对策研究》,《惠州学院学报》(社会科学版) 2006 年第 4 期。

证教师评价取得成功的基础。它既是教育教学评价主体必须遵循的基本准则，又是诱发评价主体在评价中产生心理误差的关键。因此，在制定教师教育教学工作评价方案时，要严格遵循基本的评价程序，方案中所制定的评价指标一定要明确、具体、可参照。对评价的每一环节都要有相关的具体说明，具有一定的可操作性；在评价中，要减少定性评价，尽量采用量化评价的方式对教师进行评价。同时，在方案的制定中，还要健全教育评价的监督、检查、调节机制，使有关人员能够随时掌握教师评价的整个动态过程，掌握教育评价主体的心理活动规律，能够充分运用对应操作、顺序换位、交换评定、角色换位、脱离审视、多次评定等方法来随时调控评价主体的心理状态，尽量减少和避免心理误差的产生，保证教师教育教学工作评价的科学、客观、准确和公正。

（四）加大教师自身的参与度

在评价工作中，为了转变教师对评价的态度，要扩大教师的参与程度。首先从评价方案的选择开始，为了让评价方案得到大多数教师的认可，需广泛征求教师的意见；其次，在指标体系的选择和设立时，可以请教师参与设计、讨论等。这样由于教师自身参与了评价指标的设计和方案的选择，对评价结果容易认同和接受，不会产生抵触情绪。当教师在某项评价指标上得分较高时，就会产生自豪感；而当某项得分较低时，则会积极主动地寻找原因，并努力改进。[①]

（五）合理利用评价结果

对评价结果的处理恰当与否，将直接关系到教师对评价的态度。评价人员应树立以人为本的理念，对于教师在评价过程中暴露出来的缺点，要给予指正，并帮助教师克服，而不应以挑剔、褒贬为主调；对于教师所表现出的成绩要给予肯定和鼓励，尤其是对教学改革和教学创新事物要充分支持，这样才能正确有效地反馈评价结果，使被评

---

① 姜凤华、侯中太：《教师评价的现存问题分析及应对策略》，《现代教育论丛》2003年第2期。

价主体消除过度紧张情绪，进而有效地促进其教育教学活动质量的提升。

总之，要消除教师评价的各种心理弊障，既需要教师提高认识，也需要科学系统的评价，还需要管理者本着以人为本的理念，理解教师，相信教师，鼓励教师，这样才能真正达到评价的目的。

第五章　教学型高校教师评价方法的区分

第一节　教师区分性评价方法的选择

任何评价方法都有其优缺点，适应于不同的情境，高校教师评价方法也不例外。各类教师具有他们自身独特的特点，也有与其匹配的评价方法。

一　常见的评价法

教师评价的方法有好几十种，比较常见的评价方法如下。

（一）教学日志法

教学日志法是指教师在教学过程中每天进行教学情况的记录，是通过教学日志主动对自己的表现进行整改的过程型评价方法。教学日志的特点有真实性、持续性、及时性及批判性。真实性指的是教师的日志必须是真实的教学感受；持续性指的是教师要每天坚持写日志，而非隔三岔五的偶尔记录；及时性指的是教师在完成授课后及时写下教学感受，这样能更加真实地记录教学灵感；批判性指的是教师对日志要进行客观评价，更好地提升自我。教师在日志中需要记录的主要内容有：课前的备课感想，比如课中教学的内容是如何展示给学生的；教学的情景，如课堂上是否能集中学生的注意力；教学的方法，如教学的预期效果跟课堂上的表现差异是否较大。教师教学经验不足，就无法得知自身的教学方法是否科学正确，通过教学日志的记录，可以使新手型教师有如下两个方面的提高：一方面，通过日记的反思，不断改进方法，可以积累教学经验；另一方面，通过日志的记录，可以在课后与其他资深教师交流，取长补短，相互分享学习方法，改善教学。

（二）教学档案袋评价法

教学档案袋评价法指的是评价者对某一时期内教师档案袋中的教学实际信息进行评价的方法。教师档案袋评价法的特点是，第一，教学档案袋设计的时间成本较高，它不像课堂观察法那样孤立于一个课堂上，而是教师在一段时间内的记录。它是一个教师这段时间里的成果。第二，教学档案袋的内容较为全面，主要包含教师和学生的作品。第三，教学档案袋评价法具有较强的结构性和目的性，因为它是根据相应的评价标准对材料进行收集，而不是杂乱无章地全部收集。教学档案袋评价法的应用首先要根据教师评价的标准制定档案袋收集的目的，然后再进行档案袋资料的长期收集，档案袋内容主要包含教师和学生两方面材料；最后在一定的时期内对材料进行归纳总结，写出总结报告，提交给督导者，获得反馈，再重新调整教学目标。[1]

（三）课堂观察法

课堂观察法指的是观察者利用有关的课堂记录辅助工具和凭借自己的感觉器官进入课堂，参与被观察者的教学，并对其教学情况进行记录，课后再根据相关信息进行评价的方法。课堂观察法有系统性、情境性、选择性、理论性四大特点。其中，系统性指的是观察行为有明确的目的和规划；情境性指的是进入教学现场进行第一手资料的记录；选择性指的是观察者围绕目的选择的记录方式及观察对象；理论性指的是观察过程、观察目的应该以一定的教学问题作为指导。

（四）反馈反思法

反馈反思法指的是教师通过自己或局外人的实践过程进行自我反思。这里的局外人指的是同级教师、上级领导和学生等除教师本人以外的其他人员。它的实质是帮助教师发现问题和解决问题。反馈反思法主

---

[1] 周景坤：《高校教师区分性绩效评价方法研究》，《教育探索》2025年第11期。

要有以下几个特点：第一，教师的主体性。教师对自己的教学情况进行自主反思，掌握自己的教学技能，能较为明智地进行自我评价。第二，自我批判性。教师进行自我反思，首先在一定意义上承认自己的教学是有缺陷的，是需要改进的，他们需要辩证地进行自我解剖、自我改进。第三，教学渗透性。教师的反思没有规定的时间、规定的格式，教师需要随时随地进行自我反思，反思应渗透在日常的教学活动中。第四，反思形式的多样性。教师可以根据自己的特点进行反思，没有统一的要求。[①]

（五）学生评价法

学生评价法指的是学生对老师的教学水平进行直接的评价。学生评价法的特点是：学生是教师课堂教学的对象，对于教师的教学方法、教学水平有更深的体会，也是教师教学效果的直接反应者。学生评价法的形式主要有两种。一种是学生与高校的评价组直接面谈。由教师所教班级推选出几个学生代表，每个月与评价组的教师面谈，从教师教学课堂纪律、教学风格、个人素养等方面进行相应的了解并记录，同时将结果反馈给相应的教师。另外一种是全体学生对教师的教学效果进行直接的评价，并对教师的教学提出相应的建议。

（六）PDCA 循环法

PDCA 是 Plan、Do、Check、Action 四个单词的简称。凡事预则立，不预则废。PDCA 循环法是设定目标，教师根据这个目标开展工作的计划、实施、检查以及处理的运行过程。评价标准是目标的完成情况。PDCA 循环法的特点是：强调以大目标为中心，在大目标的基础上分解出多个小目标，逐项按照设定的小目标去完成大目标；以人为本，教师完成目标存在较大的主动性及灵活性；强调以成果评价为重心，看重目标完成的效果。PDCA 循环法的具体实施过程有四个阶段：计划、实施、评价以及反馈。设计目标要准确，具有发展性，与高校发展相结合。计划阶段应加大宣传力度，在教师里形成一种为目标而努力的气

---

① 周景坤：《高校教师区分性绩效评价方法研究》，《教育探索》2015 年第 11 期。

氛。实施阶段要将具体任务落实到教师个人身上，并且每个教师都要明确目标完成的标准。各教师之间也需要充分讨论以更好地完成目标。评价阶段要按照定性定量标准，逐一对目标的完成效果进行客观、公平、公正的检验。反馈阶段要通过会议方式检查目标完成的情况。针对表现突出的教师给予肯定，并设法巩固成绩。针对不足之处，应该讨论采取哪种措施来改进。这四个阶段环环相扣，缺一不可，否则就会影响评价的效果。①

（七）教师自我评价法

教师自我评价法即教师根据评价原则，对照评价标准主动对自身的教学情况进行评价。教师对于自身的教学情况最为了解，也最为直接，教师对自己进行评价最为真切。其特点是教师通过自我评价，有利于认识自己、分析自己、发展自己。教师的工作富有创造性，工作量及工作贡献值不可度量，只有教师本人最为了解教师工作的内容。教师评价具有主观性，主要是教师自行评价，受自身主观因素的影响较大，每个教师衡量自身的标准跟其性格有一定的关系。教师评价具有民主性，教师对自身的评价不会受到太大的外界压力，更为民主。教师评价具有片面性，每个教师对自身评价的侧重点不同，可能为了获得更好的晋级机会还会出现掩盖自身缺点，报喜不报忧的现象。教师自我评价能够提高成熟型教师的反思能力，进一步反思自身的教学方法，提高教学能力。教师自我评价可以培养成熟型教师的创新意识。来自不同地方、不同家庭的学生的性格千差万别，教师自行反思、评价自我，能够发现如何在学生群体中差异化地与学生进行沟通交流，能更好地促进教学，提升自己的沟通创新能力。教师要在高校规定的时期内根据高校制定的标准进行自我评价、自我反思、自我改进。

（八）层次分析法

层次分析法是学校运用各种评价标准，根据多目标、多方面、多角度来设定教师评价的多个层次标准。它将教师评价内容划分为多个

---

① 周景坤：《高校教师区分性绩效评价方法研究》，《教育探索》2015年第11期。

层次，如成熟型教师可以把评价内容按照层次的权重关系划分为学科建设、学生培养、科学研究以及对校内外的服务性工作。层次分析法导向性强，根据各个指标设置权重，引导成熟型教师向专家型教师发展，明确教师发展的方向。各个指标的设定都是根据教师所处类型进行科学化制定，设置权重时分为定性与定量，更加考虑教师的个人发展。①

（九）目标合同评价法

目标合同评价法是指教师和学校方面共同协商，实现合同目标，从而推动教师专业发展与学校组织发展的一种评价方式。目标合同评价法具体有以下几个特点：第一，目标明确。只有目标明确才有统一的前进方向。第二，尊重教师。目标的制定要符合教师的发展实际，不可压抑偏离教师的能力发展轨道。第三，相互协商。目标的制定，要求学校领导和教师保持平等的关系，相互协商。第四，注重结果。只有注重目标合同评价法最后的工作结果验收，才能更好地进行评价。②

（十）教师个人述职评价法

述职评价法是由教师作述职报告，把其教学完成情况、教学效果、教学成果、个人成长等反映在报告内的一种评价方法。其特点是：专家型教师处于职业生涯的顶峰，并逐渐处在教学生涯的后期，可能会面对离职这种情况，因而对于其职业生涯中所积累的教育经验的传承尤为重要。教师个人述职评价即是对自己工作的一种回溯，是对于教学的一种反思，教师撰写个人述职评价不仅能够升华自身的教学技能，还能分享教学经验。在撰写中反思，在反思中重构自我。当教师处于马斯洛需求层次的顶峰，即自我实现层次时，他们会热爱教育事业，并且专注于事业，将教育大事当成自己终身的追求，并且把教育当成一种乐趣，同时渴望分享自己。所以在写个人述职报告的时候，可以记录自己的科研成果，反思自己的教学科研成果是否对教育产生了影响。反思自己的教学

---

① 周景坤：《高校教师区分性绩效评价方法研究》，《教育探索》2015年第11期。
② 周景坤：《高校教师区分性绩效评价方法研究》，《教育探索》2015年第11期。

成果是否能在经验的基础上打破常规，实现新的突破，这是一种自我突破的质疑精神。①

（十一）360度评价法

360度评价法指的是教师本人、领导、上司、同行教师以及学生从各个角度收集教师的相应信息，并且对信息进行客观评判，最后通过讨论分析，为被评价主体提供建设性意见，从而达到改变被评价主体工作行为，提高工作绩效等目的。360度评价法具有很多优势，其主要特点有以下几个方面。第一，全面性。评价主体全面，评价内容也是多角度、多维度的。第二，多元性。评价主体有领导、同事、学生、教师自身等。第三，真实性。评价过程中采取匿名的方式，使评价结果更为真实客观。第四，反馈性。注重评价结果的双向沟通，重视信息的反馈。360度评价法在几种类型教师评价中有较大的作用，可以使教师得到全面的评价信息，有利于教师与身边同事进行直接的沟通交流，促使教师个人更好的发展；有利于在学校营造和谐的工作氛围。360度评价法的评价内容主要有教学工作、科研工作、教师品德等方面。360度评价首先要设计一个科学、合理、详细的评价指标，确定评价主体的组成；然后要与评价主体进行有效的沟通，明确相关问题，这样才能开展评价工作；最后还要进行评价结果的反馈。360度评价可以使教师全方位地认识自我，同时尽可能地发挥自己的特长。②

（十二）专业团队评价法

专业团队评价法是指成立一个专业评价小组，这个专业评价小组对被评价主体的专业知识比较熟悉，可以指导教师向专业化的方向发展。其特点是：专业团队评价法不仅能激发教师的愿景，还能使教师在团队中更加健康成长。专业团队评价法有以下几个特点：第一，评价过程更加民主化。专业团队需要成立一个学习共同体，在这个学习共同体中大家相互了解，互帮互助，共同发展。第二，评价过程更具反思互动性。

---

① 周景坤：《高校教师区分性绩效评价方法研究》，《教育探索》2015年第11期。
② 周景坤：《高校教师区分性绩效评价方法研究》，《教育探索》2015年第11期。

专业团队成员需要相互了解,所以评价过程更具互动性。第三,评价内容多样化。在传统的教学评价中,主要注重对教师教学效果的评价,而在专业团队里则注重对教师的道德、专业素养、教学态度等进行多角度评价。第四,评价的目的是促进专业发展。专业团队评价法坚持互动学习,强化自身的能力,发展教师本身的专业个性。在运用上,专业团队评价法有利于解决教师中评价主体单一、针对性不强的问题。专业团队使教师在情感上互通,关系更为融洽,可以促进教师专业水平的发展。专业团队评价的主要内容是专业精神、知识和态度。首先要完善专业团队的管理制度,然后组建专业团队,再者要进行团队角色的合理分配,最后选择合适的专业团队领导人。

(十三) 行为跟进评价法

行为跟进评价法指的是在教师授课结束时,评价者对教师授课的内容讲解深度、教学方法运用、教学态度通过讨论进行评价,如此反复,改进教师的教学方法。其特点是:首先,行为跟进评价法特别适用于来自客观原因所导致的问题性教师。行为跟进评价法具有真实性特点,教师在课堂上的表现尽收评价主体的眼里,可以一针见血地指出教师教学问题所在。其次,行为跟进评价法对于评价主体的选择要求较高,评价主体必须具备娴熟的教学手法,还要有丰富的教学经验,这样才能很好地加以指导、修正。行为跟进评价法的实施首先要做好问卷调查以及学校评价小组的面谈,确定教师的问题所在,并与其进行沟通交流。然后进行行为跟进评价法的主要评价标准设计,行为跟进周期的确定。最后要选择评价主体的人选,以及指出评价主体在评价时需要注意的问题。行为跟进评价结束后要上交跟进记录表及改进情况反映。行为跟进评价法要求评价主体与被评价主体真实坦诚、认真负责地对待这件事,这样才能使教师更好地提升自身的教学能力。[①]

(十四) 关键事件法

关键事件法指的是把教师失败的关键事件详细地记录下来,并在详

---

① 周景坤:《高校教师区分性绩效评价方法研究》,《教育探索》2015年第11期。

细收集教师近期工作状态等内容的基础上,对关键事件进行分析研究的方法。其特点是:关键事件行为具有可观察性。将做得特别不好的事件行为记录下来,要特别注意是在什么情境下产生了什么样的行为,导致了什么样的不良后果。确定关键事件比较费时,只有进行长时间的观察调查才能把握关键事件。关键事件法主要通过评价小组在预定的时间内,对教师行为进行记录。其中包含三个要点。其一是对教师行为进行细致的观察;其二是对教师某段时间内的行为进行详细记录;其三是要综合考虑各方因素以确定问题型教师出现教学状况的原因。之后在对事件进行分析时,要注意教师对于其行为是否可以控制,是否意识到关键事件所产生的后果。在确定这些因素后,要对教师进行适当关照和引导,帮助其渡过难关。[①]

(十五) 教学诊断法

教学诊断法指的是评价主体把教师的教学问题作为评价的出发点,找出教学问题产生的原因,并对此原因进行分析研究,进行反思整改的方法。其特点有自省性、坦诚性。有的教师虽然不能够全面认识自我,但还是要反省自己的行为,正所谓解铃还须系铃人,教师应该学会自我诊断,反省自己的行为;教师要坦诚对待自己的状况,直视这种状况,并加以改进。[②]

二 评价方法的专家咨询

按照问卷设计的基本原则和要求,采用李克特七点量表法,设计我国教学型高校教师区分性评价方法的专家调查问卷。选择具有丰富的理论知识和实践经验,且长期从事教师评价相关实践工作的高校教务处、人事处、教师发展中心、科研处的管理人员和教师评价研究人员等组成专家团,运用专家问卷咨询法对教学型高校教师区分性评价方法进行专家咨询。共回收有效问卷72份,统计分析结果如表5-1所示。

---

① 周景坤:《高校教师区分性绩效评价方法研究》,《教育探索》2015年第11期。
② 周景坤:《高校教师区分性绩效评价方法研究》,《教育探索》2015年第11期。

根据表5-1可以得到，专家们认为，新手型教师最为适合的五种评价方法有教学日志法、课堂观察法、教学档案袋评价法、同行评价法、学生评价法；适应型教师最为适合的五种评价方法有课堂观察法、同行评价法、学生评价法、反思性评价法和专业小组讨论法；成熟型教师最为适合的五种评价方法有同行评价法、学生评价法、360度绩效评价法、关键绩效指标法和专业小组讨论法；专家型教师最为适合的五种评价方法有专业团队法、学生评价法、教师自我评价法、360度绩效评价法和目标合同法；问题型教师最为适合的五种评价方法有课堂观察法、学生评价法、教学诊断法、督导评价法和末位淘汰法。

表5-1　　　　　评价方法的专家咨询结果

	新手型	适应型	成熟型	专家型	问题型
教学日志法	41	15	7	3	10
专业对话法	18	13	16	13	9
课堂观察法	50	35	12	13	27
教学档案袋评价法	30	25	12	7	9
专业小组讨论法	22	30	24	18	16
同行评价法	30	40	27	19	18
专业团队法	12	23	20	29	19
反思性评价法	25	27	23	22	15
学生评价法	29	40	36	28	26
情感评价法	6	5	3	3	6
PDCA循环绩效评价法	4	12	13	13	12
教师自我评价法	16	15	17	27	11
层次分析法	3	4	6	14	9
庭辩式评价法	1	3	7	5	4
目标合同法	3	3	15	24	5
360度绩效评价法	6	5	27	27	16
关键绩效指标法	3	8	28	24	14

续表

	新手型	适应型	成熟型	专家型	问题型
平衡计分卡法	0	5	9	12	3
综合比较法	4	6	11	7	9
教师个人述职评价法	5	6	5	12	6
行为跟进法	3	7	2	2	11
关键事件法	2	3	6	7	16
教学诊断法	15	7	4	6	22
督导评价法	24	14	15	14	21
表现性测试法	2	6	8	2	11
末位淘汰法	3	1	4	4	20
教师测试法	2	0	2	2	9
其他	1	2	1	3	6

第二节 新手型教师评价方法

新手型教师处于教育的认知阶段，他们刚刚迈入高校教师这一行业，浑身充满活力，干劲十足。但由于面对的是全新的工作环境，还未掌握基本的教学技巧，教学行为较为呆板，处理学生问题还不是很成熟。他们需要同行教师的鼓励和督导，才能有自信尽快形成自己的教学风格，更好地化压力为动力，融入集体。通过专家调查，新手型教师最为适合的五种评价方法有教学日志法、课堂观察法、教学档案袋评价法、同行评价法、学生评价法，下面主要论述教学日志法和教学档案袋评价法。

一 教学日志法

随着教育研究的不断深入，近年来，教育研究越来越注重教师的专业发展。高校教师的专业发展是一个长期目标，旨在通过研究教师工作实践的多个方面科学地促进教师对岗位工作及自身条件的理解，是一个自下而上的过程。[1] 而高校新手型教师缺乏实践工作经验，专业发展还

---

[1] Jack C. Richards, *Professional Development for Language Teachers: Strategies for Teacher Learning*, Cambridge: Cambridge University Press, 2005.

停留在关注自身生存阶段。为了帮助新手型教师尽快成长[①],促进自身专业发展逐步向适应型教师转变。高校新手型教师急需一条可以有效促进自身专业发展的途径。反思是新手型教师理解教育教学内容和改进教学的有效途径。教学日志作为对教师教学实践的记录,为教师的反思提供了真实的数据和材料,因此成为促进新手型教师专业发展的有效手段。

近年来,教学日志作为一种有效的教师自我评价方法,引起了广大教育工作者的重视。在国外,这种古老的自我表达情感的方式已经广泛地被学者、专家们所应用,它不仅是一种评价方法,而且逐渐发展成为一种促进教师专业成长的手段。通过对教学日志进行分析,可以了解教师们的思维方法、知识结构等,进而有利于更深入地分析教师这个群体,有效地帮助他们制定专业发展目标,促进其专业成长等。在我国,尽管教学日志的历史比较悠久,但它一直被认为是教师个体的思想情感表达方式,很少有人把它作为一种有效促进教师专业成长的评价方式来进行研究与实践。[②]

(一) 教学日志法的基本概念

至今为止,国内外还没有统一界定教学日志的内涵。美国学者布鲁克菲尔德认为:"教学日志是教师定期记录自己的教学事件,它能真实生动地将教学本身表现出来。教师透过这些教学事件,可以了解自己先前的假定。"[③] 贝利认为:"教学日志是教师亲自记述自己的语言学习过程或教学经历,并将这些有意义的事件定期、真实地记录在自己的日志中,最后再分析同一教学事件再次发生时自己的处理模式等。"[④] 我国学者也对教学日志进行了大量研究,王建和杨党玲认为,

---

① 范雅茹:《教学日志与高校新手教师专业发展——一个大学英语新手教师的成长之路》,《亚太教育》2015 年第 8 期。
② 周景坤:《教学日志法如何有效帮助新手型教师成长研究》,《内蒙古师范大学学报》(教育科学版) 2015 年第 9 期。
③ 布鲁克菲尔德:《批判性反思 ABC》,张伟译,中国轻工业出版社 2002 年版。
④ Jack C. Richards & David Nunan (eds.), *Second Language Teacher Education*,外语教学与研究出版社 2000 年版。

教学日志应在分析行为的基础上,"设计新的教学方案,并在教学实践中加以实施和完善,如此循环往复,以便增强教师的理论和科研意识,提高教学效果"。王雁苓从教学反思的角度认为,教学日志是指教师通过记录自己的教学活动,并总结出自身教学所存在的问题,然后分析和评价整个教学过程的记录。① 综上所述,教学日志不仅包括对教学事件的记录,还包括对自身教学活动中有价值且有意义的事件的反思等活动。②

因此,关于教学日志的内涵,笔者认为:"教学日志"就是将有价值、有意义的教学事件、经验或者感受记录下来而形成的日记,它是对教师自身教学经历的书面描述,并在此基础上进行批判性分析和反思,发现问题,提出问题,找到有效解决问题的方法并运用于自己的教学实践中,不断改进自己的教学活动,以促进自身专业成长。教学日志应该自然地将教师带入自我认识、自我反思、自我评价和自我完善的良性发展中去。③

(二)教学日志法的主要形式

教学日志可以帮助新手型教师增强反思意识,不断改进自身教学中的不足,从而实现专业的发展。

1. 叙事型教学日志

叙事型教学日志就是记叙教学活动中所发生的事件,它能有效反映教师教学素质和教学技巧等需要评价的内容。新手型教师的教学日记主要应该记录其在教育实践中发现的问题,以及他们如何处理这些问题的情况,把这些内容以记叙文的形式写成日记。这就要求新手型教师在记录教学日志的时候,要保证内容的真实性,并且要坚持不懈地撰写。虽然叙事型教学日志记录的内容比较零碎,思维也比较散乱,但这些是智

---

① 王雁苓:《教学反思日志的撰写》,《现代中小学教育》2005年第11期。
② 周景坤:《教学日志法如何有效帮助新手型教师成长研究》,《内蒙古师范大学学报》(教育科学版)2015年第9期。
③ 冯辉:《教学日志作为英语教师自评手段的研究》,《沈阳教育学院学报》2008年第3期。

慧的"雏形",它实际上蕴含着丰富的教育智慧,对促进新手型教师自我发展具有非常重大的意义。叙事型教学日志着眼于叙事,能使新手型教师注意观察教学情境的发展变化,"处处留心皆学问",新手型教师要善于做教学活动的"有心人",敏锐地观察、捕捉教学活动中有意义的事件,并及时加以记录,积累教学经验。

2. 反思型教学日志

新手型教师要实现专业的不断发展,达到实现自我价值的目的,关键是要提升自我反思能力,不断对自己的教学活动进行反思。教学日志不能仅仅描述教学问题和现象,也不能简单地归纳、概括松散的经验和感受,它的重点是要经常性地回顾和反思这些教学事件,深入分析和思考所记录的教学活动。在记录教学活动的过程中,新手型教师是否进行了教学反思在很大程度上决定着教学日志的好坏。反思型教学日志的反思不仅仅是思想反思,还要在行动中进行反思,即通过自我观察来检查、审视自己的教学行为,这样的反思才能更好地运用于教学实践中。如果仅仅是对问题进行记录,而不对其加以分析反思,那是没有任何意义的。

3. 实践型教学日志

教学日志是从教学理论到实践再到理论升华的有效手段。新手型教师经过反思教学日志,不断总结新的教学理论和方法,并将其积极运用到教学实践中去,这样才能检测理论的正确性,才能完成从理论到实践的深层次转换。新手型教师要想成为一名优秀的教师,必须经历实践的磨炼,这样才会不断提高自身的教学能力和技巧。教学理论的可行性只有在教学实践中才能得到检验,新手型教师要想知道自己的教学理论与方法正确与否,就要将其运用于教学实践中,接受实践的检验,进而得到更深刻的认识,然后加以完善和升华,这样才能有助于下次实践的改进,增加教学实践经验。

(三) 教学日志法的主要内容

高校新手型教师在运用教学日志法进行自我评价时,在认识自我的基础上,应该明确了解该从哪些方面评价自己,从而使评价更加客观和全面。①

1. 教师教学方面

高校新手型教师在进行自我评价时,要思考自己在日常的教学活动中教了哪些内容?这些内容是否符合教学大纲的要求?是否做到重点与难点突出?教学方法是否有利于学生的进步和发展?是否有利于学生掌握所教的知识点?有没有及时调整自己的教学方案?教学计划与实际情况是否相符?教学内容是否按计划完成?为什么有些内容不能完成?这些都是新手型教师在进行自我评价时要审视的主要内容。新手型教师只有在这些方面对自己做出评价,才能更加清晰地了解自己的教学行为是否得当,是否达到了自己预设的教学目的,然后总结出自己有待改进的地方,在下一次教学中进行实践。这样才有利于帮助高校新手型教师更加清晰地认识自己,意识到自己的教学能力处于怎样的水平,不断努力,向着更高的水平发展。②

2. 学生学习方面

学生在课堂上学到了什么,学生对教师所讲的知识点的掌握程度,由于学生的个体差异,不同学生的反应情况是有差别的,对于学生在课堂上提出的独到见解或创新方法,教师在课后是如何处理的,是否将其与自身的教学行为进行对比,然后将学生的创新之处运用到教师的教学活动中去。这些也都是高校新手型教师进行自我评价的重要内容之一。新手型教师只有不断关注学生的情况,才能逐渐与学生建立起感情,了解所教学生,处理好与他们之间的关系,这些都是日后与学生进行深层次沟通的基础。新手型教师只有平常慢慢了解学生,并发现他们的需求,设身处地为学生创造一个良好的学习氛围和环境,才能让他们对学习产生浓厚的兴趣。高校新手型教师可以在教学行为上"对症下药",

---

① 周景坤:《教学日志法如何有效帮助新手型教师成长研究》,《内蒙古师范大学学报》(教育科学版)2015 年第 9 期。
② 周景坤:《教学日志法如何有效帮助新手型教师成长研究》,《内蒙古师范大学学报》(教育科学版)2015 年第 9 期。

这样教学效率才会得到提高,最终实现教师预设的教学目标。[1]

3. 教师自我反思方面

新手型教师自我反思情况包括教师对自己的长处以及不足之处的认识和评价。高校新手型教师大多对自己认识不够全面,不能完全掌握自己在教学上的局限性,所以他们要通过分析、反思自己所记录的教学日志,了解自己的教学风格,对教学技能的熟练程度,要总结出符合自身发展以及有利于学生发展的教学方式,以提高教学质量。新手型教师要客观地评价自己的不足,好的方面要继续发扬,不足之处则要及时采取改进措施,不断完善自我,提升自我。新手型教师只有全面客观地认识自我,才能找到符合自身专业发展的正确途径,这样才可以使新手型教师在职业发展的道路上少走弯路,激发他们对工作的积极性和创造性。新手型教师在记录教学日志时还要制定个人发展目标,在进行自我评价时,要反思自己制定的目标是否正确,是否符合自身发展条件,然后加以及时改正。新手型教师对于自身的反思,是他们职业生涯成长和发展的第一步,因此他们要增强自我意识,客观评价自己的优点和不足之处,这样才能不断完善、提高自己。[2]

(四)教学日志法的主要步骤

高校新手型教师在运用教学日志法进行自我评价时,要按照以下步骤循序渐进地进行,只有这样,才能完全发挥教学日志在自我评价中的作用。

1. 分析教学设计,记录教学过程

高校新手型教师要运用教学日志进行自我评价,必须养成对自己的教学设计进行系统分析,自觉记录教学主要过程的习惯,并要保持及时性和连续性,这是高校新手型教师进行自我评价的第一步。高校新手型教师应主动借鉴老教师的经验和教训,并根据自身实际情况,选择适合

---

[1] 周景坤:《教学日志法如何有效帮助新手型教师成长研究》,《内蒙古师范大学学报》(教育科学版)2015年第9期。

[2] 周景坤:《教学日志法如何有效帮助新手型教师成长研究》,《内蒙古师范大学学报》(教育科学版)2015年第9期。

自己的教学日志形式，反思和改进自己的教学活动。除了常规记录外，新手型教师还可以在教学日志中穿插一些需要补充的信息，如照片、学生的作业、案例等，也可以通过标注的方式注明可参见的其他材料，以此实现教学日志内容的多样化。这样新手型教师才能在自我评价时，通过对不同评价要素进行分析，总结出阶段性的教学成果。教师的教学能力体现在教师的教学设计上，教师的教学能力来源于自身对教学活动的领悟、表述、解释和反思。高校新手型教师在分析教学设计时，要及时记录下自己的想法，并在课后进行反思，这样才可以不断提高其教学设计能力。

2. 回顾教学过程，反思教学活动

新手型教师要通过回顾教学过程，批判性地反思、分析和评价自己的教学经历。撰写教学日志的最终目的就是要在记录那些教学活动过程中，通过对教学过程进行批判性反思、分析和评价，不断提高自我认识，改进自己的教学活动。只有这样，教学日志才具有实质性的价值，否则所记录的教学日志只能停留在狭隘、肤浅的层次上。反思就是把经验变为学习的过程，是对自己的感受、情感做出决定的过程。新手型教师在反思过程中要特别关注自己的感觉和情绪，这样可以进一步加强反思和学习。高校新手型教师在对教学日志进行回顾和分析时，实际上就已经对自身进行反省和评价了。新手型教师要认真反思自己教学上的优缺点，省思自己应该采取哪些措施，为什么要采取这些措施。在这一过程中，教师会系统地审视自己不同发展阶段的教学活动，体会学生和自己的进步与问题。高校新手型教师要积极主动寻找新思想和新方法来解决自己所面临的教学问题，这是新手型教师不断认识自我，提高教学能力和教学质量，促进教师自身专业成长的前提条件。[①]

3. 观摩同行教学，丰富教学实践

所谓"学而不厌"才能"诲人不倦"，高校新手型教师要不断学

---

① 周景坤：《教学日志法如何有效帮助新手型教师成长研究》，《内蒙古师范大学学报》（教育科学版）2015年第9期。

习,获取更多的知识来丰富教学日志的内容。其中观摩同行教学就是其学习的好机会。高校新手型教师由于初站讲台,教学经验不多,可以通过观摩同行教学活动这一形式,对身边同事的教学设计、教学活动和教学方法进行观察与学习,并与自己的教学活动进行比较和分析,这样就可以让新手型教师通过与其他教师的对比来发现自己的不足,进而采取改进措施来提高自己的课堂教学效果。[①] 观摩同行教学并不等同于传统的听课形式,它不是对观摩对象教学的检查和评价,而是通过观摩这一形式,学习同行好的教学方法等,增加教学经验,从而丰富自己的教学日志。在观摩的过程中,同行教师之间相互模仿和学习,对于观摩时发现的问题与不足,彼此之间交换意见并提出改进措施,以促使整个教师团队的共同提高和发展。所以,观摩同行教学可以极大地丰富教学日志的内容,激发教师的反思性思维。

4. 反复进行教学实践,提升教学能力

通过分析、反思教学日志所总结出来的教学规律和方法,要经过教学实践这一平台检验其正确性。对于工作在教育一线的新手型教师而言,他们的教学实践活动就是进行教学研究的实验田。新手型教师在上完课后应该静下心来思考自己在教学方法上有什么创新,在知识点上有何新发现,在组织教学方面有什么新方法等,把反思后的新观点、新启示和新感受再运用到教学实践中进行检验,使之上升到一定的理论高度。除此之外,还要对其进行归类和整理,进一步指导以后的教学实践,为开展教学研究奠定基础。高校新手型教师只有不断深化理论学习,才能发现教学实践活动中更深层次的问题。一个好的教师必须拥有强大的理论体系,才能有广泛的发展空间。反复教学实践这一过程恰恰开拓了新手型教师的思路和视野。在这个过程中,新手型教师通过反复的教学实践,不断重组、优化自己在教学日志中记录的经验和心得,这样教学日志就不再只是零碎的心得和关于解决局部

---

① 周景坤:《教学日志法如何有效帮助新手型教师成长研究》,《内蒙古师范大学学报》(教育科学版)2015年第9期。

问题的方法，而成为理论性的教学经验。这样不仅教学日志得以升华，新手型教师的理论素养和科研能力也得到了提升，教学和科研就会得到有效的整合。①

5. 开展日志交流，促进共同成长

教师自我评价虽然源于自我，但它不是苦心孤诣的活动，不是使自己处于一种自我封闭的状态。每一位教师的教学生涯都是一项复杂的创造性劳动，"孤军奋战"往往会显得力不从心，因此新手型教师应该寻求教学上的合作共赢，积极开展彼此间的日志交流。教学日志是广大新手型教师进行沟通、交流的有效工具。新手型教师在经常性的、众多的信息交流环境中，更容易产生新的理念和碰撞出新的思想火花。他们可以将自己记录在教学日志中困扰自己的问题与同事进行交流，倾听同事的意见，或是与同事分享自己对某一教学事件的看法等，在彼此的对话中相互启迪，在彼此的交流碰撞中得到启示，促进教师间的相互学习和共同提高。他们还可以从教学日志中选择大家共同遇到的困惑进行交流和探讨，以此推动教师群体的经验交流，教法切磋。此外，新手型教师的教学日志还应具有包括领导、专家、同事等在内的广泛的读者。开展日志交流，通过专家的指导，新手型教师可以了解更多的教学理论以及自己的不足；与同事进行日志交流与分享，新手型教师可以获得更多的实践方面的经验和技巧。②

（五）对高校教师成长的意义

新手型教师撰写教学日志，可以在撰写过程中发现自身的不足，把教学理论与实践结合起来。如何充分有效地撰写教学日志以发挥它应有的作用，使其真正成为促进自身专业发展的有效手段，对新手型教师具有重要的意义。③ "新手型教师"向"适应型教师"的转变是一个教师

---

① 周景坤：《教学日志法如何有效帮助新手型教师成长研究》，《内蒙古师范大学学报》（教育科学版）2015年第9期。
② 周景坤：《教学日志法如何有效帮助新手型教师成长研究》，《内蒙古师范大学学报》（教育科学版）2015年第9期。
③ 夏惠贤、曹丽娟、袁玲玲：《教学日志与教师专业发展研究》，《外国中小学教育》2007年第12期。

专业成长的过程，也是新手型教师不断完善自我的过程，是教师不断发现自我、反思自我的过程。新手型教师提高自身素质有许多方法，比如观摩教学、开展多种教研活动、进行集体讨论等，但更直接、更有效的方法是通过对教学日志的反思。借鉴和学习他人的教学经验，是提高自身教学工作能力的必经之路。①

通过对自我教学观念、教学原则、教学方法、教学手段等进行反思，教学日志法能够让教师反思自己的学习过程，将自己日常的生活感悟、课堂教学活动的心得、教案设计情况、课堂上学生的学习效果、学生对课堂的认可度等记录下来，与优秀教师进行对比，找出问题与不足，努力赶超；通过对自己教学日志的反思，可以让新手型教师将教学理论与实践、思想与行动联系起来，实现知识的融合，提高新手型教师的问题意识和教育科研能力，有力地推动其更快的成长、发展和成熟。

总之，"教学日志法"是一种可供新手型教师进行自我反思和促进教师发展的专业化工具。"教学日志"为新手型教师进行自我评价提供了第一手资料，通过记录教学日志，对教学活动中所出现的各种现象和问题进行观察、分析、反馈与调节，将其在教学活动中获得的感性知识升华为理性知识，再运用到教学实践中，实现对其教学活动的客观审视和分析；并对教学日志进行不断的回顾和反思，提高反思意识和能力。虽然撰写教学日志存在着费时费力和过程较为烦琐枯燥等缺点，但"教学日志法"仍不失为提升新手型教师职业素养和能力的较为有效的手段。

（六）实际运用中应注意的问题

由于教师本人或者环境等复杂因素的影响，新手型教师在运用教学日志法进行自我评价时要想取得好的效果，还应注意以下几个方面的问题。

1. 应适当增加教学反思在教学日志中的比重

很多高校新手型教师因为教学任务繁重，疲于完成教学计划，忙于

---

① 林屹：《语文教学中教师的成长》，《生活教育》2013年第9期。

应付高校各种检查等，在撰写教学日志时，记录的主要是自己的教学设计内容和别人的教学过程，反思性的内容相对缺乏。然而，新手型教师进行自我评价的目的并不是给自己评定分数，也不是应付高校的检查，而是帮助教师正确地认识自我，培养自我反思的意识，并形成自我反思的习惯，不断改进自己的教学水平，最终实现专业发展。一个新手型教师如果没有教学反思，在教学上就不会有突破，教学质量就很难再上一个台阶。新手型教师的教学反思是撰写教学日志的重要组成部分，简单的思考和深入细致的反思是有区别的。简单的思考缺乏对问题的系统分析，无法看到问题的本质，也就无法找到解决问题的正确途径。教学日志应该不是简单地对经验加以归纳和概括，如果新手型教师仅仅停留在所记录的教学经验上，而不对其进行深入思考，那么教学日志是没有任何意义的。只有进行深入细致的反思，才可以了解问题的本质，进而寻找错误的根源以及改正的途径。所以新手型教师在撰写教学日志时要多写一些反思意见，具体来说，可以在记录描述性内容时适当留下一些空间，专门用来记录反思和评价性的内容。这样就可以使反思的内容更加丰富、充实。[①]

2. 教学日志法应与其他评价方法结合起来使用

撰写教学日志是一个费时又费力的过程，然而，要想写出质量好而有价值的教学日志，新手型教师就必须花费较多的时间和精力。但是，高校新手型教师的教学任务普遍比较繁重，要留出足够的时间来撰写教学日志是相当困难的。因此，针对这一情况，新手型教师可以把教学日志法和其他评价方法结合使用，在保证发挥教学日志这一评价方法的优点的同时相对节省时间。如新手型教师可以通过录像更加生动真实地记录自己的教学活动过程，再把自己对教学活动过程进行反思的内容记录到教学日志里，这样既减少了记录教学过程的时间，又避免遗忘教学中的闪光点。总之，新手型教师可以根据自身的实际情况合理使用教学日

[①] 周景坤：《教学日志法如何有效帮助新手型教师成长研究》，《内蒙古师范大学学报》（教育科学版）2015 年第 9 期。

志法，以最大限度地发挥教学日志作为教师自我评价的优势。①

3. 对"教学日志"进行经常性的回顾和分析

新手型教师只有对教学日志进行定期的、经常性的回顾和分析，教学日志才能发挥它应有的作用。由于大多数高校只是在学期末进行教师评价，许多新手型教师可能会在学期末才对自己的教学日志进行分析和整理，而没有定期进行，使得教学日志这一评价方法不能发挥其应有的作用。新手型教师的自我评价应该贯穿于教师整个教学活动的始终，因此，对教学日志进行经常性的回顾和分析很有必要。在教学日志撰写完毕之后，不能将其束之高阁，而是要对其进行经常性的回顾和总结，组织、整理自己的教学日志。例如新手型教师对教学活动中所遇到的问题和解决办法进行了记录，在往后的教学活动中遇到同样的问题，教师就可以通过回顾教学日志中先前的记录，来分析自己解决问题的方法有没有改进。通过对教学日志进行经常性的回顾和分析，新手型教师才能更好地加深对自身教学活动的认识，了解自身教学行为的成功与不足，最后才能总结出一定的教学规律。新手型教师在不断分析自己以往的教学活动，回顾自己专业成长的过程中，教学水平也会不知不觉地得到提高。②

4. 重视"教学日志法"对教师绩效的改进作用

高校新手型教师由于刚刚踏上工作岗位，对周围的教学环境、职业身份等都需要一定的时间来熟悉，也需要用固定的方法来了解自己、评价自己和发展自己。但由于新手型教师缺乏经验，普遍教学质量不高，工作热情减退，很容易出现职业倦怠现象。高校新手型教师运用教学日志法进行自我评价，可以很好地促进其教学绩效的提高。一方面，通过撰写教学日志，新手型教师可以加深对自我的认识，对自己的职业行为和教学效果进行审视和分析，从而不断反省自身行为的不足，改进教

---

① 周景坤：《教学日志法如何有效帮助新手型教师成长研究》，《内蒙古师范大学学报》（教育科学版）2015 年第 9 期。

② 周景坤：《教学日志法如何有效帮助新手型教师成长研究》，《内蒙古师范大学学报》（教育科学版）2015 年第 9 期。

学，达到提高教学效果和教学质量的目的。另一方面，新手型教师在撰写教学日志的时候，也加深了他们对本职工作的专业情感。新手型教师在教学的初始时期往往会遇到各种各样的困难，很容易削弱他们对工作的热情，出现职业倦怠现象。他们就会无心于教学，教学质量自然也不会高了。如果高校新手型教师持之以恒地撰写教学日志，在反思中培养自己的专业情感，找到适合自己发展的专业途径，就可以保持对工作的热情，全身心地投入教学活动中，那么教学质量就会随着经验的增加而提高。①

5. 构建有利于新手型教师专业成长的环境氛围

因为教学任务繁重、教学检查频繁或自身的各种因素，很多新手型教师不能持之以恒地撰写教学日志，从而使得运用"教学日志"进行自我评价流于形式。高校应改善教学管理制度，为新手型教师切实利用教学日志进行自我评价，并促进其自身专业发展提供相对宽松的制度空间。例如，适当减少高校一些程式化的检查和评比，鼓励新手型教师自觉使用科学的方法进行自我评价；对高校新手型教师使用"教学日志法"进行自我评价的成功案例进行宣传，或是开展一些以自愿参加为原则的教学日志展览活动；为新手型教师运用教学日志进行自我评价提供相应的指导和培训；构建有利于高校新手型教师运用教学日志法进行自我评价的环境氛围，培养教师的主动参与意识，使其变被动为主动，为教学日志法这一评价手段的有效运用提供相对宽松的空间。②

二 教学档案袋评价法

（一）教学档案袋评价法的界定

教学档案袋评价法，又称档案评价、文件夹评价、学生成长记录袋评价、等，它兴起于 20 世纪 80 年代的美国，现如今已经是各类高校重

---

① 周景坤：《教学日志法如何有效帮助新手型教师成长研究》，《内蒙古师范大学学报》（教育科学版）2015 年第 9 期。

② 周景坤：《教学日志法如何有效帮助新手型教师成长研究》，《内蒙古师范大学学报》（教育科学版）2015 年第 9 期。

要的评价教师工作方法。① 教学档案袋不是人事档案袋，而是教师评价的载体，教学档案袋评价法在教师评价中的主要意义在于，承认高校教师工作情况的复杂性和多样性；鼓励教师积极参与到各种评价活动中来，充分发挥教师的主体核心作用；促进教师的自我评价与自我反思；为教师提供合作、反思和教学相长的机会，能够发挥评价的反馈、激励、诊断等功能；有利于教师教育教学质量的提高；为教师职位晋升、职称评定等提供依据。

（二）教学档案袋评价法的特点

教学档案袋的主要特点有目的性、计划性与组织性。教学档案袋评价法是评价主体依据教学目标与计划，有组织、有目的地收集一系列表现或作品来展现教师的进步和能力；具有成长性与表现性。档案袋评价强调形成性，关注教师的成长、改变历程和表现性行为，既注重学习结果，也注重学习的过程。② 教学档案袋包含一系列有针对性的、有组织的系统资料，如教师的备课计划、学生的作业、与家长的沟通交流情况、班级通信、案例研究、课堂组织策略等，记录了教师专业发展的过程和学生的学习情况；具有反思性。教学档案袋记录了教师的成长过程，为教师进行教育教学反思或评价提供了证据，培养教师的自我评定、自我反思能力。

（三）教学档案袋评价法的类型

档案袋（portfolio）在英文字典里是指一种有组织、有目标的文档记录。美国学者 Paulson and Meyer 认为，档案袋是指有目的地收集被评价者学习和工作过程中的成长记录，它不仅仅是反映某个学科和某个学习过程的记录，而是综合反映多个学科及整个学习过程的记录。格兰特·维根斯认为，档案袋是为了满足某个特定的目的，个体收集特定的信息材料所建立的属于自己的记录。美国西北评价联合会认为，档案袋的制作目的就是收集工作中的作品，它能够体现被评价者在多个领域所

---

① 黄淑艳：《美国教师档案袋评价研究》，硕士学位论文，东北师范大学，2010年。
② 曾碧：《小学数学成长记录袋评价的问题与对策》，硕士学位论文，华东师范大学，2006年。

付出的辛苦、获得的成果等。赵德成认为，档案袋是指根据预先制定的计划，有条不紊地收集工作中的作品等，经过科学的分析，动态掌握被评价对象的长处和短处，反映其实现计划的努力程度和进步的过程。综上所述，笔者认为，高校教师档案袋是指高校教师有目的、有选择地收集在其专业成长过程中能够体现其教育理念、计划任务、计划目标实施过程所获得的成就与存在问题等各类信息材料的记录，它是培养教师自我反思能力和促进教师专业成长的记录。[①] 根据美国教育专家 Ann Adams Bullock 和 Parmalee P. Hawk 的分类思想，我们在这里把档案袋分为过程型、结果型和展示型三种类型。

1. 过程型档案袋

过程型档案袋主要反映教师在某一时期的表现，能够清楚地了解教师的成长历程，其建立目的就是动态地掌握并评价教师在某一特定时间内的进步或成长过程。这种档案袋主要是从教师各个发展阶段收集能够体现其个人特色或表现的材料并将其记录下来而建立的，它不仅包括最优秀的作品，而且包括所有其他作品；它不仅包括作品的最终版本，还包括第一版本和修订版本等。

2. 结果型档案袋

结果型档案袋是指教师在某段时间内，为了顺应社会的需要而对其有效信息材料进行汇编而形成的，它表明在那个时间段内教师达到所制定的计划目标的结果。教师为了达到某些计划目标而建立结果型档案袋，并且为了达到计划目标而坚持不懈地记录相关结果，这样有利于高校基于计划目标的实现程度对教师的计划实施情况进行有效评价。每个结果型档案袋应包括教师动态发展信息、学生学习情况信息、各种计划目标的实现程度信息等。[②]

3. 展示型档案袋

[①] 周景坤、滕兰青：《档案袋法在我国高校教师分类绩效评价中的运用》，《教育探索》2015 年第 3 期。

[②] 周景坤、滕兰青：《档案袋法在我国高校教师分类绩效评价中的运用》，《教育探索》2015 年第 3 期。

展示型档案袋是教师个人优秀事件的集合,因为这种档案袋收集的通常是最能体现教师工作风格、技巧和成果的相关信息。如以评教活动为例。展示型档案袋要求教师建立一份个性化的展示型档案,其内容主要有能够反映教师教学成果的相关资料、最佳的备课计划、最能体现其教学策略的影像资料、获奖证书以及书面反思和说明选择资料的理由等材料。[①]

(四) 教学档案袋评价法的独特作用

档案袋评价能使教师找到发挥、表现和确立自我的力量和创造才能的场所,让教师感到自己是评价的主人,从而激发教师内在的潜能,调动其工作积极性,增强其参与意识,使他们从评价中获得激励、自信和不断前进的动力。

1. 有利于明确新手型教师评价目的

传统的教师评价以管控为目的,它与高校教师发展性评价的理念相背离,不利于促进教师的专业成长。而档案袋评价是对教师在高等教育工作实践过程中的品德、能力、情感与价值观等情况的综合反映,它所追求的不仅是给教师下一个终结性的结论,而是要体现对教师的关注与关怀,通过评价不但要促进教师能力与水平的提升,而且要发现他们的潜能,发挥其特长,进一步了解教师发展的需求,帮助他们认识自我,完善自我,实现教师综合素质的提升和专业能力的成长。档案袋评价的最终目的就是要促进教师的专业成长,它是在事实描述的基础上做出的价值判断,能够有效指导教师的高等教育实践活动,从而促进其在原有水平上的进一步提高和发展。因此,档案袋评价法与传统教师评价方法相比有利于明确高校教师评价的发展性目的。

2. 有利于促进教师评价标准的多元化

档案袋评价有利于促进高校教师评价标准的多元化。首先,传统的教师评价标准过于单一,而教学档案袋评价融合了"质性"评价和"量化"评价的理念。档案袋评价是对高等教育过程和结果所进行的综

---

① 王斌华:《教师评价模式:教学档案袋》,《教育理论与实践》2004年第7期。

合性评判，它可以有效地把质的研究和量的分析结合起来。其次，档案袋评价标准多维化，各种能够体现教师进步和发展的多维度指标都是教师评价的依据。最后，档案袋评价标准的制定不再是管理者单方面的决策，而是由管理者、评价教师和学生等共同参与制定的结果。

3. 有利于扩大评价范围

传统终结性的教师评价方法，只重视教师的最终结果，忽视了教师绩效的产生过程。虽然教师评价要依据预先制定的计划目标，但这并不应该成为教师评价的全部，更多的评价应该包括计划任务的整体性评价、相关参与度的评价等。相比较拘泥于教师绩效成果的传统评价，档案袋评价不仅涉及教师的思想品德、教育价值观、实施策略和实践操作过程，还包括教师应对和处理高等教育实践过程中突发事件的能力，以及心理活动、学习过程、自我反思等方面的情况。另外，档案袋评价具有极大的灵活性，其具体构成可因不同使用目的、提交对象以及教师具体情况而不同。因此，档案袋评价可以全方面多角度地评价教师绩效。

4. 有利于激励新手型教师的专业成长

与传统评价方法相比，档案袋评价更能激励教师的专业成长。首先，档案袋反映了新手型教师的个人能力，记载了他们多彩的生活，有利于帮助他们感悟专业成长的快乐，有效地激发他们自主发展的意识，提升他们专业成长的内驱力；其次，档案袋评价注重教师的主体参与性，教师成为评价的主人，让教师参与评价，并以自评为主，体现了档案袋评价是一种教师对自己负责的评价方法，满足了教师尊重和自我实现的精神需求，从而激发出教师内在的、持久的、积极向上的动机；最后，档案袋记录了教师职业经历中的成就和进步，这些作为教师个人价值的体现对教师也起到了鼓舞的作用，而且这些成就可以在教师之间公开展示和访查，教师们从中找到了自己和同伴之间的差距，因此受到激励。

5. 有利于促进新手型教师的自我反思

反思是档案袋的核心要素，档案袋的创建和实施过程始终都离不开反思。首先，档案袋形成的过程就是教师自我检视、反思与修正的过程，教师在"自我描述"中对于自己的高等教育理念、计划措施等进行的说明与描述，就是其思想再构建的过程。在"自我观察"中再现真实的自己，检视自己的工作行为，有利于产生改进自己和提高自己的反思能力。其次，教师在"专业对话"中通过与同伴教师就工作中的表现或评价内容进行专业对话交流，也有利于激发其自我反思。最后，教师作为评价的主体要对自己收集的信息进行分析、认识、总结和归纳，加之他人的评价和建议，促进教师对自己的实践活动进行深入反思。①

（五）教学档案袋评价法的基本构成要素

教学档案袋详细记录了教师专业成长过程中的情况，是教师对自己成长的直观描述，并没有硬性要求每个教师都要按照统一的模式制作档案，教师们可以依据自身情况制作符合本人需求并具有自己风格的档案。当然，从教师专业成长的角度出发，档案袋还是有一些相同的基本构成要素的。一份侧重以教师专业发展为目的构建的档案袋应包括以下几个基本要素。

1. 教师个人信息

教师的个人信息客观地描述了教师的学习、生活和工作背景，通过它可以清晰地了解教师个人的基本情况。它一般由教师个人的客观信息和主观信息两个部分组成。其中，教师个人的客观信息包括姓名、出生日期、籍贯、政治面貌、学历、所学专业、毕业院校、毕业时间、教师任职资格证书、专业技术资格证书、建档时间和工作经历等。教师个人的主观信息包括个人从教动机、教育的格言和理念等。让教师表明自己的从教动机，有利于更深层地了解教师的内在思想，从而帮助他们促发动机和愿望，激发其积极性，促进其专业发展。当然，宇宙中的万事万物都处于不停地运动和发展之中，教师的教育理念和格言等也会随着教师在专业化发展过程中的认识不断深化而发生变化。

---

① 周景坤、滕兰青：《档案袋法在我国高校教师分类绩效评价中的运用》，《教育探索》2015年第3期。

2. 教学信息

在这一方面教师可以月、季度、学期为单位，收集单位时间内具有代表性的材料，这些材料包括单元或章节课程教学目标、多媒体课件、资料库等备课材料，个人公开课影像资料，典型的师生交流专题资料，教学新策略，学生作业完成情况，个别学生辅导专题材料，自我教学反思日志。教师应多方面多角度地收集教学信息，关注自己每个阶段的教学情况，它可以让管理者了解教师的教学理念和模式，也可以及时发现和指出其教学活动实施过程中的不足或与计划目标的差距，这样就可以及时寻求方法以改进教学工作，提升教学能力和水平。

3. 教师自我发展信息

教师的自我发展途径一般来说主要有两个：一是接受专业培训；二是自身主动学习和研究。收集自我发展的信息可以从计划制定、实施和总结几个方面入手，包括本期拟参加的专业知识技能培训、已完成的专业培训项目及其评价记录，本期听课情况，本期阅读的相关书籍及其读后感，计划参加的讨论会和已经参加的讨论会，参加讲座报告的记录、证明和评价表以及心得体会，各项学习笔记和个人思考，定期的工作总结和个人思想汇报等。教师根据高校总的教育方针和策略制定各项高等教育实践活动、职业生涯规划，并努力将其付诸行动，进行总结反思，使自己在成长中找到方向、动力和目标，时刻牢记高校同自己的命运和价值是紧密联系在一起的。从教师的自我发展信息中，我们也可以预测其专业水平提高的态势。

4. 教学成果信息

教师的教学成果不仅仅体现在其本人所获得的成就和荣誉上，还表现在学生的学习收获上。因而，教师的教学成果信息应该包括获奖荣誉证书（优秀青年教师、先进教师、模范教师等），反映个人教学能力的作品或成果，获奖的公开课图片或者影像材料，获奖的论文，受到好评的教案，所指导的学生的获奖情况等。这些都是自我增值的表现，有利于帮助教师建立自信心，勇于面对各种挑战。

5. 各种评价信息

教师评价本身就是针对教师的高等教育实践行为的，而不是针对教师本人，其意义不是为了比较教师之间的水平差距，或者为了教师评聘职称，而是让教师主动审视其专业成长中的不足并加以改进。在档案袋中可以收集阶段性的学生评价、高校行政管理者的评价、同行教师的评价、自我发展评价等不同评价者的评价材料信息。不同评价者的评价侧重点不同，评价结果也各有差异，这样可以帮助教师从不同的角度审视其高等教育实践行为和思想，推动其专业成长。

6. 科研成果信息

高校教师应该具备一定的科研意识和能力，不断创新教育思想和理念，创造性地解决高等教育实践活动中所遇到的问题，这也是时代对高校教师的基本要求之一。因此，广大教师应着眼于在科研成果和奖励上有所发展。高校管理者只有了解教师在科研项目获得、科研论文发表、专著的出版和科研成果获奖等科研工作的实际产出情况，才能探寻出满足教师科研活动需要的有效途径，指导和支持教师的科研工作。为了实现这一目标，教学档案袋应收集教师主持和参与的科研项目、发表的论文、出版的专著、申请的专利和所获得的奖项等相关证明材料信息。

(六) 在实践运用中应注意的问题

档案袋法在教师分类评价中的运用在我国教育领域尚处于探索阶段，这种评价方法在评价主体、评价内容、评价结果和相关培训等方面都存在一些问题。我们在运用时应注意以下几个方面。

1. 避免多元化主体流于形式

当前高校的教育工作者们正在努力尝试以多元化评价主体的方法替代过去单一性的评价主体方法，倡导教师本人、同行教师、教学督导和学生等积极参与到教师评价中去，以实现多元化的评价主体目标。但是，在展开具体评价时，这些评价主体并没有从根本上参与到评价中，而且他们也不知道怎么评价，因此评价的可靠性遭到诸多质疑。就拿同行评价来说，他们的评价大多是泛泛而谈。另外，学生的评价活动也不过是标记上优、良、中等、差等符号。不难看出，高校在实施多主体评价时，在大多数情况下都没有考虑到学科与学科之间的差别，评价往往流于形式，这只会浪费学生、同行教师、督导和教师本人等评价主体的时间和精力，根本无法达到所需要的效果。

2. 克服评价内容的简单片面

高校管理者不应该在档案袋的开发、设计和制作上进行"大包大揽"，印发统一的档案袋，而是应该让教师根据个人情况，在已有的基本要素的基础上个性化地设计档案袋的内容和安排呈现的形式，并赋予教师决定和更新内容的权利，但是教师一定要注意档案袋中作品的真实性问题。在实施具体评价时，评价者不仅要对其储备知识和技能进行及时有效的评价，而且要重视过程和技巧、情感和价值观等多角度多方位的评价，这样可以激发教师的评价热情。但是，许多教师在其档案袋里所收集的资料主要以文字的形式呈现，而没有以自我个性展示如影像作品、学生角色扮演的录音或录像作品等多样化方式呈现。

3. 对评价结果的分析和处理

档案袋评价法能促进教师不断反思，以促使教师多元认知能力的发展。但大多数教师在建立档案袋时只是为了收集资料，只是将一些资料放进档案袋里。在资料收集过程中和完成之后，校方应该给予教师以指导，引导教师思考，包括思考选择把这些作品放入档案袋的原因，思考对这些作品感到满意或不满意的地方，以及改进和完善的途径等。另外，档案袋中关于教师自我反思方面的内容应尽可能地多，校方可以创造机会让教师通过档案袋讨论会和展示会等方式来进行反思，充分发挥档案袋评价方法的优势。

4. 加强评价主体的培训工作

采用档案袋与分类评价相结合的方法评价高校教师，提倡评价主体多元化，但是评价主体自身缺乏相应的评价知识，高校应不定期地对评价主体进行有关档案袋评价和分类评价方面的培训，提高教师的评价理论素养。在培训内容上，培训者应加强评价主体对相关评价理论知识的学习，更要重视评价实施过程中所出现的问题，应将理论与实践结合起来，让评价主体学会科学评价。在培训形式上，可以采用专家讲座、研讨会等，这样的交流互动，有利于问题的解决，可以为有效进行教师评价奠定基础。①

第三节 适应型教师评价方法

适应型教师处于职业生涯的建立期，他们大多适应了教学环境，掌握了基本的教学方法，同时敢于尝试新的教学方法，但其心理、专业成熟度还不是很高，他们的教学水平起伏较大，需要进一步巩固和稳定，还不能十分灵活地与学生沟通交流。他们也需要上级领导及同行教师的引导和督促，使其自身能更快地成长起来，形成自己的教学风格。适应型教师的知识结构比较稳定，他们开始关注学生的个人差异，但是因为自身的知识背景结构还不是很稳固，所以无法超越教材去灵活教学，他们会固执于教学的粗浅经验中。所以适应型教师的工作重点应该是如何高效率地提高教学效果，如何更好地反思自身的教学情况，提升自身的教学技能。专家调查发现，适应型教师最为适合的五种评价方法有反馈反思法、课堂观察法、同行评价法、学生评价法和专业小组讨论法。

一 反馈反思法

（一）反馈反思法的内涵和特点

西方学者认为，反思是一种内省，是人们对自己过去的行为、言论和思想进行的理性分析和认真思考，它是一种审视过去以求重新认识自我的过程。舍恩"反思性实践"思想的提出，在教育界的反响极大，使教学反思法成为一种潮流和趋势。尽管不少学者对教师如何进行反思有不同的见解，但他们都不约而同地认为反思法的主体是教师。反思法是指教师依据多元、客观原则，从教学内容、教学水平、科研等与教师教育发展相关的内容着手，主动对自己的工作表现进行自我反思和自我

---

① 周景坤、滕兰青：《档案袋法在我国高校教师分类绩效评价中的运用》，《教育探索》2015年第3期。

评价，在不断调节中实现自我提高的方法。反思法是对教师进行评价的主要手段之一，它的实质在于帮助教师发现问题、解决问题。

反馈反思法主要有以下几个特点：第一，教师的主体性。反思性评价不同于其他评价方法，教师是反思法的主体，是自己"命运的主人"，它克服了传统评价方法中教师参与的被动性和盲目性特征。适应型教师对自己的教学情况进行自主反思，掌握教学技能，能较为明智地进行自我评价。第二，自我批判性。反思性评价没有强制性，教师进行反思的前提是承认自身高等教育活动并非完美，高等教育活动的不断进步和自身专业的持续发展可以通过反思总结而得以实现。只有具有客观地认识自我和正视自身不足的观念，才能促使教师主动进行自我反思和评价，辩证地进行自我剖析并利用评价的结果寻求问题的解决方案，促进实践工作的开展。第三，教学渗透性。教师的反思没有规定的时间、规定的格式，教师需要随时随地进行自我反思，并将之渗透在日常的教学活动中。[①] 第四，反思形式的多样性。由于反思法没有统一的格式和内容要求，教师可以选择适合自身情况的表达方式，只要能达到自我认识、自我评价和自我提高的目的即可。[②]

（二）反馈反思法的作用

1. 提高适应型教师的专业素养

教育理论是实施教育教学实践的基础，一直以来，很多高校的教师都认为自己具备很好的理论知识，因而忽视了自身理论知识的学习。在反思性评价中，适应型教师不仅要对自身的教学行为进行反思，还需要对他人的行为做出判断，并能够为自己所做出的判断找到相关的依据，因此能够促进适应型教师自觉主动地学习和提高相关的教育理论。"反思性评价"可以让适应型教师结合工作实践，不断进行工作反思，并对自己的工作行为以及身边的教育现象展开批判性审视，有利于适应型教师形成理性的认识，不断增加自身的专业素养。

[①] 周景坤：《高校教师区分性绩效评价方法研究》，《教育探索》2015年第11期。
[②] 王冬梅：《新手教师如何与专家型教师建立良好的人际关系》，《教育理论与实践》2009年第5期。

2. 优化适应型教师的教育行为

只有熟练运用教学技巧才能激发学生的学习兴趣，提高教学效率。通过反思性评价，可以让适应型教师借助其他同行教师对其教学行为的评价来进行工作反思，以此发现自己在教育工作中所没有关注到的问题，客观冷静地分析、审视自己的教学行为，并在不断的教学实践中学到更多的教学技巧，优化自己的教学行为。

（三）反馈反思法的主要内容

20世纪80年代以来，各国都希望探求新的教师发展模式，其中最具特点的就是教师的反思性发展。在反思理念的引导下，人们意识到教师还应是自我教育和自我提升的主体。美国学者Barry Z. Posner认为："没有反思的经验是狭隘的经验，至多只能形成肤浅的认识。"他提出了教师成长的公式：教师成长＝经验＋反思。① 高校教师的专业发展同样需要经验的积累和自我反思，随着从教时间的增加，教学经验得以积累，但还要求教师具有反思的自觉意识。反思法在适应型教师评价中的应用如表5-2所示。

表5-2　　　　　　反思法在高校教师分类评价中的应用

类型	反思内容	反思方式
适应型教师	教学策略、学术相关活动参与度、学生认可程度、人际关系	教学档案袋法、反馈反思法、观察学习法、教学日志法等，以教学档案袋法、反馈反思法为主

适应型教师逐渐适应了新环境，掌握了基本的教学方法，他们正处于职业生涯发展能力（教学、控制等能力）的构建时期。虽然适应型教师较之于新教师在能力方面有了很大的进步，但他们的教学水平仍旧有着较大的起伏，需要进一步巩固和稳定。

---

① 冯霞：《教学反思日志促进教师个人成长和专业发展》，《吉林省教育学院学报》2013年第29期。

适应型教师需要反思的内容有教学观念、学生认可程度、教学策略、学术活动参与度、教学内容和水平等方面。

1. 教学观念的改进

教学观念是指教师对待教学的理念。教学观念正确与否是衡量教师专业成熟度的标志之一，有什么样的教育理念便会产生什么样的教学行为。假若一个适应型教师的教育理念陈旧、教育方法落后，那么，他的高等教育工作做得越多，对学生的伤害也就越大[①]，因此适应型教师反思的内容首先就是要提高教学观念。

2. 学术活动参与度

相关学术活动参与度是指教师参与相关高等教育教学、科研和社会实践活动等专业活动的程度。适应型教师已经顺利地跨过了入职初期的迷茫，情绪也进入了相对稳定期，他们能够积极地扮演好教师角色，也乐意参与高校的各种实践活动，这时可以让其反思高等教育教学与科研等学术活动的参与程度。

3. 学生认可程度

学生的认可程度是指学生对教师高等教育教学等实践活动的认可程度。出于对教师的尊重，学生不会在和你交谈时表现出对你的厌恶，所以，这需要适应型教师对学生的性格等有所了解。适应型教师可以尝试将师生关系发展为朋友关系，这样更有利于教师进行教学工作，同时也更能获得学生的认可和增进了解。若发现自己的受欢迎程度低于预期，就需要教师通过观察学生和与他们交谈来发现学生对其认可程度低的原因并加以改进。

4. 教学内容和水平

教书育人是教师终身不变的职责，同时也是适应型教师的职业道德规范之一，即使是研究型教师也需要利用自身所拥有的专业知识来指导经验尚不足的新教师，因此，教学内容自然成为适应型教师进行自我反

---

① 郭庆斌：《教学反思与高校教师专业化发展》，《长江大学学报》（社会科学版）2010年第33期。

思的主要内容之一。适应型教师反思的教学内容包括备课、师生互动情况、学生管理能力、教学成绩等方面。

5. 教学策略

教学策略包括课堂管理、课堂教学方法、教学动机和课堂教学指导水平等方面。教学策略的选择在于对问题的把握，适应型教师需要进行如下几个方面的反思：课堂教学调控能力如何？教学方式是否引起了学生的注意？教学方法是否过于依赖计划而灵活性不够？是否只有客观地认识自己才能针对教学情况做出合理、有效的教学评价？

6. 专业发展规划

专业发展规划就是指教师的专业发展计划，它能为教师长期发展指引方向。专业发展规划是教师根据自身情况和社会发展需要预设的未来希望达到的目标高度，它可以是对教学目标的规划、专业研修方向的规划甚至是对自身修养的规划等。适应型教师的专业发展也应是其自我反思的内容之一。

（四）反馈反思法的主要方式

适应型教师主要通过反馈反思、教学档案袋法等对高等教育活动进行反思，其方法主要有反馈反思法和教学档案袋法等。

1. 以反馈促反思

反馈是指教师通过局外人或第三者对自己的评价结果进行自我反思，达到认识自我的过程。[①] 第三者是指那些与被评价教师有各种利益关系的人，如教师的同事、学生、上级领导等。反思是教师的自我评价过程，是教师在自觉发现后经主动反省而获得自我完善的过程。由此看来，反思法具有较强的主观意识，但这并不意味着教师可以不顾实际、盲目自夸地进行反思。反思法要求适应型教师对自己的高等教育实践活动做出理性和客观的分析与评价，而第三者的评价能帮助教师从他人的视角审查自身、客观地认识自己，在某种程度上可以弥补教师在反思性自评中主观性过强的不足。因此，适应型教师可以通过同事对自己的评

---

① 周景坤：《高校教师区分性绩效评价方法研究》，《教育探索》2015 年第 11 期。

价结果进行反思；通过学生填写的评教表进行反思；通过上级对教师的绩效、科研成果的鉴定结果进行自我评价。反馈要求教师有意识地收集学生、同事或者上级领导对自己教学活动的意见和建议，在分析中及时进行反思评价，既要敢于自我肯定，又要敢于自我质疑和否定。

2. 教学档案袋法

"档案袋法"兴起于20世纪80年代的美国，最早被应用于学生评价中，后又延伸至教师评价方面，它是教师的成长记录，除了教师个人的简介和工作经历等一些基本情况外，还可以包括教师个人职业规划、教师教学安排、教师的总结报告等。档案袋内容的收集与选择过程，就是教师对教学活动、教学效果进行检查和反思评价的过程。[①] 它的目的在于促进教师的专业发展。对教学档案袋的内容没有明确、硬性的要求，只要教师认为可以向他人展现或表达自己的教学理念、教学实施过程和教学成果等的内容都可以放进档案袋中，因而教学档案袋能够很好地展现教师的个性。适应型教师在运用档案袋进行反思评价时，可以考虑将专业发展规划、学生成绩表、教学备课材料、教学记录、与学生家长沟通所得到的关于学习的信息、课堂组织理念和效果以及教学录像、照片等放入档案袋。

二 学生评价法

随着我国高等学校学生规模的不断扩大，深化教育体制改革，加强高等教育管理变得越来越重要。在高校教学活动中，学生评价对教师教学质量的提升有着非常重要的作用。适应型教师的经验还不是十分丰富，他们还处于教学的加强稳定期，学生的建议较为中肯，可以根据学生的建议进一步完善其教学水平。同时，学生评价千奇百怪，适应型教师通过学生的评价可以了解自身近期的教学情况，扬长避短，进一步稳固自己的教学风格。[②]

[①] 黄珊珊：《反思性教学——教师专业成长的有效途径》，《宁夏教育》2012年第4期。
[②] 周景坤：《高校教师区分性绩效评价方法研究》，《教育探索》2015年第11期。

早在 20 世纪 20 年代左右，美国一些高校开始了学生评价法的理论研究及实践活动；到了 20 世纪 90 年代，我国高等教育改革步伐渐渐加快，学生评价开始在我国的各大高校中展开，各类高校也逐步加大了学生作为教师课堂教学评价主体的改革力度，把学生评价法纳入高校教学质量监控体系之中。目前，学生评价法在学术界还没有一个统一的定义，学者们依据自己的研究给予各种释义，有部分学者认为，学生评价法就是学生对任课教师的教学态度、教学方式、教学组织安排、言语表达等多方面情况进行评价，给每项内容打上相应等级的一种评价方法。戚业国指出："就本质而言，学生教学评价是通过学生系统地收集教师在教学中的绩效表现，对教师的教学活动是否满足学生需求，是否达到教学目的做出判断的过程。"

综上所述，"学生评价法"是指以学生为教师评价的主体，让其参与教师的教学评价活动，并对教师的教学活动提出意见和建议，使高校能够及时掌握教师的教学情况，帮助高校更好地管理教师教学活动的一种评价方法。

（一）学生评价法的价值

学生评价法有助于高校树立服务学生的办学宗旨，充分体现了高校"以学生为本"的教学理念，同时也成为教师改进教学质量，提升整个高校教师队伍教学素质的重要方式。

1. 调动学生的学习主动性

学生评价法凸显了学生的主体地位，在传统的高校教学活动过程中，学生只能被动地参与教学活动并接受教师传授的知识，对于教师的教学情况没有表达自己意见的渠道。学生评价法的建立使得学生可以平等地参与教师的教学活动，对其教学工作评价发挥了主体作用。[1] 学生评价法的构建为学生主动参与高校教学提供了制度上的保障。很多高校将学生评价法纳入日常教学管理中，所开设的教学科

---

[1] 王锦：《高校学生评价问题及教学策略》，《沈阳大学学报》（社会科学版）2014 年第 6 期。

目、教师的教学活动、教学过程以及高校的相关工作被纳入学生评价的范围，让学生参与，利用高校规章制度确保学生评教工作按时顺利地进行，保障学生获得对影响其发展的高校教学活动充分发表自己的意见和看法的权利。学生评价法的建立和实施，赋予学生一种新的身份，在教学活动中从被动的接受者转换为主动的参与者，学生评价法为学生表达意见提供了渠道，学生的意见最终也将影响整个教学评价结果。[①]

2. 科学规范教学反思活动

学生是教师教学活动的直接受益者，他们应该对教学内容、教学方式、教学效果等最为了解，客观地说，他们的意见和反映无疑是最直接、最真实的。一方面，学生评价可以帮助教师及时获得学生对自己教学效果的评价情况，从而有针对性地改进教学活动。学生评价有利于促使教师不断提高教学水平，丰富学识，成为提高教师素养的原动力，将学生评价法纳入体系中，让学生对教师从教学能力、师德、学识等方面进行综合评价，要求教师坦然地面对学生，这将有利于激励教师端正教学态度，不断反思教学方式，积极主动地与学生沟通交流，从学生的角度出发，充分满足学生的需求，为学生提供更高质量的教学知识。

3. 为评估提供客观依据

教师评价是高校对教师绩效管理的一种手段，评价结果是对教师进行奖惩的重要依据。教师的教学效果会直接影响学生的学习质量，学生对教学的满意度是教学质量评价的重要参考依据。学生直接参与教学活动，与教师面对面接触和交流，能根据自身的体验对教师做出具体的评价。学生评价结果从一定程度上反映出教师的工作态度、教学能力、教学效果，是教师教学质量的真实反馈。在我国大部分高校中，学生评价成为指导教师增进教学效果、提高教学质量以及检验教师的教学方式是

[①] 郭芳芳、史静寰：《美国大众化高等教育中的学生评价研究：缘起、内涵与实践》，《教育科学》2014年第6期。

否符合学生个性发展需求的方式,并将评价结果作为衡量教师绩效的基础和进行奖惩的依据。①

(二) 学生评价法的指标构建

各高校应构建一套适合自身特点的教师绩效指标。指标的构建一般由高校的管理部门负责。在参照其他高校指标的基础上,依据自身的特点,经综合比较后制定形成指标。一般来说,高校在制定指标体系时,都会根据自身需求选择相应的内容。

1. 评价指标的主要内容

随着当代网络技术的普及和发展,学生评价法在我国高校中通常以网上评教的方式进行,由高校教师绩效管理人员对指标进行设计,通常以教学质量表的形式公布在高校相关网站上,并要求学生登录参与评教。"教学质量表"由标题、指标和要求构成。其中"指标"被分为两个部分。第一部分是客观性问题,按照不同层次可分为指标和标准。指标包括教学态度、教学内容、教学方法、教学效果四大块,标准被分为五个等级:非常满意、比较满意、一般满意、不满意、非常不满意。第二部分是主观性问题,这部分由学生自由发挥,可以是给予高校的意见和建议,也可以是对教师教学方式提出改进的方式②(见表5-3)。

表5-3　　　　　　　　常用的学生评价指标及内容

一级指标	序号	内容	等级选择(A、B、C、D、E)
教学态度	1	教学责任心强	
	2	备课充分,讲课熟练	
	3	态度亲和,与学生友好相处	
	4	教学内容观点明确,概念清晰	

---

① 李楠:《高校教师绩效考核中"学生评教"存在的问题及对策分析》,《首都经济贸易大学学报》2009年第5期。

② 王水玉:《学生评价教师的困惑与反思》,《当代教育科学》2005年第3期。

续表

教学质量表

一级指标	序号	内容	等级选择 (A、B、C、D、E)
教学内容	5	讲课内容丰富，难易得当	
	6	认真布置、批改作业	
教学方法	7	讲课方法多样，进度适中	
	8	因材施教，注重启发式教学	
	9	注重培养学生参与课堂的兴趣	
教学效果	10	按时按量完成教学任务	
	11	学生熟练掌握所学知识	
	12	促进学生思维和学习能力的提高	
对教师教学或高校教师管理方面有何意见或建议（可不填）			

备注：可分为五个等级（A 非常满意、B 比较满意、C 一般满意、D 不满意、E 非常不满意）

2. 评价指标构建原则

指标构建的过程具有复杂性和不确定性，在设计指标时，我们应该遵循一定的基本原则。首先，评价指标的构建应遵循导向性原则，要有利于教师教学发展，能够充分调动教师教学和学生学习的积极性，能够引导教师转变教学观念。其次，评价指标的构建应遵循可测性原则，指标的内容应当尽量量化，给予适当的比重，使学生清楚指标的目的、内容，防止指标过于笼统而使人摸不着头脑。再次，评价指标的构建要体现独立性原则，各个指标应当保持独立，互不重叠、互不包含。最后，评价指标内容要体现全面性原则，评价指标内容要面向教学全过程，包含教学态度、教学方法、教学结构、教学效果等方面，内容涵盖面要广。①

---

① 周婷婷：《我国高校学生评教指标体系的比较研究》，硕士学位论文，汕头大学，2007年。

3. 评价指标构建应注意之处

指标是教师今后努力的方向，因而，高校对指标的构建应该高度重视。首先，高校应当设置与教学有关的、能够表现教学规律的核心指标，教师的职责是教书育人，理应以"教"为核心，而"教"又可以被细分为过程、方法、效果等，其中，学生可以直接感受和观察到的是教学过程和方法，这可以是指标构建的主要内容。其次，二级指标应该既坚持全面性，又顾及简洁性，二级指标的数量要适中，指标太多容易导致主体产生厌烦情绪，太少则达不到目的，这里说的简洁性强调的是指标内容的语言描述应尽可能简单明了，并且能直接反映教学的主旨内容。再次，二级指标的设置可以多样化、动静结合，从各个角度反映教学情况，使得结果更加全面，并且指标构建理应结合学生的不同特点，便于学生客观地进行评价。最后，可以建立分类体系，在保持必要性指标的基础上，按照理论、讨论、实验操作等不同类型的科目设置不同形式的指标，以体现指标的差异性。

（三）学生评价法的实施步骤

学生评教活动在高校中的实施和运用须遵循一定的步骤，设计科学完善的评价量表是确保评教工作顺利进行的前提，高效的处理结果才能保证学生评价法达到最终目的。

1. 设计评价量表

拟定的"评价量表"通常分为三个部分，包括标题、表头、表的主体。其中标题可以是某高校教师教学表，在标题下方可适当添加学生年级、性别、专业等内容，表的主体反映指标的内容，主要包括两个方面，分别是定量表和意见或评议表。定量表可依据不同类别的课程标准设置，通用的一级指标一般分为教学态度、教学内容、教学方法、教学效果等，二级指标可分为20个小项；每个二级指标评分可设置5—4—3—2—1 五个等级，全部指标满分为100分；将总评分为四个等级：100—90 分为较为满意，89—80 分为满意，79—70 分为一般满意，70分以下为不满意。意见或评议表则由学生概括教师教学工作中的突出特点或改进的意见或建议，属于自由发挥题。

2. 具体实施评价

首先，由教务处下发通知到各个辅导员处，再告知各班级学生参与的目的、意义以及方式、标准、结果的运用等，并告知注意事项，给予一定的意见，再由学生在规定的时间内参与；其次，应当要求全体学生参与，采取不记名的方式以增强结果的可信度；最后，应该一次性产生评价结果，没有更改的机会，一经评定便立即回收封存，不可更改。

3. 处理评价结果

对数据的收集及处理，评价主体应该根据需要，面向全体师生，应用统计学原理对学生参与的原始数据通过计算机处理，采用科学的评定方法，进行适当的调整，排除不必要的影响因素，尽量使得结果趋于合理化。当统计结果出来后，应上报校领导，并由相关管理人员进行分析，然后反馈给每位老师，让教师及时改进教学方式，提高教学质量。[1] 具体评价过程如图5-1所示。

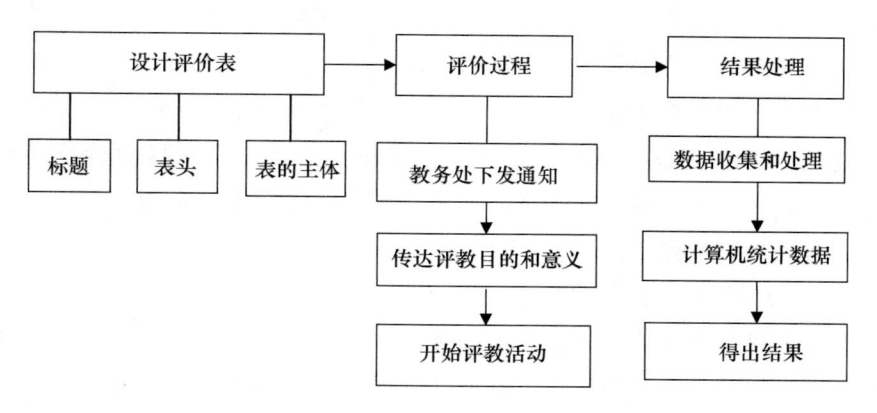

图5-1 学生评价法实施步骤图

（四）学生评价法的应用原则和要求

关于学生评价法的理论研究和实践还处在发展过程中，对其的运用，高校需要遵循下述几个方面的原则和要求。

---

[1] 廖世雄：《"学生评价教师"的实践与思考》，《教学与管理》2002年第5期。

1. 树立科学公正的评价观

学生评价法在高校中被戏称为"一分钟游戏",这显示出学生对教师存在着倦怠、厌烦情绪,缺乏正确的评价观。由于高校缺乏对学生评价理念的教育,在培养学生评价观方面仍然有所缺乏。因而,树立正确的学生评价观,是学生评教活动开展的重要前提。一方面,应当建立完善的学生评教制度,利用条例规定约束学生的评教行为,树立一定的权威性,提高高校对评教活动的重视程度,帮助学生端正评教态度,鼓励学生积极主动参与评教活动,帮助学生树立主人翁意识,让学生明白参与评教既是他们的权利,又是他们的义务;另一方面,要形成良好的评教氛围,否则,学生在参与的过程中难免会受到价值观念、理论基础、实践经验等因素的影响,有比较大的主观性和不可预测性,这就需要高校加强对学生做好前期的指导工作,激发学生的参与意识,端正他们的态度,让他们明确目的和意义,使他们深刻地认识到,评价不只是形式上的,它和教师教学、高校管理乃至他们的发展都具有重大关系。培养学生参与意识,为更好地推进高校教师评教工作奠定基础。学生评价是高校教师评价体系中最可行的方式之一,只要我们运用得当,有组织、合理地进行,正确引导教师对于学生评价的态度,科学地对待反馈意见,准确把握学生评价法的本质,将有利于促进学生的全面发展,充分体现素质教育的要求。

2. 做好评价前的培训工作

要想科学地评价教师,相关的技能和知识是必要的,作为学生,他们在这方面的知识相对缺乏,在看待问题上容易受直觉的影响,因而做好评价前的培训工作就显得尤为重要。作为高校,首要考虑的应该是学生的认知情况,通过调查取证等方式真实地了解学生对教师评价的认识、技能的掌握程度,再"对症下药"地开办培训班,对年级代表或者班级代表进行相关专业的培训,宣传相关高校教师评价的理论思想。另外,可以根据高校自身的特点,开设相关选修课,或者举办讲座,帮助学生正确理解各项标准,指导学生对不同意见、观点作出判断,适当引导学生正确把握指标的内容以及意义,做好评价前的培训工作,促使学生掌握评教的方法，端正评教的态度，使结果更客观真实。如果学生缺乏必要的理论基础，在评价过程中就容易出现各种偏差，导致结果失之偏颇，将达不到评教的目的，阻碍整个高校教师评价工作的开展。[①]

3. 应重视对评价结果的反馈

评价结果的反馈是学生评教工作中的重要环节，也是高校教师评价工作的重要组成部分。评价结果通常会反馈给学生评教活动的参与者，包括高校领导、学生、教师。学生评价结果是高校管理者了解相关教师的教学情况，更好地指导教师工作的重要途径，也是给予教师升迁、奖惩的事实依据，是高校教师评价的参考依据；学生评价结果最终会反馈给教师，是指导教师改进教学方法，提高教学质量的重要指标。有的高校把学生评价结果直接反馈给全部教师，使教师及时了解自身的教学情况，同时也可以了解其他教师的教学情况，取长补短，相互吸取经验。而有些高校则是直接反馈给任课教师本人，注重的是维护教师的自尊心和保护隐私；部分高校还会将学生评价结果反馈给学生，以彰显高校民主管理之风，同时也表明高校对学生评价的重视，树立学生参与评价的意识。另外，还有的高校把评价结果公之于众，这种形式使得教师可以充分了解评价的整体结果，对自己的教学情况也可以有全面的认识，这种形式容易造成舆论压力，使好的教师再接再厉做得更好，同时也激励一部分一般的教师不断改进教学方法。只有把学生评教工作的意见加以总结，通过有效的形式反馈给相关的参与者，才能更好地实现评教的最终目的，高校应当重视结果反馈这一环节，依据高校自身的特点选取不同的反馈形式，保证反馈信息准确、反馈渠道畅通，推动教师充分发挥积极性，促进学生的发展，使学生评教工作充分发挥作用。

4. 营造良好的评价文化

在实施素质教育的今天，在教育教学活动中，教师是主导，学生是主体，学校作为教育教学的统筹者承担着管理的职责，对教师实施评价

[①] 周景坤、滕兰青：《档案袋法在我国高校教师分类评价中的运用》，《教育探索》2015年第3期。

成为高校日常管理的一部分。在师生中营造良好的评价文化有利于校风的建设和发展,是激励教师教学进步的重要前提,但转变管理模式,营造符合时代发展,适应高校的评价文化尤为重要。高校可以从以下几个方面做好营造良好评价文化的工作:其一,坚持客观性原则。高校教师教学是脑力劳动成果的展现,其过程具有复杂性的特点,因此,建立科学、合理、规范的评价管理制度是对高校教师进行客观、公正评价的前提,也是营造良好评价文化的重要保障。学生评价法实施的过程必须保持公正公平,从而激励教师,提升高校评价工作的效率。其二,要有明确的目标。学生评价是学生对教师教学进行的评价,以帮助教师改进教学方式,提高教学质量,为教师评价提供依据和目标,明确的目标可以促使教师为达成目标而做出努力,为教师规划职业生涯指明方向,保证教师发展规划与高校发展目标相适应,形成良好的评价文化。其三,高校教师评价文化的形成需要评价管理制度作为保障,人性化的评价管理制度既保障了学生参与教学管理的民主权利,也能充分发掘教师的潜力,增强教师的主人翁意识和对工作的向心力,形成一种富有凝聚力的评价文化氛围,完善的奖励制度是激励教师的原动力。其四,重视对教师的培训与开发,提高教师的学识能力和教学水平是提高整个高校教学质量的重要前提。

随着"以人为本"教育理念的深入贯彻、落实,高校的教师评价体系不再是形式主义、功利主义,而是正逐步朝着规范化、体制化发展。学生评价即是秉承"以人为本"的宗旨,充分考虑到教学的接受者——学生这个主体对教学质量、教学效果的客观体会,以人性化的方式让学生积极参与到对教师教学的评价中去,使教学效果可以得到更为直接、真实的反映,为适应型教师管理工作提供更多的参考依据。虽然在运用过程中还存在一些不足,但是,随着理论研究和实践探索的不断深化、成熟,学生评价法在适应型教师评价中会得到更好的运用。

第四节 成熟型教师评价方法

成熟型教师处于职业生涯的发展期,能够正确认识、评价和调控自己的心理，具备了灵活娴熟的教学方法，同时乐于大胆创新教学方法，热衷于参加各种学术活动，有自己独特的见解。能够关注学生的发展，较好地处理师生关系。但是也可能会满足现状，形成固定模式，同时成熟型教师处于教育事业发展的中后期，他们大多担当着多重角色，容易产生职业倦怠情绪。成熟型教师在长期的课堂教学中积累了丰富的教学经验，教学思路和教学方式别具一格。但是，如果满足现状，不积极主动地改变自己的教学方式，极有可能使自身的专业发展能力停滞，容易产生职业厌倦心理。在此阶段，成熟型教师需要不断创新，强化其专业能力。专家调查发现，成熟型教师最为适合的五种评价方法有同行评价法、关键绩效指标法、学生评价法、360度绩效评价法和专业小组讨论法。

一　同行评价法

同行评价即同行间通过互相听课、观察、信息反馈和交流以促进教师专业发展。这里对同行评价的含义、主要内容和主要形式进行简单的概述。

（一）同行评价法的含义

关于同行评价法的内涵，国内外还没有统一的界定。同行评价在高校教学评价中被定义为"同行间通过互相听课、观察、信息反馈和交流以促进教师专业发展"。由此可以看出，同行评价具有扁平化教学的促进作用。同行评价在实践中被不断运用，它的意义不断加深。同行评价可以使教师参与到同行评价中来，为提高教师的专业水平和能力，促进教师的专业发展发挥着重要作用。[1] 高校教师同行评价的根本目的是通过同行的听课观察，发现评价对象所存在的问题，再通过沟通反馈，为教师提供建议，从而促使双方获得发展。在同行评价的过程中，评价主体根据自身的知识和经验，可以对被评价主体的教学行为有很好的理解，从而做出客观公正的评价，以促进教师的专业发展。

---

[1] 孙二军：《教师专业发展中的自我认同》，博士学位论文，陕西师范大学，2009年。

综上所述，同行评价即同行间通过互相听课、观察、信息反馈和交流以促进教师专业发展的评价。同行教学评价是教学信息反馈和评价教学效果有无的有效方法，是引导教师转变教育观念，加强自身责任教育，改进教学技能，提高服务水平，实现规范化的教学管理，形成科学化评价机制的重要途径。

（二）同行评价法的主要内容

同行评价法的内容不是预设的，而是教师同行通过听课和观察把所发生的有意义的事件记录下来，再对得到的信息进行分析后反馈给被评价教师而形成的。一般来说，同行评价的主要内容包括教师的品德修行、专业能力、工作绩效、出勤纪律四个方面。

1. 品德修行

品德修行主要包括教师作风，是否公正无私，是否视教学为第一位，是否敢于担当责任。教师的为人正直，处理问题大公无私，为人端庄正派，热爱生活，尊重教学，关爱同事，热爱本职工作，关心学生，以学校为重等是德行评价方面的主要内容。

2. 专业能力

专业能力主要包括教师的治学效果、知识丰富度、工作完成情况等方面。能认真对待所从事的职业、严于律己、能把教学技巧完美地运用到治学中，不断吸取外界知识、充实自己、善于学习、总结，克服困难、勇于解决难题、适应本职工作，能按时完成工作任务等是评价能力方面的主要内容。

3. 工作绩效

工作绩效主要包括教师的集体意识和教学效果。教师的团队合作、集体荣誉感、能将个人融进集体当中，受学生欢迎，教学成绩显著，能用不同的教学方法和技巧培养学生学习习惯等是评价工作绩效方面的主要内容。

4. 出勤纪律

出勤纪律主要评价的是教师出勤和守纪方面。如是否遵守师职师德，遵守校规，按学校规章制度办事，按时授课，有事请假，不因个人私事而擅离职守，新学期开学能准时回校，没有缺勤等情况。

（三）同行评价法的主要方式

同行评价容易受第一印象、感性、视觉等心理因素的影响而致使评价结果不够准确。为了提高评价质量，建立多元评价体系在进行同行评价方面是十分必要的，可以确保评价的可靠性。在一般情况下，同行评价有以下四种形式。①

1. 同行听课

同行听课即同行间进行相互之间的听课。它以听课后的信息反馈为目的，对促进教师教学能力的提高和专业水平的发展具有重要的促进作用。② 在同伴互助听课的背景下，促进教师的专业发展，应从计划、准备听课、课堂讲课、教学理念四个环节进行信息反馈和重组，在这一过程中教师可以共享教学经验。通过同行听课来革新教学理念，提高教学能力，促进教师专业发展，提高教学质量。

2. 课堂观察

课堂观察是教师同行通过听课，将在课堂上观察到的有意义的事件记录下来。学校应经常组织同行评课，对课堂情况进行观察记录。听课前，评价双方应进行相互讨论，了解授课内容；听课时，评价者对授课教师进行观察评价；听课后，组织评价双方讨论，应允许被评者发表自己的主张和见解等。

3. 创建教师教学档案袋

创建教师教学档案袋要求教师按照评价标准与要求，收集最能反映自己实绩的教育教学信息③，如教学技术和方法掌握情况、课堂内容丰富、学生的反应、发表的论文、科研业绩、专业成长证明材料及结论等，评价者依据相关评价信息做出科学的评价。

---

① 潘光全、吴清晰：《新课程实施中的教师同事评价》，《现代教育科学（中学校长）》2007年第2期。

② 黄晓露、梁郁波：《同行评价法在高校成熟型教师绩效评价中的运用》，《梧州学院学报》2014年第10期。

③ 潘光全、吴清晰：《新课程实施中的教师同事评价》，《现代教育科学（中学校长）》2007年第2期。

4. 分析反馈

分析反馈是指评价者通过课堂听课和教学观察后对被评价教师进行分析。在得出结论后，再把信息反馈给被评价教师。在分析反馈过程中提出意见和见解，从而使被评价教师发现问题和不足，做出及时改进和调整，也可以相互交流使评价双方获得各自的满足，促进教师的专业发展。

（四）同行评价法的作用

随着同行评价受到人们的重视，它的作用也受到人们的关注，同行评价法的作用有如下四个方面。

1. 有利于对教学业绩做出更准确的评价

对教学工作进行客观准确的评价至关重要。对教学业绩做出正确的评价有利于教师教学事业的发展，而对教学业绩所做的评价不正确则会影响教师的教学效果。教学业绩评价具有极强的专业性，因此，对教学业绩的评价应是一个谨慎的过程，不能轻率地对某项教学业绩进行评价。对教学业绩评价最有发言权和权威性的是教师同行，因为他们长期在一个教学领域中从事教学工作，对本学科的发展历史、现状和最新进展具有较全面和深入的理解，他们可以较准确地判断本学科某项教学业绩的分量，因此，教师同行评价有着不可替代的重要性。美国国家科学基金会、国家研究委员会在《科学质量的评估》中指出，谁教、谁学、谁领先、谁将要进行科研工作，都应由学科同行确定，什么样的结果应当公布也应由学科同行确定。可以看出，同行评价有利于对教学业绩做出更准确的评价。

2. 有利于提高学校的教学效果

在学校的规章制度下，为了能在教学管理工作中有所突破，以提高教学质量，就要采取科学可行的教学评价。高校教师的评价方法多种多样，例如教师自我评价、学生评价、同行评价等。高校同行评价是一种立足于教学实践过程的评价，将其运用于教学过程，非常符合实际，并且评价内容广泛，形式多种多样。由于评价者本身就是同行，他们对教学的理解非常相似，专业知识十分接近，并且在评价过程中会感同身受，可以从不同的方面对评价对象进行深入、客观、理性的评价，从而在合理的评价下对教师的教学效果做出正确评价。因为同行评价本身就是针对教学过程所实施的评价，评价包括了教师的各个方面，从本质上讲也就是对学校的教学过程所进行的评价，因而同行评价对学校的教学是非常有意义的。

3. 有利于加强高校的教风建设

教师同行评价的过程也就是在评价中找出教师所存在的不足，经过改进提高教学水平。开展教师同行评价，可以增强教师的职业素养，进而提高教学质量。通过教师同行相互评价教学内容，相互交流在教学上所取得的成就和遇到的难题，各自再将收到的信息进行相互反馈，这样就能够收集来自同伴的可靠的、有价值的、对促进自身发展有帮助的信息，从而更为全面地评价教师的工作情况。

4. 有利于提高教师的教学能力

在评价过程中，选出一些身居教学一线，拥有丰富的专业知识的教师作为评价教师，在评价后对于需要做出改进的教师给予专业指导和帮助，从而使其改进教学方式，提高教学技能。这种评价方式通过评价将教师与教学联系起来，充分体现了当代教育理念，以人为核心，促进教师的专业发展和能力提升，从而提高学校整体教学质量。开展同行评价活动的过程，就是评价双方建立合作与共享教学经验的过程，使双方都取得收获，满足需求。教师评价主体可以根据自身所拥有的专业知识和经验，通过沟通协商制定出符合学校要求的评价指标，对被评价主体做出客观、真实的评价，再把评价结果反馈给被评价主体，相互交流意见，从而发现优点和不足，在改进的同时促进教师专业发展。与此同时，被评价主体也可以向优秀教师学习，吸取他们的教学知识为己用。

（五）同行评价法的主要形式

同行评价法在高校成熟型教师评价中的形式多种多样[1]，具体而言，有以下四种。

---

[1] 周景坤：《教学日志法如何有效帮助新手型教师成长研究》，《内蒙古师范大学学报》（教育科学版）2015年第9期。

1. 同行填表式评价

有时，同行间不需要观察彼此的授课活动就能够恰当而客观地评价其他教师的教学情况。填表式评价可以为被评价教师提供系统化的可比较的资料。通过填写同行评价表，对教师的各个方面进行评价，也可以此为据，与其他同行教师进行对比，从而总结出更完善的教学形式，对教师做出更客观的评价。

2. 课堂教学行为评价

行为评价是评价者以听课的方式进行课堂考察以获取评价对象的信息，评价者根据事前准备好的步骤进行考察。在进行课堂教学行为评价前，评价者要和评价对象会面，在双方达成共识后，再商讨听课的具体时间、所需要注意的事宜等。了解教师所教班级的基本情况，以便消除被评价教师的恐惧和疑虑。教师可以将自己学生的情况和教学的内容向评价者做简单的汇报和说明，也可以谈论所遇到的教学困难等，双方建立良好的沟通，确定合作关系。评价者与评价对象经过讨论后，进入课堂听课，记录课堂发生的有意义的事件，发现不足和值得学习的地方，作为日后评价资料。在课堂观察后，评价者要把所获得的信息反馈给评价对象，通过交流沟通，提出值得学习的地方，同时指出存在的不足。通过教学行为评价，双方都有收获，从而促进教师专业发展。[1]

3. 匿名小组评价

在通常情况下，关于教师的职位晋升、奖惩或者教师本人的终身职位决定都是采取匿名小组进行评定的。被评价教师和教务长共同挑选出评价小组的成员名单。一般是在被评价教师和教务长共同提名的教师中挑选出几名经验丰富、有权威的教师作为评价教师，由他们组成匿名小组。评价教师是本校本系的或者是外校外系的并没有太大影响，只要他们是同行教师就行。在这种情况下，评价小组的成员都是学历丰富、从

---

[1] 黄晓露、梁郁波：《同行评价法在高校成熟型教师绩效评价中的运用》，《梧州学院学报》2014 年第 10 期。

教多年且有的已经是获得终身教职的教授。① 运用匿名小组评价形式的一个好处就是评价小组成员之间相互不知道对方的信息。这种评价形式通常先观察被评价教师的上课情况、研究被评价教师的资料，然后再做出评定。

4. 开成果展示会

学校可把展示会安排在期末进行，为期数天。被评教师将能反映自己一学期（学年）工作业绩的资料，如教案、听课记录、教学大纲和考试的内容、选修课的普及情况（选修人数）、教学改进活动（参加各种讨论会，参加在职培训）、学生对上课教师的评价、同行教师听课后的评价、课堂观察情况、业务学习笔记、课件制作、后进生转化等内容提交给学校同行评价小组，再把这些内容以展览的形式贴到公告栏里，教师通过观察展览，发现其他教师的优点和值得学习的地方，同时也从侧面反映出自己存在的问题，通过比较后，在以后的教学中进一步总结经验，促进自身教学水平的提高。②

（六）同行评价法的过程

教师同行评价实施得好坏会影响评价对象信息反馈的真假，在实施过程中需要一步一步地进行。

1. 同行听课与观察，发现问题

同行听课即同行相互听课，它是以听课进行信息反馈为目的的，对促使教师教学能力的提高和专业水平的发展具有重要的促进作用。国内外很多研究同行互助听课的资料表明，教师间相互听课可以有效地促使教师专业水平的提高。高校的教学效果会受到教师同行互助质量和效果的影响。③ 同行互助听课，有利于教师在一起合作和共同分享教学经验。在同行听课的基础上对教师的教学行为、教学方式进行观察、记

---

① 黄晓露、梁郁波：《同行评价法在高校成熟型教师绩效评价中的运用》，《梧州学院学报》2014年第10期。

② 黄晓露、梁郁波：《同行评价法在高校成熟型教师绩效评价中的运用》，《梧州学院学报》2014年第10期。

③ 黄晓露、梁郁波：《同行评价法在高校成熟型教师绩效评价中的运用》，《梧州学院学报》2014年第10期。

录，发现授课教师存在的问题和不足。

2. 开展同行交流，进行信息反馈

每一位教师的教学都是一个复杂的创造性劳动，"孤军奋战"往往会显得力不从心，因此教师应该寻求教学上的合作共赢，积极开展同行交流。由于同行教师在知识水平和能力上的不同，所积累的经验也各不相同，正是由于经验的个体性和差异性，同行教师之间的交流就成为可能。而同行评价就是广大教师进行沟通和交流的有效载体。通过同行评价，评价小组对被评价教师在教学行为上的创新点或者做得不足的地方进行反馈，通过反馈和交流研究出解决问题的方法。成熟型教师可以将自己所遇到的困扰问题与同行进行交流，倾听同事的意见，或是与同事分享自己对某一教学事件的看法等，在彼此的对话中相互启迪，在彼此的交流碰撞中得到启示，促进教师的相互学习和共同提高。①

3. 回顾教学过程，反思教学行为

成熟型教师要通过回顾教学过程和自身感受，批判性地反思、分析和评价自己的教学经历。教师同行评价的最终目的是在评价后，通过反思，进行批判性的分析和评价，理清思路，提高认识，提高教学质量。同行评价需要在评价过程中教师之间相互交流，反馈教学信息，发现问题，进行指导改进，以实现教师专业发展。只有这样，同行评价才具有指导改进价值，否则所进行的同行评价只能停留在狭隘、肤浅的层次上。反思过程就是把经验变为学习的过程，是一个加入感受、情感与做出决定的过程。成熟型教师在反思过程中要特别关注自己的感觉和情绪，这样才可以进一步加强反思和学习。对同行评价的反馈信息进行回顾和分析的过程实际上就是教师自我反省和自我评价的过程。成熟型教师要认真反思自己的教学优点、教学缺陷，反思应采取哪些有效的措施，为什么要采取这些措施。② 教师应认真反思自己的教学行为，体会

---

① 黄晓露、梁郁波：《同行评价法在高校成熟型教师绩效评价中的运用》，《梧州学院学报》2014年第10期。

② 黄晓露、梁郁波：《同行评价法在高校成熟型教师绩效评价中的运用》，《梧州学院学报》2014年第10期。

学生的内心感受，发现自己的进步与不足，并找出改进自我的途径。这是成熟型教师不断认识自我，提高教学能力，促进教师自身专业成长的前提条件。

（七）同行评价法运用时应注意的几个问题

高校同行评价普遍存在评价不客观、不公正的问题，值得我们注意和改进。

1. 重视评价对象的参与

在实施同行评价时，要重视评价对象的参与。因为评价标准是评价主体衡量评价对象的标准和尺度，评价标准客观与否会直接影响评价对象对评价结果的认可程度。如果评价标准有所偏离，就不能对评价对象做出公正和客观的评价。所以在同行评价标准的制定方面，要引导评价对象参与其中，使其意识到他们在制定评价标准的过程中是不可或缺的，否则将导致评价对象的排斥，从而使评价处于被动地位，导致评价只是流于一种形式。制定尽可能得到评价对象认可的评价方案，是进行客观公正评价的基本前提。改变以往的评价标准只是一个形式，是一个空泛而没有意义的现象。通过评价对象参与制定评价标准，使评价标准完全符合评价对象的要求。另外，在制定评价标准时，涉及面要广，既要包括教师的教学方法、教学能力、授课水平、师生互动，也要注重教师本身的专业素养以及为人师表方面。评价既要有深度也要合理。

2. 强化对同行评价过程的监督力度

实施同行评价的过程一定要严肃认真，因此需要加强监督的力度。如果评价过程马马虎虎，评价者和评价对象都没有认真对待，那么得出的结果就不会有准确性，更不用说促进教师专业发展了。因此实施同行评价的过程无论是评价主体还是评价对象都要认真对待。通过对同行评价实施过程的监督，确保评价过程的真实性，实施同行评价时可以在系里选出一些教学经历丰富、具备专业知识能力、熟悉评价过程、有一定权威的教师组成评价小组，对各评价对象进行随机观察，听课调查，这样可以充分调动评价者的主观能动性，避免由于评价者本身能力有限而导致评价结果不公正问题。另外，通过交流沟通，让评价对象认识到实施同行评价是为了促进教师专业发展，提高教学效果，从而使评价对象消除恐惧，这样就不至于使评价对象应付评价。

3. 加强评价的培训工作

在实施同行评价前，为了加深对评价的认识，应进行一次培训，使得评价对象认识到实施同行评价并不是为了教师个人的奖惩、加薪晋职，而是为了提高教师的专业水平，是对评价对象有益的。另外，对评价者进行培训，使其认识到同行评价对双方都有促进作用。只有评价者从目的上认识到同行评价的重要性，才会使其注重自身的修养和自我完善，从而根据要求制定出符合标准的评价指标，同时使同行评价的实施依据有客观性。只有双方从真正意义上理解和认识到同行评价的作用，才会调动教师的积极性，才能使他们主动参与到同行评价中来。以往的同行评价只是在期末进行，评价者只是随意地听取几节课就对评价对象做出评价，这样的做法是肤浅而片面的。应转变评价形式，进行长时间的评价，评价者可以进行不定期检查。

4. 注重对评价结果的交流和反馈

这是成熟型教师获取评价信息最重要的一个环节。沟通和反馈评价结果的目的是提高同行之间的相互作用，通过反馈，双方都得到各自所需；应不断进行回顾、分析、反思，收获正确的教学经验，总结出教学规律，探究符合自身专业发展的教学途径，最后再将其运用到教学实践中。对评价内容进行回顾、分析，并积极与同事讨论，获取多方经验，只有真正做到了反思这一步骤，在反思后采取改进措施，才能实现同行评价的真正意义。教育教学活动是一个从实践到理论再到实践的循环往复的过程，交流和反馈在其中起了重要的作用。只有通过交流和反馈，才能形成系统的理论，最后再运用到实践中。这对他们的专业发展是非常重要的。

5. 重视对同行评价的引导

为确保同行评价的有效性，需要注重对同行评价的引导。一方面，评价是人实施的评价，多少会掺杂个人感情因素，因此需要加大监督力度。另一方面应引导评价双方认识到实施同行评价并不是为了个人的奖惩、加薪，应使他们摆正态度，加强修养，自觉抵制不良诱惑。不要因为个人的主观感情而对同行做出错误的评价，我们要倡导公平竞争。只有教师摆正自己的态度，端正思想，合理地实施同行评价，才能对评价对象做出客观公正的评价，从而在反馈与交流中促进双方共同发展，实现合作共赢。另外，要引导教师进行正确的评价，消除双方的误会，通过合作交流，加强双方的沟通，达成共识。要让他们认识到教师同行评价的根本目的是促使双方共同进步，一起发现问题，研究改进教学的方法。从本质上说，同行评价需要教师的相互合作，在彼此的交流沟通中共同成长。通过这种合作，使同行评价的作用发挥到最大，从而促进教学事业的发展；引导形成合作的教师互助氛围，为同行评估的有效开展提供保障。

总之，只有真实的同行评价才有利于促进教师专业水平的提高，使教师不断改进教学方法。引导形成互助互评的教学氛围，也有利于同行评价的开展。同行评价是教师相互评价、相互促进的过程，它关注和重视教师的发展。如今高校间竞争激烈，要想不被淘汰，就需要壮大师资队伍力量，通过优质的教师保证一流的教学质量。而同行评价就是直接促进教师教学技能提高的一种有效方法。当高校需要提高教学绩效，但又存在资金不足时，引入人才就十分困难，这时候就要考虑同行评价的作用。通过同行评价，使现有的师资互评互助，发现问题，提出改进意见，相互得到提高，这样整个学校的教学效果也会跟着提高，教学质量也就得到了保证。随着社会的发展，高校专业化教师需求越来越多，在这种趋势下，同行评价在高校间的受关注度将会越来越突出。

二 关键绩效指标法

（一）关键绩效指标法的概念界定

我国高等教育已经进入了快速发展时期，为了提升高校教师的评价水平，各高校迫切需要建立一套科学、高效的教师评价指标体系，而关键绩效指标法就是一种较好的评价方法和战略实施工具。

关键绩效指标法（the Key Performance Indicators，KPI），它是由 Robert S. Keplany 教授和 David P. Norton 管理大师在平衡计分卡的基础上

提出来的。关键绩效指标法是指组织在制定员工的评价指标时，只是选取那些与组织战略目标紧密相关的内容来作为员工评价指标的一种评价方法。关键绩效指标法的重点在于能够选取到重要和关键性的指标，让员工的工作重点和方向更加明确，有利于评价指标对组织战略目标的实现。[①] 关键绩效指标设计的思想是通过把影响80%工作的20%的关键点（指标的个数一般控制在5—12个）进行量化设计，变成可操作性的目标，从而提高评价的效率。

（二）关键绩效指标法的地位

关键绩效指标法是指选取那些十分具有代表意义的也即可以实现高校总体战略目标的关键性指标进行评定的方法，这样有利于高校在可控范围内成功地解决在实施过程中所发生的各种各样的突发情况等，并且可以在较大程度上改进各项工作。

1. 有利于实现绩效管理的可持续发展

传统的评价只重视结果，从而忽视了绩效过程的重要性，这就说明忽视了教师以及有关部门正在付出的努力，让过程中所付出的劳动得不到认可，这样会使教师和各部门过于被动，不利于高校的长远发展。但是关键绩效指标法"把平衡性体现到各个方面，把教师绩效的短期目标和长期目标有效地结合在一起，克服了财务评估方法的短期行为，达到了教师绩效管理的过程和结果的平衡"[②]。这不仅认可了教职工与各部门正在做出的努力，还激发了他们的工作热情。

2. 有利于促进组织和教师个人的学习

高校管理人员应不断加强学习，多思考，多验证，预测学校未来可能出现的教学问题并想出可行的应急对策，思考如何才能更加完善学校的相关规章制度。"如何增强学校的整体综合素质，不断做短期与长期规划，这直接表现在对高校教师所产生的积极影响上，进而促使高校教师想方设法提高其自身教学质量水平以及高校教师的具体管

---

① 周景坤：《关键绩效指标法在高校教师绩效评价中的运用》，《教育探索》2016年第7期。

② 勾景秀：《民营中小企业绩效管理特点分析》，《价值工程》2010年第10期。

理水平。"① 对于教师个人而言，只有学习才能不断使人进步，才能增强教师自身的科学理论知识，提高自身的素质，提升师德，才会在教书育人过程中更加有信服力，为学生做一个学习的好榜样，得到学生的认可与爱戴。这样一来，高校的学习氛围会更加浓厚，可以提高学校的整体综合素质和学术研究水平，对内具有积极的带动作用，对外具有重要的影响力。

3. 有利于双向沟通和增强学校凝聚力

关键绩效指标法不论是被运用于企事业单位，还是非营利组织，都重视沟通这一因素，纵向的沟通包括管理者与被管理者之间的沟通，通过双向沟通可以使管理层进行更多的交流，从而吸取一些成功的经验和心得去开展学校今后的工作。通过沟通这一平台，高层管理者会更加关注教师的需求，了解教师自身关心的一些事情以及希望自身能够发展的空间，教职工也可以将所发现的组织存在的问题和解决措施反馈到管理层，让管理者能够捕获最新最全面的信息，有利于做出可行决策。通过沟通，可以增强高校各主体之间的团结协作，重视团队精神，取长补短，使高校制定的措施和管理制度更加完善，这就是高校一致性的表现，增强了学校的凝聚力。

4. 有利于无形和智力两方面资产的管理

在绩效指标设计时将个人的努力方向与高校整体战略目标紧密结合在一起，不仅让教职工了解学校的战略目标，熟悉学校的教学工作运作情况，还可以使学校更多地了解教职工的内心诉求，提供更多的晋升发展机会。同时，促使学校和教师完成各自的目标，提高学校的竞争力。

5. 有利于降低教师评价的信息负担

在现代化的信息技术时代，高校已经不会因为评价信息量过少而感到苦恼不堪了，随着学校全员管理的引进，学校在实施评价时，当教职

---

① 王波：《基于竞争力提升需要的企业绩效管理》，《科技情报开发与经济》2010 年第 3 期。

工或学生或者学校顾问对学校教师评价提出看法与建议后,会让本来信息量就非常大的系统信息进一步增加,这将会给高校的各个领导层增加工作难度,效率、速度均会受到相当大的影响。这样,如何让高校快速地作出相应的对策就成为必须解决的问题,而关键绩效指标法可以使学校领导者做到仅仅关注极少数而又非常关键的评价指标来对教师绩效进行评价,在保证完全满足学校评价管理需要的同时,尽可能地减少由于信息量过大而需要支付的不必要的成本。①

(三) 关键绩效指标法的主要步骤

在实际工作中,高校要想更好地发挥关键绩效指标法在高校专家型教师评价中的作用,就必须根据各大高校的具体情况因地制宜地设计出一套科学、合理的评价方案,高校运用关键绩效指标法对各个教师的绩效进行评价主要包括以下步骤。

1. 围绕学校战略确定指标

高校在运用关键绩效指标法时要十分详细地分析周边环境的变化和各个学校自身的条件来确定其历史使命,这是高校引进关键绩效指标法的核心。各大高校必须努力实现"人才培养、科学研究和社会服务这三个主要方面,整体上高校的使命就是这三个方面"②。因为各大高校的具体情况不同,所以这三个方面的侧重点会有所区别。关键绩效指标法是一种非常有效的教师绩效管理工具,在设定高校教师评价目标的时候必须围绕各高校的历史使命与未来的愿景加以选择,其中评价目标设置的合理与否直接关系到其能否真正地将学校的使命转换为教师实际的行动,因此要把握好这一联系。

2. 选择教师评价指标

各大高校在对各个教师的绩效进行评价时,要结合学校的历史使命以及关键绩效指标法的几大主要内容来选择一个科学且可行的评价指标

---

① 周景坤:《关键绩效指标法在高校教师绩效评价中的运用》,《教育探索》2016 年第 7 期。
② 池杰、李卓欣:《国外高校教师绩效管理开展现状要求》,《中外合资》2011 年第 8 期。

体系。选择教师评价指标要包括两个层次：第一层次是关键绩效指标法包括的几大评价指标，第二层次是第一层次指标的具体化。

3. 设计分步骤的行动方案

设计具体可行的行动方案，要在关键绩效指标的指导下进行，可以从日常记录、期末评分两个大的内容下再进行具体划分。在关键绩效指标法的日常记录中进行教师评价时，要随时将那些计算关键绩效指标所需要的数据和内容记录下来，把这些数据和内容记录下来，首先可以为期末评分奠定基础，能够有更充分的资源合理地进行期末评分。其次可使学校领导和各部门主管及时了解教师评价的运作与进程。最后使教师本人了解自身的情况，关注自身的行为。在运用关键绩效指标法的期末评分中，要对照前期对教师绩效的日常记录情况、教师总的方面指标的评价进行期末评分。运用关键绩效指标法的期末评分可以检查绩效目标是否实现，分析造成结果的原因，并能够有效地指导未来的绩效管理方向。

4. 开展教师评价工作

在相关工作准备充分的条件下，根据评价指标与有关标准开展教师评价工作，在评价过程中，一定要严格按照指标和标准进行评价，整个评价过程都要客观、公平、公正，要认真对待，不能敷衍了事，更不能只是进行形式上的评价，必须真正采取具体行动，同时还要在评价实施的过程中做好监督工作，使教师的评价信息和结果具有真实性与说服力，这有利于接下来评价工作的开展。

5. 及时反馈评价结果

在过去的高校教师评价中往往存在着评价结果应用不合理、反馈评价结果的机制不成熟等问题，以至于评价达不到预期效果，不能充分发挥评价结果的促进作用。在有效的评价方法中，反馈评价结果的环节是评价过程中必不可少的，需要引起重视。在以往的评价中，被评价教师常常不能够及时知道自己的评价结果或不能及时了解评价的相关细节，因而不清楚这个结果最终对于自身的意义，也就无法找出自身的短处和长处，评价结果一般是作为学校管理人员评判一个老师好坏的依据。缺乏对评价结果的有效反馈，会使高校教师忽视自我评价和自我反思，甚至会使教师丧失了解自己教育现状的机会，同时剥夺他们表达自己观点、意见和申辩的权利。关键绩效指标法在高校教师评价中能否发挥有效作用在很大程度上取决于评价结果的反馈，因为评价结果的反馈能够反映关键绩效指标法的成效，是促使教师改进自我、发展自我的重要因素。学校应注重反馈的方式和效果，积极鼓励评价对象和他人一起交流、学习彼此的发展计划，促进教师教学水平的不断提高，促进评价机制的不断完善。

（四）关键绩效指标法运用的原则

关键绩效指标法是一种新型的高校教师评价方法，高校在借鉴和运用时不能够直接照搬他人的经验，必须根据自己的实际情况进行具体分析，要想更好地实施关键绩效指标法，需要注意以下几个问题。

1. 争取获得高校领导的支持

高校运用关键绩效指标法对教师进行评价，是一种较好的绩效评价改革措施，需要做好前期工作准备。因为对教师进行评价，不仅关系到教师自身的利益，还关系到学校整个组织的运作，因此，采用关键绩效指标法的首要前提是得到学校领导的大力支持，拥有足够的资源去应对这样的改革，这样一来，在运用过程中对发生的一些突发状况或者风险就能加以及时应对，使教师评价拥有坚强的基础，且在最终的教师评价结果中，表现优异的要给予物质上以及精神上的激励，增强教师对学校的归属感。

2. 重视专家型教师职业生涯发展

只知道重视教师所取得的成绩，缺乏对教师特别是青年教师的指导，当评价结果与教师利益相关时，就会造成教师只重视短期效果。相关管理人员只有重视教师的需求，创造条件不断满足其需求，才能激发广大教师的积极性。[①] 因此，高校在运用关键绩效指标法的时候，要时刻关心教师的不同需求，改善教师的工作环境，尊重教师的人格，让教师足够相信学校，不断提升自我。

[①] 徐木兴：《新时期高校教师绩效评价体系研究》，《理工高教研究》2007年第6期。

3. 做好与专家型教师的沟通工作

高校运用关键绩效指标法对教师绩效进行评价是一种改革，学校领导层在改革时要做好相关准备，有足够的信心去面对一些压力，因为刚开始采用这一新型的评价方法，教师的情绪会受到很大的影响，这种情绪的波动来源于他们担心自身利益会受到影响，自己是否有能力去应对这样的绩效改革等，这些不确定性因素会造成教师情绪波动，使其难以接受改革，有时候甚至会影响工作进程。因此，学校领导在面对这些压力时要镇定，要组织相关人员与教师进行耐心的沟通工作，使教师慢慢接受与认可改革措施。首先需要沟通与协调，关键绩效指标法本身就是一种有效的沟通工具，让教师清楚此次评价只对事不对人，主要是为了提高教师的综合素质和学校的核心竞争力；其次是吸纳建议与民主参与，在沟通过程中要认真听取教师的每一个建议，让教师积极参与进来，重视每位教师的价值取向，从中汲取一些可行性建议，肯定教师是绩效改革的核心力量；最后是激励与支持，在实施关键绩效指标法的初期，学校领导要起带头作用，积极带动教师参与，通过学校领导有效的沟通与协调，教师最终会真心接受与认可关键绩效指标法。

4. 建立科学合理的评价指标

有些高校并没有根据自身情况确定教师评价指标，没有进行思考，导致指标体系相似，只是在量化数值上进行调整，"重视数量而忽视了质量的作用，缺乏科学和可行性分析"[①]。这就使评价指标没有根据自身的特点和使命去确立，过多地强调教师发表论文的数量和研究课题的数目，在这种一味追求数量的情况下，教师评价根本起不到多大作用，对教师的能力也没有提高作用。因此，高校要根据自身的情况，在完成使命的情况下努力转向教师收入状况、教师工作满意度、教师教学水平等关切教师个人职业生涯发展与生活需求上，建立适合的评价指标。

---

① 杨月华、杨志敏：《试论高校绩效评价在高校教师激励机制中的运用》，《牡丹江教育学院学报》2014年第4期。

5. 加强评价前期的培训工作

关键绩效指标法是一种先进又新型的教师评价方法，在对教师绩效进行评价前，要对相关管理人员以及教师进行相应的培训。"高校采用关键绩效指标法不是短期的或者是一次性的评价，需要在实施前期、实施过程中加强对管理者和教师的培训，教师是作为被评对象，所以要更加清楚地让教师了解关键绩效指标法实施的步骤和主要内容，教师有哪些疑问都要给予明确一致的回答，使学校上下都清晰地了解关键绩效指标法，保证在教师评价中取得较大的成就。"[1]

关键绩效指标法作为一种有效的评价方法和战略管理工具，对高校教师评价具有很大的作用，对高校绩效战略的制定和更好的实施具有借鉴意义，本节对关键绩效指标法实施的分析有利于把评价结果反馈给教师，帮助教师找到自身还有哪些不足之处，从而不断改善自己，提高自我，在工作中强化责任意识。虽然关键绩效指标法在高校教师评价中的运用还不够广泛、不够成熟，在使用过程中会遇到一些问题，但是只要高校因地制宜地根据本身的实际情况、结合学校的使命与愿景去采用、设计一套科学合理的评价指标，定能在教师评价中取得非常好的成绩。我们有理由相信关键绩效指标法是高校教师评价的得力工具。[2]

第五节 专家型教师的评价方法

专家型教师处于教学职业生涯的顶峰，心理、专业成熟度高。具备与教学相关的科研知识和社会知识，可以随机应对课堂状况，更好地引导学生成长。处于教学经验方法的分享期，拥有娴熟的教学科研方法，且知识结构优良，使得专家型教师能高效率地解决问题。能够透过现象看到本质，创造力与洞察力强，具有完善的教学监控能力，但固有的教

---

[1] 周景坤、滕兰青：《档案袋法在我国高校教师分类绩效评价中的运用》，《教育探索》2015年第3期。

[2] 周景坤：《关键绩效指标法在高校教师绩效评价中的运用》，《教育探索》2016年第7期。

学模式无法找到突破口进行创新。专家型教师具有高尚的教师道德、独特的教学风格、丰富的研究成果，由此产生的教育政治背景，富有洞察力和创造力，学有所长，有较高的专业能力，能够灵活自如、高效率地解决各类教学问题。专家型教师具有正确的教育价值观，具有优良的个人素质、人文素养，他们谈吐自然，不急不躁，深入浅出，旁征博引，能更好地引导学生发展其自身能力。同时还具备深厚的专业知识和富有张力与活力的教学课堂能力。应该为此阶段的教师创造更大的价值发展空间，解除其担心被解雇的压力，使其更专心于做学问。专家调查发现，专家型教师最为适合的五种评价方法有目标合同评价法、360度绩效评价法、专业团队评价法、学生评价法、教师自我评价法。

一 目标合同评价法

目标合同评价法以推动教师专业发展，进而促使教师与高校共同发展为根本目的。它以目标的达成状况作为评估对象，被视为将目标作为基本导向，将人视为评价中心，将成果作为评价标准，促进高校、教师个人获得最优绩效的一种评价方法。目前，目标合同评价法在促进教师的专业发展，以及在提升高校的教育质量水平方面取得了普遍的成功。[①]

（一）目标合同评价法的含义

目标合同评价法又称"目标管理评价法"或"合同计划评价法"。目标合同评价法是指由教师和高校方面共同商定、实现目标合同，从而推动教师专业发展与高校组织发展的一种评价方法。目标合同评价法原先适用于高校的行政人员，后来拓展到教师个人，它将教师的发展需要同高校的发展需要相结合，通过目标设置，激发教师的动机，以促使教师、高校共同发展，它以目标的达成状况作为评估对象，以推动教师专业发展，进而促使教师、高校共同发展为根本目的。目标合同评价法的要求有：第一，教师应以高校总体目标结合自身发展要求编制教师发展目标；第二，应充分发挥教师个人自主能力、创新能力，激发教师积极

---

① 王斌华：《教师评价模式：合同计划法》，《当代教育论坛》2003年第5期。

性、主动性，促使教师自觉地履行目标合同，促进教师专业发展。

（二）目标合同评价法的特点

目标合同评价法将教师的发展需要同高校的发展需要相结合，通过目标设置，激发教师的动机，以促使教师、高校共同发展。另外，又充分发挥教师的自主创新能力，鼓励教师积极参与到评价中来，自觉履行目标合同，促进自身的专业发展。总的来说，目标合同评价法具有如下特点。

1. 尊重教师

目标合同评价法对教师自身的意愿给予尊重的态度，能够有效提升高校教师的主动性、责任感，提升其自律能力，并且对教师个人进行自我评价、调节、激励等。在目标合同评价法的运用过程中，高校领导进行了角色上的转变，由命令者、评价者的角色转变为监控者、促进者和支持者角色，高校领导鼓励与引导教师进行自己起草目标合同，自我管理合同，自我评价合同等工作，教师也由单纯的评价客体成了进行评价、实现自我的合同履行者。[①]

2. 共同协商

在目标合同评价法的运用过程中，要求高校领导和教师之间保持良好的平等关系，高校领导要鼓励与引导教师自行开展自我评价，要求高校领导同教师经过商讨与交谈，消除隔阂与分歧，得出一致意见，共同商榷目标合同的主要内容，高校领导由指挥、命令的角色转变为指导、帮助与监控的角色，从而有效地维护目标合同的客观性与针对性，与此同时，还在一定程度上提高了其可行程度。

3. 目标明确

目标合同评价法以目标的达成状况作为评估对象，将目标作为基本导向，它以目标的达成状况作为评估对象，将人视为评价中心，将成果作为评价标准，具有目标明确的特点。目标合同评价法旨在推动教师专业发展，它要求教师依据高校发展总体目标进行自我评价，教师个人发

---

① 宁顺德：《名师目标合同评价法的实施与意义》，《教育科学论坛》2009年第7期。

展需要依从、符合高校组织发展需要，在此基础上，客观分析自身情况，制定适当明确的努力目标。可以说，目标是否明确，关系到目标合同评价法是否能够得到有效实施。①

4. 注重成果

目标合同评价法不仅关注在教师履行目标合同过程中的行为表现，而且关注教师完成目标合同之后的工作成果，而工作成果则是判断目标完成的依据。目标合同评价法将成果完成情况作为评价的标准，以目标合同完成程度作为根本依据，对评价对象进行绩效评估，以所取得的成果为尺度评价其进步程度。从某种意义上说，目标合同评价法也是一种目标管理方法。

5. 共同发展

目标合同评价法以促使教师和高校共同发展为根本目的。它要求教师的个人发展须符合高校组织的发展需要，教师发展目标要依据高校组织总体发展目标来制定，谋求教师与高校共同发展是其本质要求。从另一个角度来说，目标合同评价法作为一种评价方式具有促使教师与高校共赢的作用，有利于促进这一共同发展结果的实现。

(三) 目标合同评价法的作用

1. 发挥专家型教师的示范作用

过去很多专家型教师不愿意上示范课，不愿意发挥自身的传帮带作用，帮助新手型教师、适应型教师和成熟型教师尽快成长。目标合同评价法促使专家型教师对青年教师言传身教，促进了青年教师的成长，促进其专业的发展。

2. 促进专家型教师自身的发展

通过目标合同评价法，专家型教师找出了自身存在的缺点和不足，明确了他们今后要努力的方向，专家型教师也能充分了解自己的优势，有利于专家型教师的全面发展和个性发展。

---

① Candido Genovard, "Teachers of High Ability Pupils," *Revista Electronica Interuniversitaria Formacion del Profesorado*, 2010, Vol. 13 (1): 21.

（四）目标合同评价法的主要内容

目标合同评价法是一种基于目标管理的评价法，对高校而言，通过实行目标合同评价法这一以目标为导向的评价方式，有利于促进高校战略目标的实现，提升高校的整体实力。

1. 评价主体的选择

高校专家型教师已经具备很强的自我计划、分析及解决问题的能力，因此，高校专家型教师主要以自我评价为主，在目标合同评价法中，其评价主体还可以有其直接领导、同行教师和学生。在该评价法实施前，要组建教师评价领导小组，小组成员一般包括高校领导、教研组主任以及教师代表，同时，要让被评价教师知晓评价小组成员，以便在评价过程中教师与评价小组成员能够进行及时有效、顺畅的沟通。

2. 目标合同的形式

一般而言，目标合同的形式可分为口头的与书面的。口头形式容易造成"口说无凭"的状况，相较于书面形式来说，不便于评价的具体操作，因此，目标合同评价法一般采用书面形式。但是，其书面形式的基本格式还没有正式的规定。[①] 针对不同类型的教师，其繁简和长短也会有所差别，但通常会包括开头、基本和结尾三个部分。

3. 目标合同的范围

目标合同的具体内容是高校专家型教师个人与高校组织共同期望达到的结果。总的来说，目标合同范围的涵盖面是比较宽泛的，但是，有一点必须注意，它必须由高校专家型教师和高校管理者共同商定，其内容可针对高校专家型教师工作的某个方面，也可针对高校专家型教师工作的各个方面。比如，制定专家型教师个人的进修计划目标合同、发表论文的目标合同、教学计划目标合同等。下面以专家型教师个人三年发展的目标合同为例。

---

① 赖俊明：《基于目标合同评价法促进教师专业发展的研究》，《考试周刊》2010 年第 36 期。

专家型教师在学校战略发展目标的基础上制定个人三年发展的目标合同，即在未来三年内，专家型教师在职业道德、学历进修、教学技能、课题研究、论文的发表、骨干层次和特长发展等方面所要达到的目标和层次。具体目标的制定和实行情况如表5-4所示。

表5-4　　　　　　　　　专家型教师发展目标

专家型教师个人的三年预期发展目标		
发展目标	相关指标	目标达标的措施
职业道德	□优秀　□良好　□合格	
学历进修	□硕士以上　□本科以上	
教学竞赛	□省级以上　□市级　□区级	
课题研究	□省级以上　□市级　□区级	
教学论文（发表、获奖、交流）	□国家级　□市级　□区级	
骨干层次	□教育理论专家　□教育研究带头人	

4. 目标合同的周期

一般而言，目标合同的周期是以一年一阶段，三至五年一总结。目标合同评价法是一个循环往复、相互连贯并不断进步的过程，这一阶段没有达成的目标可作为下一阶段的起点目标，总的来说，每一阶段的评价都应起到承前启后的作用。目标合同以每三至五年为一周期，每一个周期有个总体目标，其中每一年为一个阶段，每个阶段有一个阶段目标。① 这体现了目标合同评价法的基本周期。

5. 拟订合同的要求

依据目标合同评价法的特点，在拟定目标合同的时候，需要特别注意下列几点要求：一是目标合同必须与高校发展总体目标相符；二是目标合同必须得到专家型教师个人与高校的共同认可，是双方共同达成的

---

① 赖俊明：《基于目标合同评价法促进教师专业发展的研究》，《考试周刊》2010年第36期。

协议，表明双方的共同意愿；三是目标合同是专家型教师个人和高校组织之间的正式承诺，对目标合同的双方都具有约束力；四是目标合同里的内容必须合法、真实、客观、可行；五是目标合同的表述必须明确、简洁、肯定、具体、严谨；六是目标合同的结构必须规范、相互衔接、上下吻合；七是目标必须适中、留有余地；八是目标合同旨在促进教师的专业发展，它不同于受法律保护的正式商务合同，对个别地方的遣词造句或细节不必锱铢必较。

（五）目标合同评价法的主要步骤

目标合同评价法是一种基于目标管理的评价法，是针对高校专家型教师的基本特点采取的教师区分性评价方式。

1. 教师进行自我评价

一般而言，此阶段确定教师发展的重点和发展方向。专家型教师作为自己的评价主体，必须先依据高校发展目标进行客观的自我评价，以此发现自己存在的优势和不足，确定专业发展重点。这个阶段也可请他人从旁协助，以保障专家型教师清楚地认知自我。对于专家型教师来说，一是要明确可用的时间、资源问题；二是明确学生学习以及课堂教学质量和发展重点间的关系；三是明了高校组织发展目标的实现与个人发展重点和方向之间的关系。①

2. 教师起草目标合同

专家型教师可根据自我评价所取得的认知来起草自己的目标合同，也可请他人从旁协助，以保证其客观可行。目标合同一般包括教师本人预期达到的目标。高校专家型教师在起草目标合同时，应当考虑以下几个方面：一是实现目标合同需要的时间、资源；二是希望高校提供的资源、进修机会和领导支持等；三是实现目标合同与教师自身专业发展、高校组织发展目标间的关联；四是实现目标合同过程中可能会出现的问题。②

---

① 王斌华：《教师评价模式：合同计划法》，《当代教育论坛》2003年第5期。
② 赖俊明：《基于目标合同评价法促进教师专业发展的研究》，《考试周刊》2010年第36期。

3. 共同确定目标合同

由专家及其评价小组共同确定目标合同，商议合同，应当在一个彼此信赖、坦诚以待的环境下进行。因此，这就要求评价主体尊重评价对象，如鼓励评价对象自由发表言论并认真听取，对评价对象的难处、问题给予理解，并客观地提出建设性建议或解决方案等。同时，高校专家型教师及其评价小组成员职责要分明，商议的内容一般应当包含：一是教师专业发展的重点；二是教师评价的重点内容；三是监控教师的进步所应当采取的最恰当的方法以及程序；四是评估目标合同是否达成或者是衡量其已达成程度的方式、步骤以及准则。

4. 监控教师的进步（实现目标合同）

监控教师进步的阶段，其实也是高校专家型教师实现目标合同的阶段，在实现目标合同的过程中，评价主体要以各种方式监控教师的进步。一般来说，需要进行多次正规观察。在进行正规观察后，根据教师的表现，评价双方结合目标合同的内容及时面谈，双方每年至少要进行两三次面谈，同时，要根据彼此所提到的内容写出书面报告，作为将来协商或评价的一个依据。在非正规观察后，可根据客观需要决定是否及时进行面谈，在面谈之后不一定要形成书面报告。作为评价者，在面谈时，对教师所取得的进步要给予肯定，对教师的努力要进行鼓励。需要强调的是，目标合同不同于受法律保护的正式的商务合同，对个别地方的遣词造句或细节不必锱铢必较，并且可根据客观需要或实际情况调整目标合同的内容，但是，必须是在评价双方均同意变更的情况下才能进行相应的调整，并且必须有书面的认定形式。

5. 评价教师的工作成效

根据教师岗位职责的要求来评价教师实现目标合同的程度以及教师所取得的进步。在进行面谈的过程中，评价双方都可以畅所欲言、各抒己见，评价者应当注重充分发挥高校专家型教师自我分析以及自我解决问题的能力，鼓励被评价教师进行自我评价。倘若某一阶段有没有达成的目标，这一目标可作为下一阶段的起点目标。同时，评价者应当与教师共同讨论未达成的原因，帮助教师认识不足。倘若目标合同中的目标均已达成，则应总结经验，巩固成绩，在此基础上，制定下一个目标合同。总的来说，目标合同评价法是一个循环往复、相互连贯并获得不断进步的过程。但是，不管教师完成目标合同的程度如何，评价者都应当对其付出的努力给予鼓励，肯定其进步。

6. 反馈评价结果

反馈评价结果可以让被评价的高校专家型教师知道他们在教学中存在的优点和缺点，明确发展方向。对于优点、长处要继续保持、发扬，对于缺点、不足要进行反思、改进，从而进一步提高自身教育教学素养，改善教学工作。评价者应当根据教师的发展方向、评价结果，并结合高校总体发展目标为教师提供有针对性的改进建议与措施，以促进教师专业发展和高校组织的发展。反馈评价结果应该及时进行，一般来说，由评价者以面对面的形式，向高校专家型教师提供反馈，并与高校专家型教师一起分析评价结果，总结经验，明确不足，商讨改进方向和方法。同时，要将高校专家型教师本人得出的与评价者得出的两种评价结果进行分析比较，若发现不同之处，应共同探寻产生原因。

（六）目标合同评价法的原则

目标合同评价法作为一种教师评价模式，便于操控，简单明了，将其运用于高校专家型教师评价中对促进教师专业发展，推动高校总体发展有着重要作用。但作为教学评价中的一种新型评价方法，在运用于高校专家型教师评价时应注意如下问题。

1. 注重发展性的价值导向

在对专家型教师进行目标合同评价时，一方面可能会因传统评估理念的束缚，导致价值导向出现偏差，出现急功近利等浮躁现象，影响目标合同评价法的有效实施。另一方面，这种以目标为导向的评价方式，容易出现评价双方过分重视结果，而忽略过程的现象。只是一味关注目标的实现程度，而忽视在过程中付出的努力、取得的进步等，这将不利于教师教育素养的提高。因此，目标合同评价法在高校专家型教师评价运用的过程中要注意发展性价值导向问题。

2. 科学制定职业生涯目标

目标合同评价法是一种以目标为导向的评价模式，要求必须有明确的目标。在实施的过程中，要求制定目标合同，评价目标合同的实现程度实质上评价的是目标合同所述目标的实现程度。因此，在制定目标合同时，如果高校专家型教师对自身定位存在偏差，就容易导致目标偏差问题，将直接影响目标合同评价法在高校专家型教师评价中的有效实施，影响对教师自身专业发展及对高校组织发展推动作用的发挥。故而，要对目标的科学定位予以重视，同时，要确保目标合同中的"目标"设定符合高校发展的总体目标。

3. 注重评价双方的前期培训

对评价双方进行专门的评价培训，让其能够充分把握目标合同评价的标准和技能，以及掌握评价双方面谈的技能等，以尽量避免有可能在评价过程中出现的偏见或偏差，或者是有可能在评价结果上出现的偏见或偏差。并且能够使被评价者充分掌握合理、科学地定位专业发展目标的技能，实现目标的科学定位。评价双方培训工作的有效开展，将会有力地保障目标合同评价法的实施，因此，在其运用过程中要注重评价双方的专门培训工作。

4. 转变教师评价的传统观念

在教师评价的传统观念中，教师评价往往同奖惩、晋升、调动、加薪等密切相关，故而评价对象总是设法掩饰其存在的缺点与不足，与此同时，个别教师也会带有非常强烈的思想顾虑与担忧情绪。在这样的背景下，人们不断萌发出转变教师评价传统观念的想法，开始了对新的教师评价方法的探索之旅。目前，教师专业发展得到普遍关注，试图将高校组织打造成为学习型组织。目标合同评价法在这样的背景下应运而生。

5. 营造教师评价的良好氛围

目标合同评价法要想得到有效实施，离不开良好的高校氛围。在工作中，教师应保持愉悦，同时还需要具有彼此信任的高校氛围。良好的高校氛围的特点主要有：一是人际关系融洽；二是教师能发挥自身价值；三是教师享有决策权；四是高校组织与教师个人有明确适当的发展目标，并被其共同认可。营造教师评价的良好氛围需要教师与高校的共同努力。

6. 使教师目标与学校目标一致

目标合同评价法以推动教师的专业发展，促使教师、高校共同发展为根本目的，教师发展目标依从、符合高校总体发展目标，将教师发展目标融入高校总体发展目标，促使二者结合起来。同时，要让教师了解到，目标合同评价法作为评价方式具有促使教师与高校共赢的作用，它的有效实施将推动教师、高校的共同发展。

7. 科学反馈评价结果

有效反馈要做到：一是对事不对人。反馈只针对事本身，反馈时应保持客观、理性，不应存在带有批判性质的行为和语言。二是行为具体能控。要针对高校专家型教师在教育教学过程中的具体行为、具体问题进行反馈，而且这些行为是完全能够控制的。三是要探析问题、原因，寻得改进方案。不仅要发现问题，而且要追溯其根源，以找到更好的解决措施，找出改进计划。四是要保持双向沟通。结果反馈应该是良性互动，应该通过双方商量讨论，共同解决问题。

运用目标合同评价法对高校专家型教师进行评价，可以促使其形成明确的目标导向，对推动教师专业发展以及高校的总体发展有着重要作用。目标合同评价法在理论研究与实践中还存在着如何避免目标偏差，科学合理地制定目标合同，如何减少评价误差等困惑和问题，对此还要进行更深层次的探究。相信这些问题的解决，会给目标合同评价法在高校专家型教师评价中的运用带来更为理想的效果，更大程度地推动高校绩效管理水平的提升，有效推动教师、高校组织的共同发展。

二 360度绩效评价法

360度绩效评价法产生于20世纪40年代英国的军事管理。20世纪50年代，工商企业开始运用360度绩效评价法。到了80年代后期，随着360度绩效评价法的日趋完善，它已经成为各类工商企业评价的主要方法。进入 21 世纪之后，360 度绩效评价法被引入高校教师评价中，成为一种具有重要运用价值的教师评价方法。

（一）360 度高校教师绩效评价法的界定

360 度高校教师绩效评价法也称"全视角高校教师评价法"或"多源高校教师评价法"，它是一种通过收集和分析来自教师本人、同行教师、直接领导、学生和专家等不同评价主体的绩效信息，帮助被评价教师提升绩效能力和改进绩效水平的一种全方位、多角度的评价方法。[①] 360 度高校教师绩效评价法的特点主要有如下几个方面。

1. 多侧面评价

"横看成岭侧成峰，远近高低各不同。"从任何一个方面观察任何事物或者任何人所做出的判断都是不一样的，难免会存在片面性。360 度高校教师绩效评价方法通过收集不同评价主体的信息，对教师进行全面的、全方位的评价，使评价更全面、更客观。

2. 实行匿名形式的评价

为了保证评价结果的可靠性，减少教师对评价所产生的顾虑，360 度高校教师绩效评价方法采用匿名的评价形式，使各个评价主体能够客观地对教师进行绩效评价。

3. 多方位反馈

360 度高校教师绩效评价方法的反馈来自教师的自我反馈、上级领导、同事、学生、专家等多方面。

4. 促进教师个人和高校的共同发展

360 度高校教师绩效评价方法有利于促进高校教师的专业成长，同时也能够提高高校的教学质量，促进教师个人与高校的共同发展。

（二）360 度高校教师绩效评价法的价值

1. 有利于被评价教师更全面地了解自己

360 度高校教师绩效评价法所选择的评价主体是与被评价教师有着各种利益关系的人。由于这些来自不同群体的利益相关者，他们与被评

[①] 刘昕、曹仰锋：《绩效管理》，中国人民大学出版社 2008 年版，第 195 页。

价教师有着各种不同的利益关系，因而360度高校教师绩效评价法有利于被评价教师从多种评价主体那里得到诸如教学能力、工作技巧、人际关系等各种不同的评价信息，从而使得被评价教师对自己的绩效工作有更加全面的了解。另外，360度高校教师绩效评价法所涉及的评价内容不仅局限于教学工作，还包括科研和师德建设等多项内容，被评价教师能够通过这些评价信息更加系统、客观地认识自己的优点与不足，然后根据这些反馈意见全面改进自己的教学与科研工作。

2. 有利于评价主体和教师双方达成一致

360度高校教师绩效评价法有利于高校内部形成良好的沟通氛围，全面进行绩效沟通工作。一方面，360度高校教师绩效评价法提倡相互信任、自觉合作、自由交流、自主共享的价值理念，让高校教师绩效管理者、同行教师、学生等不同评价主体与被评价教师进行全方位的绩效沟通工作，强化了被评价教师的团队学习、共同探讨、积极进取的群体意识；另一方面，360度高校教师绩效评价法非常重视评价的双向交流，注重评价结果的及时反馈，360度高校教师绩效评价法有利于高校教师绩效管理者在进行评价结果反馈时倾听到被评价教师的意见与想法，增加高校教师评价结果的可接受性，提升高校教师绩效管理者的工作效率。

3. 有利于高校教师个人更好地获得专业成长

360度高校教师绩效评价法有利于促进教师个人更好地获得专业成长。首先，360度高校教师绩效评价法是以教师的专业成长为根本价值导向的，让高校教师明确自己的专业方向，科学地规划可行、正确的专业成长蓝图，把教师的专业发展与其岗位工作相结合，有利于促进教师个人更好地获得专业成长；其次，360度高校教师绩效评价法在评价教师绩效时非常重视教师本人的参与，它是在全员参与原则的指导下，将被评价教师作为评价主体，把教师的自我评价作为重要的评价信息来源，充分发挥教师本人的主观能动性，使被评价教师在评价过程中培养自觉、自信、自立、自理的能力，增强被评价教师自我提高与追求专业成长的意识，提高教师自我反省能力；再次，360度高校教师绩效评法让被评价教师全面了解自己的特点和优势，知道在将来工作中如何发挥自己的特长和继续保持自己的优势，让他们成长得更快、更好；最后，360度高校教师绩效评价法能够帮助被评价教师找出他们在工作中存在的问题，并采取有效的改进措施，有利于被评价教师不断完善自我、提升自我。

4. 有利于教师转变传统的评价理念

传统的教师评价工作通常是与职位晋升、职称评定、继续聘任等相挂钩的，造成教师评价过程形式化、评价指标片面化、评价结果缺乏人情化，导致高校教师与其他评价主体间人际关系紧张，人为地挫伤了教师工作的积极性，甚至让不少教师认为，评价就是高校管理者整人的工具，因而消极地对待评价工作。而360度高校教师绩效评价法不仅注重教师的工作业绩，而且关注其素质与能力的提升；不仅注重评价的结果，而且注重评价的过程，它是基于发展性评价理念，以人为本，多元评价，全方位反馈，它能使教师重新认识其评价工作，变功利性评价思想为发展性评价理念，为高校教师制定个人绩效改进计划提供有价值的参考依据，使他们的高等教育工作能力逐步得到提升和改进，有利于促进教师的专业成长。[①]

5. 有利于形成高校和谐的工作氛围

教师评价在激励教师不断进取的同时也给他们带来了很大的压力，教师之间的过度竞争会影响高校的凝聚力，不利于高校的长远发展，如果对教师的评价出现不公平的话，就会引来教师们的抱怨和不满。如果教师每天都在一个充满怨言的环境下工作，心情就会不好，情绪也容易激动。而360度高校教师绩效评价法提倡自我发展、相互支持、相互信任、鼓励沟通的组织文化，能够让教师之间进行更加深层次的沟通，使他们可以在岗位工作中配合得更好，能让教师更加信任高校管理者，更加信任同事，更加信任自己，营造一个充满爱心、充满和谐的工作

---

① 陈永志：《基于发展性评价的360度绩效考评改进及应用研究》，硕士学位论文，合肥工业大学，2007年。

环境。

(三) 360度绩效评价法的评价主体选择

360度高校教师绩效评价法所选择的评价主体是与被评价教师有着各种利益关系的利益相关者,这些不同类型的利益相关者与被评价教师之间有着不同的利益关系,这有利于被评价教师从多个角度得到评价信息,使其更为全面地反映教师绩效生产中所存在的问题,教师评价结果也能更加科学与准确。

1. 领导评价

上级领导评价是传统评价制度的核心内容。这里的上级领导主要是指与被评价教师密切相关的直接参与其教学与科研工作的领导,他们与教师工作接触的机会比较多,对教师的教学和科研情况比较了解,并且直接对其绩效结果负责,因此他们的评价结果较为客观和准确。不过,在设计上级领导评价教师绩效指标时应该将教师岗位工作与高校的长远发展结合在一起,所设计的评价内容应该是他们所知道的教师科研和教学成果等。

2. 本人评价

360度高校教师绩效评价法综合运用了人力资源管理、社会学、心理学和管理学等学科知识,其精神实质在于人本管理,即注重被评价教师工作能力的提升和各种潜能的发挥,体现被评价者参与评价的自主管理特性,因此教师本人应该是评价的主体。把教师本人作为评价主体,让其根据本人的岗位职责要求,针对自己在工作中的表现进行系统评价,教师对自己的工作情况进行自省,找到好的地方,进而继续保持和发扬,有利于教师全面了解自己的缺点,加强、补充自己尚待开发或不足之处。这样有利于降低教师对评价的抵触情绪,激发教师对于工作的上进心,提高教师工作的积极性。

3. 同事评价

被评价教师与他们的同事在相同的高等教学领域中会有更多的共同语言,可以产生共鸣。同事与被评价教师经常在一起工作,接触比较频繁,他们比较熟悉被评价教师,能直接或间接参与被评价教师的教学活动,是被评价教师工作学习的见证人,对其有比较深刻和专业的了解,能够从不同侧面反映被评价教师的工作表现。另外,同事之间在教学工作中可能会遇到相同的问题,有的处理得好,有的处理得不好,通过教师之间的互评,可以让他们互相交流经验,提高教师的协作精神和工作热情。同事评价不但对教师绩效的改进和提高会产生积极影响,而且同事评价侧重于对被评价教师行为化的评价指标的评价,包括工作态度、团队合作精神以及工作行为等。

4. 学生评价

学生对于教师的教学绩效情况最有发言权,学生作为教师评价的重要评价主体,体现了"一切为了学生,为了学生的一切"的宗旨。首先,教师教学工作所服务的对象主要是学生,它们也是与教师接触最多的群体,对教师的品行和师生关系是否良好有着较深刻的认识;其次,学生直接受到教师教学效能的影响,对教师的教学目标是否达成,教师教学能力和水平的高低都有较为全面的认识;最后,学生评价能使教师及时听取他们对自己在教学、师生交往和其他方面的想法、意见和建议,并且可以根据学生的反映及时调整自己的教学策略。

5. 专家评价

为保证教师评价活动的公正与公平,需要有可信任的、相对独立的评价专家来进行评价。这些评价专家是指在学术界比较有影响的,在教学与科研方面都有着非常丰富经验的人,他们不仅具备专业的学科相关知识与技能、过硬的科研能力,以及较为优越的教育理论修养,而且对教育方面的相关问题具有敏感的意识和广阔的视野,具有较强的洞察力,能够透过教师绩效中的表面现象寻求问题的本质,深刻剖析教师在绩效工作中的问题。同时,他们对教师所教的课程有较深的了解,知道这门课应该如何上才能达到好的效果,专家具有比较强的权威性,在教师的科研方面能够给予指导和帮助。另外,专家与被评价教师之间没有利害冲突,就如同第三方认证一样,因此,其评价更具有较好的公正性、客观性。

(四)360度绩效评价法的主要步骤

在实际工作中,要想充分发挥出360度高校教师评价法的作用,还必须科学、周密地设计360度高校教师绩效评价法的实施步骤，全面评价教师的绩效工作。

1. 选择评价主体

360度高校教师绩效评价法的主体有教师同事、直接领导、学生、专家以及教师本人等。在选择360度高校教师绩效评价主体时应注意选择比较了解被评价教师绩效情况或具有较多评价专业知识与能力的人，如上级领导，最好选择被评价教师的主管教学和科研的直接领导，不要选择与被评价教师不相关或是相关度较低的领导。另外，评价主体选择的数量要适中，评价主体太少会出现评价信息不足等无法全面评价教师绩效的局限性，但也不是评价主体越多越好，一般控制在3—5人。

2. 设计评价指标

评价指标对高校教师评价工作起着行为的引导作用，在教师评价中选择什么样的评价指标，教师就会关注相应的领域，因此在对教师绩效进行评价前要科学地设计出一个合理、有效的评价指标体系，这样才有利于多角度、全方位地评价高校教师的绩效工作，保证360度教师评价法的全面性、公正性和客观性，真正提升高校教师的综合素质。另外，在具体设计360度高校教师绩效评价指标时，应对教师评价指标的内容进行需求分析和可行性分析，精选出能真正符合教师个性发展和尊重教师群体差异的多元化评价指标，并结合高校教学、科研等方面的实际情况，合理制定教师评价指标。评价指标要具有丰富性、时代性、创造性。

3. 培训评价主体

360度绩效评价主体如果对教师评价目的和指标体系等理解不清就进行评价工作，就有可能使评价操作不当，造成评价结果失真，无法达到预期的效果，所以在进行评价之前，要对评价主体进行全面的培训。首先要通过培训让评价主体和被评价教师了解评价目的，评价对他们的好处，使他们真心诚意地参与到评价中来；其次要让评价主体充分了解360度高校教师绩效评价指标体系和整个评价过程，强化全局意识，在评价中如何配合评价工作，科学地进行评价等；最后评价主体在对教师绩效进行评价时还可能存在心理蔽障，致使评价结果失真，因此在评价前要加强对评价主体如何克服心理蔽障的培训工作，让他们在评价中尽可能降低心理蔽障的影响。

4. 进行绩效沟通

绩效沟通是360度高校教师绩效评价法中的一个非常重要的环节。首先，360度高校教师绩效评价法是以教师为中心，着眼于教师的专业成长，而由于360度高校教师绩效评价法的评价主体是多元的、多层次的，要想真正发挥它的作用，就要在评价主体之间进行有效的评价绩效沟通工作，避免评价信息的失真与遗漏；其次，有效的绩效沟通可以减少各类矛盾冲突，保持绩效沟通的顺畅；最后，在运用360度高校教师绩效评价法对高校教师绩效进行评价时，在评价计划的制定、绩效实施方面都要做好沟通工作，只有做到有效而充分的沟通，才能做好绩效评价的各项工作，提高高校教师的评价质量。

5. 实施评价计划

在评价计划实施和所有准备工作到位后，就可以开展360度高校教师绩效评价活动了。评价主体要本着认真负责的态度，根据教师评价指标公正、真实地对被评价教师进行客观评价。首先，评价可在较为正式的场合中进行，对于有关评价表格的填写，最好选择统一的地点与时间，进行集中评价，否则就有可能使评价主体产生不重视评价工作的心理；其次，开展评价的工作人员应该与评价主体保持密切的联系，对评价主体不明白的地方进行解释，指导评价主体科学地进行评价；再次，教师绩效管理者在评价实施的过程中要主动跟进，做好评价监督工作，防止评价主体遗漏重要的评价事项；最后，在实施的过程中，要做好评价主体的督导工作，避免评价主体在评价时乱评乱写等行为的发生，确保整个评价过程的公正、客观。

6. 反馈评价结果

评价结果的反馈关系到被评价教师能否真正地改善自我，提高其绩效能力与水平，因此让被评价教师了解评价结果是十分重要的。在评价结束后，要反馈评价结果信息，通过来自高校领导、教师同事、教师学生及专家的反馈信息，可以让被评价教师更加全面地了解自己的长处与不足，清楚地认识到自己的绩效工作目标。此外，还要注意反馈的双向性，在反馈评价信息、提出改进建议的同时要突出以人为本的宗旨，重视被评价教师的意见。只有在互相尊重的条件下，教师的个人目标才能融合进高校的工作目标中去。

（五）360度绩效评价实践应遵循的原则

当前很多高校在运用360度高校教师绩效评价法时盲目照搬国外经验，忽视了自身的实际情况。要想正确使用360度高校教师绩效评价法，科学地进行教师评价工作，还需要注意以下几个问题。

1. 树立发展性的评价观

发展性教师评价以教师发展为目标，以教师自我评价为核心，强调评价过程中教师的积极参与，教师通过不断反思自己的高等教育工作行为，从而获得主动发展。然而，现在很多高校的教师评价带有太强的功利性，只是把评价用在评定职称、晋升奖惩中或是只注重评价结果，而忽视评价过程，从而使教师对评价没有激情，应付了事，不仅阻碍了教师的专业发展，对高校的长远发展也不利。因此360度高校教师绩效评价法要求高校树立一种发展性的教师评价理念，让教师对评价充满信任之情，让参与评价的人本着认真负责的心态完成评价的每一项工作，在教师评价中实施360度高校教师绩效评价法就不会变成一种形式，变成人们钩心斗角的工具，教师们才能真正受益，提高自我，对自己未来的教育职业生涯充满希望，在高等教育中体会工作的乐趣。

2. 完善评价的组织机构

评价组织机构的不完善使教师评价过程形式化、评价处理人情化，造成高校人际关系紧张，极大地挫伤了教师的工作积极性，影响日常工作的开展，所以我们应该全面完善评价的组织机构。要严格按照相关制度，选择责任心强，决策能力高，善于处理突发状况，应变能力强，组织、协调能力好，执行力好，掌握了一定的现代教师测评方法与技术，拥有丰富的评价经验的人作为教师评价主体；要设立评价申诉委员会，若被评价教师对评价的结果持有不同的意见,可以向评价申诉委员会反映,既保证被评价教师的利益又力求教师接受评价结果。另外,还要建立评价监督小组,对教师评价进行全程的监督与管理,确保各项教师评价工作的顺利展开,同时有了专门的监督机构,可以提高评价结果的可信度。

3. 重视评价结果的反馈

重视评价结果的反馈是其重要特点之一,耗费大量时间和精力的教师评价工作,不仅是为了发现教师在绩效工作中的问题,而且要帮助教师找到可行的解决问题的对策并提升教师工作的能力和水平,所以让被评价教师清楚地了解评价结果是非常重要的。我们一定要重视评价结果的反馈工作,让被评价教师了解自己在工作中做得好的方面和不好的方面,并和被评价教师一起研究讨论提高其高等教育工作的方法,有条件的高校还可以针对教师突出的问题举办培训课程,进行集中培训。在对评价结果进行反馈的时候,我们要明确的是:首先,反馈应对事不对人,尤其是消极反馈,应该是描述性的而不是判断或评价性的。① 在与被评价教师谈论他们的不足之处的时候,要把重点放在教学和科研工作上,特别是不能对被评价教师进行人身抨击,更不可以借机讽刺、挖苦、嘲笑,我们要维护教师的自尊心。其次要学会聆听。在把评价结果反馈给被评价教师时,要多听听他们自己的观点,使他们有充分的发言权,让他们感受到实施评价是真正为了他们的发展。最后,反馈的时间和方式要合适。将评价结果反馈给被评价教师,是想激励教师向着更好的方向发展,要在一个和谐的氛围下进行,尽量不要在被评价教师心情不好的时候,否则会把情况弄得更加糟糕。反馈的方式一定要让大家能真正地敞开心扉,畅所欲言,实话实说。

4. 培育良好的评价文化

360度高校教师绩效评价法是西方社会在一定历史时期、一定文化背景下的产物,它是与特定的文化和社会环境相适应的,它的效果也只

---

① 付亚、徐玉林:《绩效考核与绩效管理》,电子工业出版社2009年版,第158页。

有在特定的文化背景下才能发挥出来。① 360 度高校教师绩效评价法诞生于崇尚自由、平等的西方文化中，要想成功运用 360 度高校教师绩效评价法，就必须对我们传统的中庸、平和、无过的评价文化进行变革，在高校建立一种崇尚坦诚、开放、相互尊重、客观、公正的评价文化，使每个教师都能解放思想，开拓进取，敢于剖析自我的弱点，正视自己的错误，勇于指出他人的不足，客观认真地对待评价工作，使它更加切合高校的需要，使评价的作用能真正发挥。杰克·韦尔奇在引用通用电器成功实现管理变革的案例时曾说："我们的评价活力曲线之所以能有效地发挥作用，是因为我们花了 10 年的时间在企业里建立起了一种评价文化。"② 可见，评价文化对于评价管理的成功具有十分重要的意义。因此，建立良好的评价文化可以提高教师评价的质量与效率。

360 度高校教师绩效评价法本着以人为本的宗旨，从多个角度对教师的工作进行多方面的评价，充分分析教师的工作情况。目前 360 度高校教师绩效评价法在教师评价运用上还处于探索阶段，我们可以通过认真分析、努力实践，并借鉴企业 360 度绩效评价法的成熟经验，做好全面的准备工作，只要严格遵循 360 度高校教师绩效评价法的规律原则，就一定能提高教师评价水平，建立起科学、有效、合理的教师评价体系。

第六节 问题型教师的评价方式

问题型教师处于教学职业生涯的停滞期，他们在教学方面通常遭受了严重的困难，急需外界的支持与帮助，自我认识与自我提升能力有限。他们通常教育方法不当，教育观念不正确，使得学生被动接受教育。所以纵使掌握了基本的教学方法也无法发挥其作用，教学能力和效

---

① 王倩、张琳：《谈我国传统文化背景下的 360 度绩效评估法》，《中小企业管理与科技》（上旬刊）2010 年第 8 期。

② 刘勇：《国有企业员工绩效考核存在的问题与对策研究》，《粮食科技与经济》2014 年第 4 期。

果较差。无法顾及学生的学习发展需要，无教学激情，对自己的教学事业产生怀疑。问题型教师主要有两类：一是由主观原因，比如因婚变、重病、灾难、破产等带来的负面情绪影响和遭受心灵创伤的教师；二是由客观原因，例如教学方法不对导致教学效果不佳，教学素养不高、教学水平下降等导致的不符学校要求的教师。问题型教师处于教学生涯的低谷，缺乏自我认识，自我重塑的能力，急需外界的援助。所以问题型教师的评价重在能使其走出困境，重拾自信。通过专家调查发现，问题型教师最为适合的五种评价方法有课堂观察法、学生评价法、教学诊断法、督导评价法和末位淘汰法。

一 课堂观察法

课堂观察法源于西方科学主义思潮兴起时期，早期的课堂观察法只是作为一种观察和记录课堂教学情况的方法，主要用于区分教师教学情况、学生学习情况和课堂氛围的优劣。直到 21 世纪初，课堂观察法才开始被用来评价教师教学绩效情况。课堂观察法又被称为"课堂听课评价法"，是指评价主体直接进入课堂，通过现场观察、记录、分析教师教学、学生学习和课堂环境等情况，将所得数据按照一定的标准来评价教师教学绩效情况的一种方法。它可以从学生学习、教师教学、课程性质和课堂文化四个维度评价高校教师的绩效情况。这四者之间的关系如图 5-2 所示。

在图 5-2 中"学生学习"维度主要是指学生如何学习及其学习效果，学生是课堂学习的主要参与者和课堂学习的主体，学生学习是否有效直接决定了课堂效果的好坏；教师教学维度是指教师教学的方式和方法，即如何教学和怎样教学，教师既是课堂教学的组织者和引导者，也是课堂教学的主要参与者，教师能否灵活运用多种教学方法和是否熟悉各种教学资源，在很大程度上决定着课堂教学的成败；课堂性质维度是指教师所教内容和学生所学内容等，它包括教学的内容、目标以及教学的实施过程，它是教师和学生在课堂教与学中所共同面对的客体；课堂文化维度是指学生、教师和课堂在互动、对话、交往的过程中形成的文

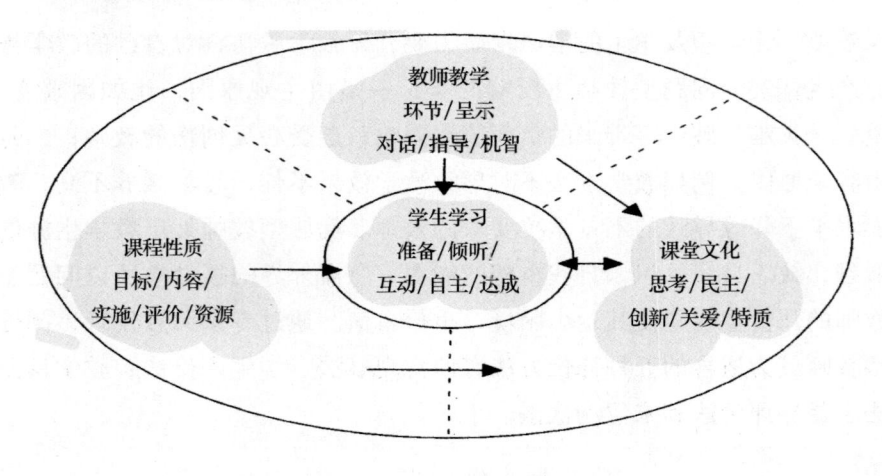

图 5-2 课堂观察的维度

化，主要是指教师和学生相处如何，即课堂是怎么样的问题，包括教师是否对每一个学生一视同仁和学生是否认真思考且积极配合教师教学等方面。学生学习和教师教学通过课程发生联系，三者之间的相互联系又促进了课堂文化的形成。课堂观察法在高校新手型教师评价中的运用主要包括评价的作用、主要内容和步骤等。①

（一）课堂观察法的作用

1. 充分完善高校教师评价体系

随着知识经济的到来，高等教育对经济发展的推动作用日渐突出。课堂观察法的引入，不仅为高校教师评价注入了新的血液，而且为评价体系的完善起到了有力的推动作用。课堂观察法以其多元化的参与主体和全方位的评价内容，使高校教师的评价更加完善和完备。此外，课堂观察法已发展成为一种较为成熟的教育评价方法，且操作性较强，以数据形式所反映的教师绩效水平更加客观。

2. 创造人性化的高校教师评价方法

长期以来，教师评价一直是由学校主体单方面的意愿所强制实施

---

① 马芸芸、周景坤：《课堂观察法在高校适应型教师绩效评价中的运用》，《教育评论》2015 年第 10 期。

的，虽然绩效评价是为了教师的利益和发展，但多少有违其意愿。基于课堂观察法进行的评价则完全不同，由于参与课堂观察的各参与主体都是主动和自愿的，它是一种教师发自内心的对专业发展的追求和向往，不受任何外在力量的干预，目的是教师自我发展目标的实现，而不是教学任务的完成与否。因此，课堂观察法是以多方合作的形式，以自愿的方式实施的一种人性化的评价方法。

3. 提升了高校教师的工作积极性

把课堂观察法引入高校教师评价体系中，将有助于提升高校教师的工作积极性和工作质量。评价的目的在于提高教师的教学水平和工作效率，同样，作为高校教师评价方法的课堂观察法在促进和完善高校教师评价和丰富高校教师评价方式的同时，也提升了高校的整体绩效水平。因此，课堂观察法的引入，将大大促进高校教师评价作用的发挥，提升其工作积极性。[①]

4. 促进高校教师评价多赢目标的实现

课堂观察本身就是一个多方合作的过程，合作也就意味着一个团队按照既定的方法向着一个共同的目标努力，任何个人的成功都有助于本人和团队的共同成长。也就是说，基于合作方式的活动研究在于产生效益，而且是双向的效益。只是这些效益或显现或隐藏，或是近期或是远期方可以实现，或是物质的或是精神的。评价教师绩效只是课堂观察的一个目的，提高教师工作质量和学生的学习能力也是其所要实现的目的。同样，作为教师评价工作，不仅仅是为了评价，为了绩效和薪资，而是为了教、管、学等多方利益目标的实现。

5. 多角度地促进教师教学水平的提升

课堂观察是教师教学评价信息的主要来源之一，它可以搜集到教师教学表现最直接的信息。通过课堂观察可以充分了解教师的教学内容、教学策略、课堂气氛、师生关系和师生互动、教学效果，帮助教师觉察

[①] 马芸芸、周景坤：《课堂观察法在高校适应型教师绩效评价中的运用》，《教育评论》2015 年第 10 期。

自己的教学行为是否得当；为教师提供选择多样的教学方法或策略的机会，便于教师发现自己的优势和不足，有利于教师工作能力和水平的提高。

（二）课堂观察法的主要内容

课堂观察法在被操作前，需要厘清其在高校教师评价中的主要内容，即"2W1H"：Who（课堂观察者）、What（被观察者）、How（如何观察）。

1. 课堂观察者

课堂观察者是指用课堂观察法评价高校教师的人，他们是课堂观察的实施者，是观察被评价教师绩效的直接参与者。课堂观察者可以是单个主体，也可以是一个团体。为了保证观察数据的客观真实，观察者一般会选取多个主体，由他们组成一个评价观察小组，其中上级领导是教师工作的直接安排者和领导者，因此，上级领导会被选为评价观察小组成员；由于课堂观察的结果最终是要用于评价教师绩效水平的，高校相关人事部门的工作者也应是评价观察团的成员；专业权威或同行教师往往对课程比较熟悉，能以专业水准观察教师的教学能力，所以专业权威或同行教师也会被编入评价观察小组。此外，根据评价的侧重点不同，相关管理人员、督导和学生往往也会被选为评价观察小组成员。对于课堂观察者的选取除了需要保证客观、公正外，观察者还需满足以下要求：熟悉观察目的，能熟练使用观察方法和工具，能做到公平公正，保证所录数据的客观真实等。[①]

2. 被观察者

被观察者指课堂观察的对象，即被评价教师和他的学生。在课堂观察中需要注意的是，被观察者和观察者拥有平等的地位，是平等的主体，双方是互惠协作的关系。因此，课堂观察的实施必须是被观察者自愿接受的，不可违背被观察者的意愿强行组织课堂观察，否则课堂观察

---

① 马芸芸、周景坤：《课堂观察法在高校适应型教师绩效评价中的运用》，《教育评论》2015年第10期。

将是无效的。另外,被观察者的选取一定要做到公正、公平、全面,一定要根据评价的对象科学地选取,也就是对同一批次的被评价教师应进行同一批次的课堂观察。①

3. 观察视角

课堂观察法的内容可分为四个维度:教师教学、学生学习、课程性质、课程文化,这里依据这四个维度和高校教师评价的特殊性,将课堂观察的内容划分为 15 个观察指标(见表 5-5)。

表 5-5   课堂观察维度

观察维度	观察指标
教师教学	教学态度
	上课效果
	组织学生学习的能力
	随机应变能力
	课堂教授内容等
学生学习	学生学习积极性
	回答问题和讨论情况
	学生学习效果等
课程性质	教学目标明确程度
	教学内容的针对性
	授课方式的多样性
	课程内容的丰富性等
课程文化	师生交流情况
	课堂氛围
	课堂记录情况等

(三)课堂观察法的主要步骤

结合评价高校教师绩效的具体需要,课堂观察法在高校教师评价中

---

① 马芸芸、周景坤:《课堂观察法在高校适应型教师绩效评价中的运用》,《教育评论》2015 年第 10 期。

运用的主要步骤如下。

1. 准备阶段

准备工作是实施课堂观察的基础与前提条件。为保证课堂观察的顺利进行，准备阶段主要包含以下方面的工作：首先是确定课堂观察的对象和内容。作为以评价教师绩效为唯一目的的课堂观察法，它必然要求观察对象单一且确定，观察内容具有针对性。依据被观察者的不同，观察对象和内容也不相同，观察对象即被观察者及其课堂，而观察内容因被观察者任课课程不同而不同。当然，观察对象和内容的选择，也应考虑学校整体计划与发展目标、观察者与被观察者、学生和课堂等多方面因素。其次是确定课堂观察的具体方式。依据课堂观察前是否通知被观察者可把课堂观察分为随堂观察和事前通知观察两种方式。随堂观察即在实施课堂观察前不通知被观察者，采取严格的保密措施，观察者随上课学生一起进入课堂进行"暗访式"观察。事前通知观察即依据课堂观察的侧重点不同，通知被观察者进行必要的准备工作，以免影响观察工作的顺利进行。具体采取哪种课堂观察，应以被观察者及其任课课程的性质而定。再次是确定课堂观察工具。课堂观察工具主要是指进行课堂记录的观察表格，为了课堂观察的顺利完成，对在观察过程中所需要的记录表及计分标准必须事先做好，切不可在观察中临时制作。因此，所有表格和标准的制作必须避免出现大量主观因素，尽量使课堂观察达到客观量化。如表5-6就是一个简单地记录教师讲解行为的表格。最后是对实施课堂观察者的选取和培训。课堂观察者主要由学校行政人员、评价人员及相关专业代表性教师组成，在选取时要注意规避亲属、直接上下级，以免影响观察的客观性。虽然培训不是必需的部分，但必要的事前培训可以保证课堂观察的顺利进行。[①]

---

① 马芸芸、周景坤：《课堂观察法在高校适应型教师绩效评价中的运用》，《教育评论》2015年第10期。

表5-6 教师讲解行为表

	观察内容	频次	百分比	排序
讲解行为	1. 使用课本语言情况			
	2. 使用自己的语言情况			
	3. 用事例情况			
	4. 组织学生讨论情况			
	5. 使用板书情况			
	6. 使用多媒体情况			
	7. 使用肢体语言情况			
个人印象	□优秀 □良好 □一般 □差			

注：以一节课为一个观察单位，每5—10s记录一次。"个人印象"栏由课堂观察者依据整个课堂观察过程给予评价。

2. 实施阶段

实施课堂观察是课堂观察法的核心阶段，是课堂观察法的主体。实施阶段既承接了前期的准备工作，又为后期的绩效分析准备了大量的数据。一方面要确定实施课堂观察的时间和地点。任何活动都必须依托确定的时间和地点才能进行，课堂观察的时间和地点已经由被观察者的确定而确定了，即被观察者的上课时间和地点。另一方面要注意实施过程中的一些问题。为了保证课堂观察结果的有效性和准确性，观察者在进行课堂观察时要注意以下问题：在实施观察时要保证课堂活动的正常进行，不能让学生察觉到教师的行为是观察行为；观察时要注意观察被观察者、学生及课堂的各个细微之处，排除各种主观因素，进行客观观察和记录；注意全面观察和重点观察相结合。

3. 整理数据阶段

在课堂观察结束之后，对观察数据的整理是很重要的一个部分，只有通过科学的整理才能体现观察数据的价值。对课堂观察数据的整理需要注意一点，即整理后的数据是要用于评价高校教师绩效的，因此需要设计相关表格，汇总观察所得数据，表格的设计应力求全面且易于分析。如表5-7即为对所收集的数据进行初步简要汇总的表格。

表 5-7　　　　　　　　　　课堂行为数据分值表

讲解行为	分值标准				得分
	5	3	1	0	
使用课本语言情况	百分比<30%	30%≤百分比<50%	50%≤百分比<90%	百分比≥90%	
使用自己的语言情况	百分比≥90%	50%≤百分比<90%	30%≤百分比<50%	百分比<30%	
用事例情况	超过3个	2—3个	1个	0个	
组织学生讨论情况	超过3次	2—3次	1次	0次	
使用板书情况	排序≥6	4≤排序<6	2≤排序<4	排序=1	
使用多媒体情况	排序≥6	4≤排序<6	2≤排序<4	排序=1	
使用肢体语言情况	超过3次	2—3次	1次	0次	
个人印象	优秀	良好	一般	差	
				总分	

注：以一节课为一个观察单位，每5—10s记录一次。

4. 评价阶段

课堂观察法作为一种教师评价的方法，其最终是要运用到高校教师评价中的。而怎样才能用课堂观察的结果评价高校教师的绩效呢？最重要的是严格依据课堂观察中所记录的数据和整理数据中所汇总的信息，采用量化客观的分析方法。在分析时必然要建立大量的数据分析系统，这就要求数据分析者具备基本的数据分析软件操作能力。另外，要依据事先制定的评价标准，对汇总得分赋予相应的绩效等级。由于评价过程受个人主观影响较大，因此需要制定严格、量化和细化的评价标准，以减少主观因素对评价的影响，尽量使评价结果客观、真实。

5. 结果反馈阶段

反馈阶段即把评价的结果反馈给被观察者,主要是被评价的教师,很少会直接反馈给学生。通过反馈,使评价对象了解自己的优缺点,找出差距,不断改进自我,发展自我。将评价的结果反馈给教师的方式主要有以下三种:一是薪酬和奖金。评价的目的之一就是作为薪酬和奖金的发放依据,通过薪酬和奖金的增减将评价的结果反馈给教师,从物质上让被评价教师意识到自己绩效所处的等级,可以鼓励先进群体继续保持先进,督促教师群体改善自身问题。二是晋升机会。评价也是裁决谁应该获得晋升机会的主要依据之一,通过给予晋升机会将评价反馈给教师,是以提高被评价教师的地位,鼓励其继续保持先进的方法,同时也可以对未获得晋升机会的教师产生正激励作用。三是嘉奖和表扬。嘉奖和表扬是最易行和节省成本的反馈方式,也是行之有效和令获得者较为满意的方式之一。高校不同于企业,相对于物质利益,高校教师追求的更多的是精神上的满足,在工作中得到认可。因此,在高校中,嘉奖和表扬往往比薪酬更有效。[①]

(四)在运用中应注意的问题

将课堂观察法引入高校教师评价中,保证了该类型教师评价的有效性和可靠性,但如何确保评价结果的准确性,还要注意以下几个问题。

1. 尊重高校课堂观察评价的独特性

高校在社会系统中肩负着独特的使命,它虽然不直接创造物质财富,但却担负着决定创造物质财富部门及其他部门的社会发展方向的主要使命,探求创新,培养新型人才,为社会服务。因此高校教师评价具有目标模糊性和多样性的特点,这个特点要求在用课堂观察法评价高校教师绩效时,必须抛弃评价其他组织绩效时所惯有的准确目标和单一目标。而高校教师又是教师中一类独特的教师,除了具有一般教师的特征外,还具有自身所独有的特性。因此,在运用课堂观察法评价高校教师

---

① 马芸芸、周景坤:《课堂观察法在高校适应型教师绩效评价中的运用》,《教育评论》2015年第10期。

时还必须适应其自身所独有的特性，只有这样，才能保证评价工作顺利且准确的完成。

2. 尽量保证"课堂观察者"的多元化

多元化不仅指课堂观察者的身份多元，而且人数应尽可能地多。课堂观察者的身份多元可以从不同的角度对课堂进行观察，使评价结果更全面。作为社会人，课堂观察者也是有主观感情的普通人，在生活和工作中随时都会受到自己主观感情的影响，即使是在设计很严密的制度下工作，也会受到自己主观感情的影响。因而需要增加课堂观察者的人数以均分主观因素对评价结果的影响，达到客观最大化和主观最小化的结果。课堂观察者的多元化是为了保障观察结果的客观真实，也只有客观真实的课堂观察才能准确地反映教师的实际绩效水平，因此评价教师绩效必须注意观察主体的多元化。

3. 有针对性地强化评价主体的培训工作

在知识经济飞速发展的时代，课堂观察参与者应具备较强的相关专业知识和技能，否则很难获得理想的评价结果。观察者培训可以是在理论知识、观察目的、观察和评价的标准与方法等方面进行有针对性的培训，不需要也不会有充分的时间对每一个观察者进行系统全面的培训。评价主体培训的内容主要有：课堂观察表格和方式运用的培训，课堂记录的培训；数据处理软件运用的培训；专业知识的培训，对被观察教师任课专业的了解；评价培训；职业道德和素养的培训，等等。因此，只有强化培训主体的针对性培训，才能保障课堂观察以及评价绩效工作的有效顺利进行。

4. 完善"课堂观察法"的评价制度

制定制度来系统地归纳用课堂观察法评价高校教师绩效是保障评价工作顺利完成的前提和基础。随着课堂观察法在高校教师评价中的运用并走向普及，必须通过制度化的形式来完善运行和发展中所存在的问题，必须将其纳入高校教师评价的总体发展制度体系中。目前，还只能在制度或规定方面系统完善课堂观察法在高校教师评价中的运用，待时机成熟，如能以立法的形式保障高校教师评价，将会在较大程度上促进教师评价的发展。

5. 培育有利于课堂观察法的评价文化

评价文化是高校所有成员共享的一系列有关评价的价值观、观点、信念和理念的总和,是能对高校教师评价起指导作用的重要理论基础。这种文化的形成还需要制度的保障作为先导,需要以制度的形式保证课堂观察法在评价高校教师时能够做到严格且规范。此外,一种文化的形成需要群体内全体成员的整体认同和普遍遵循,形成后的文化除了对高校教师评价产生积极作用外,还将对高校其他类型的教师产生良性影响。

6. 加强课堂观察法反馈的激励作用

课堂观察的最终目的在于对教师绩效的客观评价,最终对教师产生激励作用,使优秀者继续保持优秀,使落后者向优秀靠拢。以课堂观察来评价教师绩效的方法到底能产生多大的激励效果,主要体现在结果反馈阶段。因此,只有重视评价的反馈并及时进行准确的反馈,在此阶段制定强有力的绩效激励对策,才能促使教师在观察过程和观察结果中进行自我反思进而提升专业水平,真正实现以课堂观察法评价高校教师绩效的初衷。[①]

二 末位淘汰法

随着我国经济的不断发展,教育水平的不断提升,教育体制的改革也越来越深入,高校间的竞争愈加激烈,要想在竞争中保持优势地位,就必须不断完善其教师绩效管理工作。这里将分析末位淘汰法评价在问题型教师评价中的作用、原则和主要步骤,指出在运用末位淘汰法评价高校问题型教师绩效时应注意的几个问题。

(一)末位淘汰法的内涵界定

末位淘汰法又称"末尾淘汰制"或"末位淘汰制",它是指组织根据其总体的战略和发展目标,并根据不同岗位情况所建立的一套科学合

---

① 马芸芸、周景坤:《课堂观察法在高校适应型教师绩效评价中的运用》,《教育评论》2015年第10期。

理的评价指标体系，并以此为标准，定期对教师绩效工作进行全面的回顾，对其具体情况和表现进行评价、打分、排名，根据评价成绩对排名靠后的员工进行淘汰的绩效管理制度。它是一种强势的绩效管理制度，其理论基础是美国通用电气公司前首席执行官杰克·韦尔奇（Jack Welch）的"活力曲线理论"，又称"强制淘汰曲线理论"。韦尔奇认为，末位淘汰是永不停止的，只有不断淘汰不优秀的员工，才能把整个组织激活。这一"强制淘汰曲线理论"就是美国通用电气公司长期生存、保持活力的秘诀。

（二）末位淘汰法的主要特点

末位淘汰法的根本目的在于塑造优秀的员工队伍，促进企业的效率，提高竞争能力。末位淘汰法能有效地激励员工，激发员工的工作热情，避免人浮于事。随着高校内部管理改革的不断深化，为了更好地适应社会主义市场经济的发展，高校不断从企业中汲取优秀的管理经验，末位淘汰法在高校绩效管理中的运用便是一个十分成功的例子。其特点有如下几个方面。

1. 可靠性

末位淘汰法具有一定的可靠性。末位淘汰法在绩效管理制度中要求用相同的评价指标对被评价者进行评价，在评价前首先制定出科学合理的评价标准，并严格按照此标准进行评价，且由不同的、多方位的评价者对被评价者进行评价，评价要求一致，因此应保证评价结果的真实性和可靠性。

2. 科学性

末位淘汰法的科学性是其可靠性和公平公正性的重要前提。在末位淘汰法运用前制定的评价指标是经过认真考虑研究确定的，是按照组织的内部员工结构情况、岗位需要认真思量出来的，它是通过对组织内部的环境及员工的工作效率做充分的调查了解，并按照组织所想达到的目标及效果，有针对性地做出的，因此是科学的、合理的评价指标，它也大大地保证了评价方法的科学性和可行性。

3. 公平性

末位淘汰法具有公平性。因为末位淘汰法的运用，是按照其科学的评价标准对每一位员工进行评价的，在统一的标准下，末位淘汰法对每一位员工的评价指标和方法都是一样的，而且评价者对员工的评价也是完全按照指标来进行的，不存在因个人情感而影响评价结果的问题。因此具有公平、公正性。

（三）末位淘汰法的地位

末位淘汰法作为一种新型的评价方法，运用其评价高校教师的绩效情况有利于高素质队伍的形成，有利于提高组织的竞争能力等。

1. 是精简机构的有效方式

末位淘汰法这种评价制度在一定意义上说是一种有效的辞退机制，无论它是通过怎样的方法，都实现了人员的合理流动，实现了企业运作效率的提高。末位淘汰法的运用，对成绩排在末位的教师进行淘汰，通过精简机构、精减人员，在一定程度上提高了教师的整体素质，优化了教师队伍。一方面淘汰了绩效排名靠后的问题型教师，另一方面也有利于引进更多优秀的师资，从而不断地注入新的力量，给教师团队注入新鲜活力，促进"精英化"和精英团队的形成。通过建立精英教师队伍，建立能够适应和满足学校发展目标，实现人与岗的合理匹配，实现高校人才资源的优化。而问题型教师本来就是整体素质偏低的一个教师类型，在问题型教师中运用末位淘汰法，按照一定的比例，淘汰绩效排名靠后的，在现实意义上减少了问题型教师的数量，并对其他问题型教师形成一定的压力，促进问题型教师进行再学习及纠正错误的教学理念和教学方式，在更深层次上提高教师队伍的整体素质，从而提高高校竞争能力，使高校在竞争中保持优势地位。[①]

末位淘汰法既是一种公平公正的评价方式，也是一种优胜劣汰的管理制度，通过给予一定的压力，在一定程度上激励教职工，使全体教职

---

① 刘林泉：《末位淘汰制在企业人力资源管理中的运用研究》，《当代经济》2013 年第 12 期。

工形成积极向上的氛围和状态，对评价成绩排在末尾的员工进行一定的淘汰惩罚，并对成绩优秀的员工进行一定的奖励，两种管理机制相辅相成，形成良好的管理体系。① 同时，在高校内部建立"能者上，平者让，庸者下"的管理机制，从而有利于克服人浮于事的弊端，使德才兼备的优秀教师能够脱颖而出，大大提高了办学效率和高校的竞争力。

2. 是规范管理的重要手段

在一般的评价管理中，很容易出现"人治"现象，部分管理者存在老好人现象，不按真实情况对员工进行评价，不愿意得罪别人，不敢得罪别人，使评价结果与真实情况不相符。管理者虽确定了一系列有效、可行性高的绩效管理制度，但却因为管理者一时的不忍或者怕事的心理，而使制度形同虚设。末位淘汰法是通过科学、合理的量化指标来进行员工评价的，员工的去留由制度说了算，是一个在规则面前人人平等的评价制度，很好地解决了人力资源管理中的不规范现象。

3. 较大地降低了管理成本

末位淘汰法的实施步骤相对比较简单，首先制定科学合理的评价标准，然后对员工进行评价、打分、排名，并按照排名的结果对末位员工进行淘汰，并对淘汰后的员工进行一定的补偿安慰。不需要多么高级的测量工具或途径，不用经过长时间的考察和评价，不用进行大量系统的工作分析和岗位职责的调查，实施的周期相对比较短和容易，管理成本较低。

4. 增强教师的竞争意识

末位淘汰法把外部的竞争引进高校内部，使职工处于一种积极的状态下。充分将管理理念和人员素质的优化结合在一起，使教师充满活力与竞争力。唤起教师的学习意识，鼓励教师力争上游，公平竞争。当运用末位淘汰法时，教师工作的稳定性会受到一定程度的威胁，对教师会造成巨大的心理压力，形成危机意识，从而加大教师的积极性，促使其不断学习、钻研和改正，进而提高自己各方面的素质、表现和学历水

---

① 袁建辉：《高校人事管理制度中的人文关怀》，《现代教育杂志》2003 年第 9 期。

平。通过滚筒式评价,使教师能看到自己努力的方向,树立起较高的责任感和事业心,为高校的发展增添动力。实行末位淘汰法,有利于增强教师的敬业精神,以前工作中不负责、办事效率低的现象得以大大减少,使教师的责任意识、奉献精神得以加强。①

(四)末位淘汰法的实施步骤

由末位淘汰法科学、公平、公正的特点决定了,使用末位淘汰法必须严格遵守其运用步骤。其具体地运用步骤如图 5-3 所示。

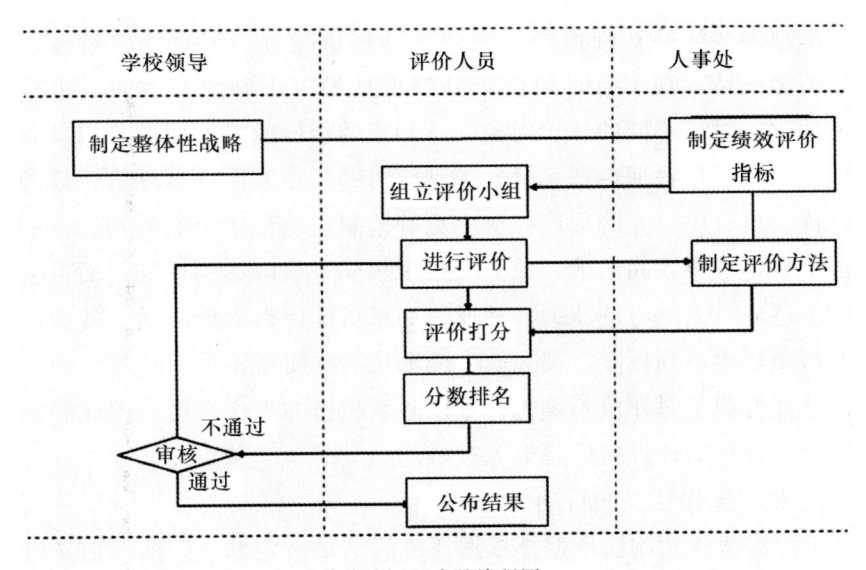

末位淘汰运用步骤流程图

图 5-3 末位淘汰法运用步骤和流程

1. 围绕高校战略设立目标

末位淘汰法算是一种强势管理,如果在一个没有整体的发展目标,缺乏教职工共同愿望的高校中运用,必定是举步维艰的。被淘汰的教职

---

① 陈艳:《末位淘汰管理在军校学员体育教学中的研究》,《教育教学论坛》2014 年第 7 期。

工只有明白高校的战略目标体系，在离开时才能心平气和，接受被淘汰的现实。而且教职工只有深切地明白组织的发展目标，才能不断激励自己朝着目标前进，使自己的步伐随时紧跟组织前进的步履。在国外一些很好地运用末位淘汰法的组织中，几乎全部都具有或大或小的发展目标，并被大部分员工所认同。只有在目标激励下，教职工才会明白高校运用末位淘汰法的良苦用心，并以积极的心态接受业绩评价。因此在实行末位淘汰法前必须确立高校的整体性战略和具体目标。

2. 设计教师评价的指标

末位淘汰法的基础便是科学合理的评价指标，如果评价指标不科学、清晰的话，在实行时便会十分艰难且难以正确地对教职工进行评价。而且，对于不同的评价对象，所制定的指标应是不同的，应具有针对性。在制定指标前也要充分认识到应对哪几个方面进行评价，该怎样定义优、良、中、差的标准，从中更好地制定出科学全面的指标。如果评价的指标定得太高的话，就会使很多教职工难以达到标准，而且会对教职工造成巨大的心理压力。相反，如果指标定得太低的话，就会使每个人都顺利地达到标准，那么就会使末位淘汰变得不那么重要，而且低指标会让教职工对评价不重视，难以激发积极的工作态度。因此制定一个科学、合理的评价指标是至关重要的。

3. 制定操作性强的行动方案

末位淘汰法的淘汰依据是根据评价的结果来定的，因此，如果没有一个操作性强、清晰、科学的评价方法，就难以实行末位淘汰法。首先制定的方法应是多方面的，具体有两个：第一个是除了评价教职工的工作效率、学生的喜爱程度之外，还应评价教职工对高校的归属感，是否在不断学习提升自己等。第二个是评价者的多方向，即不单单是管理者对教职工的评价，而且可以通过学生及其他老师对评价对象进行考察。制定的方法应是可操作性强的，可操作性弱的方法在实施过程中不仅困难，而且会使评价结果变得不真实。因此，要想提高末位淘汰法的可行性必须制定一个多方面的、可操作性强的、清晰的评价方法。

4. 用打分排名评选出淘汰人员

制定了科学合理的评价指标和方法后，就要坚决按照标准对教职工进行评价，严格遵守规则进行评价，不以人的意志为转移，不徇私，并根据实际情况进行打分排名，按一定的比例选出淘汰人员，公平地对待每一个被评价者，并且按照一定的比例决定应淘汰的人员名单。

5. 确定处置被淘汰人员的办法

推行末位淘汰法的结果不是对淘汰人员进行一裁了事，这样不仅会在很大程度上伤害员工的自尊心，而且容易对评价合格者形成极大的心理压力，挫伤员工的工作积极性，引发员工的内部斗争，不利于组织凝聚力的产生，容易产生整体消极情绪，违背末位淘汰法实行的初衷。因此末位淘汰法的淘汰方式应包含调职、下岗、降职、再培训、离职等。每一次评价都不应直接对员工进行放弃，为不让人才流失，应给予一定的机会。对于不得不淘汰的教职工，要进行一定的安抚工作，不能让他们产生过度的悲观情绪，失去对工作的热情，这也在一定程度上体现了以人为本的管理原则。对于仍在职的员工的安抚工作也不能忽视，仍在职的员工要面对一次又一次的淘汰结果，会造成其心理压力增加，如果安抚工作不做好，容易造成员工间的竞争加剧，不利于形成和谐的工作环境。

（五）在实践运用中的原则

我们应做出反思，改进末位淘汰法，对其进行改良和创新，使其更适用于教育领域。在使用中要注意以下几个问题。

1. 注意末位淘汰法的适用范围

末位淘汰法并不是每一个高校都能使用的，在考虑是否使用末位淘汰法前，必须先了解是否有使用末位淘汰法的必要。下面几种情况适用末位淘汰法。

（1）人治现象严重，管理方法不协调的高校

高校的人力资源管理与企业管理不同，高校教职工的竞争明显比企业中的竞争要小，因此在评价时常出现不敢说、徇私等现象。对于人治严重的高校，实施末位淘汰法，有利于加强制度管理，创造一个公平竞

争的环境,有利于高素质的教师队伍建设,从而提高高校的办学效率和竞争地位。

(2) 管理机制不健全的高校

末位淘汰法的使用应符合法律的规定,末位淘汰法在高校中的运用,也必须结合其教师质量水平及高校的整体管理质量。如果一个高校管理现状混乱、人浮于事、人员过剩的话,使用末位淘汰法是合适的;如果一个高校的教师队伍素质非常好,人员精炼的话,使用末位淘汰法就容易造成人才的流失,淘汰的教师或许相比其他高校的教师还具有竞争力,空缺下来的职位难以马上在市场上得到补充,造成高校的损失,因此这种情况的高校不适用末位淘汰法。

(3) 教育投入充足、高校办学条件较好的高校

如果在一个教育投入少、办学条件差、教育经费不足的高校里,教师的福利待遇普遍是比较差的,难以留住人才,容易引起教师队伍的不稳定,使教师队伍素质变低,此种情况下采用末位淘汰法显然是不合适的。粗俗地说,末位淘汰法是淘汰那些白领工资的人的,即拿了钱不做事,而在这种情况的高校中,教师本来就没有什么钱拿,淘汰后空缺的职位由谁来顶替呢?那何谈末位淘汰法呢?十分现实的一个问题是,如果一个高校处于教育投入少、办学条件差、教育经费不足的情况下,它如何能吸引教师留下,没有优秀的教师,高校的教学质量和竞争优势都难以保证,因此不具备一定条件的高校不宜实行末位淘汰法。只有提高了教师的福利待遇,稳定了教师队伍,才能得心应手地运用末位淘汰法。①

2. 充分做好教师的思想工作

当评价指标制定好之后,管理者必须向教师解释各项指标的合格标准,说明各项指标需要的业绩要求。只有向教师说清楚一切业绩要求,才会使教师明确应重视的方面,从而才能使其明确自己应进步的地方,

---

① 吴春平、陈悦棠:《末位淘汰制及其适用性考查》,《广西大学商学院院报》2010 年第 5 期。

才能激励员工，使其不断进步。在业绩管理过程中，管理者应向教师传递清晰的业绩要求，并帮助其寻找达成业绩的途径和方法，并给予其一定的帮助。对于新的教职工要有一定的保护期，如果对于所有的人都按照统一的评价指标来要求，那么对于新来的教师显然是不公平的。他们初来乍到，对一切事物都不熟悉，还没开始形成自己的教学风格和教学方法，在末位淘汰法的评价中是十分吃亏的，很容易使新来的教师占被淘汰人员的大部分，因此在进行末位淘汰时，应对新来的教师给予一定的保护。但给予保护不代表包容一切缺点，不代表可以让其一直犯错，在合理地对其进行保护的同时，应严格按照一定的指标对其进行评价，给予其一定压力，促使其进步。

3. 保证评价方法的科学有效

在制定评价方法时，要注意方法的科学性和可行性。应根据所教学科的类型、教师的级别和职级的具体实际，采取定性与定量、全面评价和重点评价、阶段评价和年度评价相结合的形式确定评价方式，保证评价的频率和节奏适中。对评价者的选取也要注意一定的科学性，在选择上应全面，不能选择被评价者的直系亲属及关系密切的人员，以保证评价的科学及公平。

4. 制定科学合理的评价指标

评价指标的科学、合理、可行性高是决定末位淘汰法能否有效实行的关键。对于高校问题型教师的评价，指标的制定是十分重要且困难的。一般的评价指标是从德、智、体、美四个方面进行设定的，从定性和定量两个方面对四个指标进行表述。如果能进行完全定量评价的话，那是最简便的，但很多时候受多方面原因的影响，评价难以轻易进行，必须建立全面、可行的评价指标。如果在对绩效进行评价的过程中，管理者之间存在私人恩怨，或人情因素的话，就会使评价变得不公。运用末位淘汰法的一个重要因素是其评价指标是不以人的意志而改变的，因此制定科学合理的评价指标是重要的，但也是十分困难的。实施末位淘汰法的高校，在使用前应做好一定的规划及前期探索工作。保证末位淘汰法科学性的关键是高校是否建立客观、公正、科学的评价体系。评价体系必须是公平、科学、合理的,这样才能更好地对员工的表现及水平进行评价。只有淘汰掉真正没有能力的教师,才能在真实的意义上实现末位淘汰法的目的。而且,对于教师绩效的评价和企业员工的评价是不同的,其最重要的评价标准是育人,而不是像企业员工那样创造直接的经济效益。因此应该从德、能、勤、绩这四个主要的评价方面来进行评价。

5. 建设良好的评价文化

评价文化是指教师对高校评价方法的认同度,是教师在评价管理下所形成的普遍的氛围及共同认识。高校对评价文化的理解与企业的差不多。校园文化在一定程度上是高校的软竞争力,软竞争力的发展能更好地促使高校竞争优势的提高。任何制度的成功都离不开员工的一致认同,因此要塑造形成良好的校园文化。良好的校园文化有利于教师对末位淘汰法实施的理解,而且良好的校园环境能对教师进行良好的行为影响,使末位淘汰法更容易实施。首先,必须建立一个良好的沟通渠道,使管理者的管理理念能更好地传达到每个教师中,保证教师能更好地理解决策的真正意义。其次,要建立起公平、公正、公开的评价环境,使每一位教师所受到的待遇是相同的、公正的、公平的,从而有利于形成和谐、公平、公正的评价环境,使末位淘汰法的实行变得顺利。最重要的是塑造一个积极向上的校园文化氛围,从而有利于每一位教师形成积极向上的工作态度,使教师展开良性竞争,有利于形成素质高的教师队伍,从而达到实行末位淘汰法的根本目的,提高教师的素质及高校的竞争能力。①

将末位淘汰法引进高等教育问题型教师的绩效评价中,无疑是一个新的尝试和大的突破。每一位教师因其成长环境、性格特点、接受教育的水平和所处的环境不同,形成了不同的教学风格、教学方法以及和学生的相处模式。因此对不同类型教师的评价方法应该是因类型而异的。而问题型教师是一个特殊的教师类型,适用于问题型教师的评价方法更

---

① 赵宗铭:《末位淘汰制在企业中的应用分析》,《中国证券期货》2013年第1期。

应是不同的，应适应其类型特点。末位淘汰法在高校问题型教师评价中的运用，有效地创新了高校管理体制，建立起有利于高校发展的管理模式，增强了高校内部管理的生机与活力，形成了优秀的教师队伍，提高了高校的竞争力，从而更大地促进了我国教育水平的提高与发展。

第六章　高校教师区分性评价指标

科学指标体系的设置和构建,既能实现有效的评价又能促进教师的专业化发展。由于教师在个性心理、职业素养、教学风格、交往类型和工作背景等方面存在较大的差异,评价不应也不能只有一种模式、一种标准,而应有针对性地对某一教师群体或个体教师提出改进建议、专业发展目标和进修计划等,充分发挥教师的特长,更好地促进教师的专业发展。

第一节　区分性评价指标选择原则

高校肩负着科学研究、人才培养、服务社会和文化传承等重任。科学合理的区分性教师评价指标体系有利于提高教师的思想素质和教育教学水平及科研能力,对推动教学型高校的可持续发展有着十分重要的意义。构建区分性教师评价指标体系应遵循的原则如下。

一　发展性原则

教学型高校教师评价的核心在于促进不同类别教师的专业成长,因此,教学型高校教师区分性评价指标构建首先要考虑发展性原则。发展性原则是指教学型高校教师评价活动要能够有效地促进教师能力和水平的提高。评价指标构建时的关注点不应仅仅是教师过去的工作成果,还应面向教师未来的发展,这需要为教师设计良好的职业发展阶梯和提供发展机会等。另外,在设计评价指标时要用发展的眼光看问题,既要考虑高校的发展，也要考虑教师能力和水平的提升等。

二　全面性原则

教学型教师评价指标的设计是一项非常重要的工作，它的质量好坏直接影响着整个教师评价工作的质量。为了确保教学型教师评价结果的科学性和系统性，在建立评价指标体系时应遵循全面性原则。教学型教师评价的全面性原则是指在设计教师评价指标时能够较为全面地、系统地反映教师工作，既要能够对教师的专业知识、职业道德、教学能力、科学研究成果、服务社会工作、个人成长等进行全方位的评价，又要在教学型教师评价的过程中，努力增加评价信息来源的渠道，尽可能地获得全面的评价信息，确保教师评价结果的准确性和可靠性。

三　差异性原则

教学型教师评价指标的差异性原则就是要在设计评价指标时注意体现不同类型教师所处发展阶段的差异性。由于不同教师的从教时间、专业和心理成熟度、科研条件、学科特点、个人目标等不同，教学型教师评价指标不能够一概而论，应该适当体现教师个体不同发展阶段的差异性，在评价过程中容许教师在能力特长、教学思维方式、专业发展目标、科研工作成果、服务社会等方面表现出不同的阶段性特征。

四　可操作性原则

教师工作评价指标体系应该遵循可操作性原则。教学型教师评价指标的可操作性原则主要包含指标的可比性和可测性两个方面。评价指标的可比性要求教学型教师评价指标之间相互独立、不应有重叠交叉现象出现，指标要能反映教师工作的共性。评价指标的可测性要求教学型教师评价指标尽可能量化，对于那些不能量化的指标，要尽量用典型行为事件来描述。①

五　动态性原则

教学型教师评价指标体系不应该是一成不变的，而是要充分考虑到被评价教师多种内外环境因素的动态变化特点，在设计教学型教师评价指标体系时要根据被评价教师内外环境因素的变化而不断调整，使评价指标适应不断变化的发展形势，还应该充分考虑教师能力评价指标体系的全面适用性与包容性。这样才能使评价指标正确地反映教师的实际情况，从而对教师起到有效的激励作用。

六　科学性原则

科学的评价指标体系能够为评价体系提供科学依据，能够使评价结果准确合理地反映教师的实际情况。我们在设计评价指标时要坚持科学性原则，应科学合理地设计评价指标。教学型教师评价指标的科学性原则是指在选择评价指标时，要确保评价指标真实地反映评价对象的工作情况，所选择的指标要有代表性，避免出现重要评价信息的遗漏，造成评价结果不全面，而且要确保其评价信息的获取比较简单、容易。②

七　独立性原则

评价指标的独立性能够避免教师在评价过程中对说法不同但含义相同的指标做出具有差异性的评价，对评价结果产生影响。现有的教学型教师评价指标在内涵上往往有交叉重复，这在一定程度上影响了评价结果的公正、公平。因此在设计教学型教师评价指标体系时，要尽量减少

---

① 李永平：《新升格本科院校教师工作绩效评价指标体系研究》，硕士学位论文，湘潭大学，2008年。
② 李辉：《高校教师教学能力评价指标体系构建研究》，硕士学位论文，山西财经大学，2015年。

评价指标之间的交叉性问题，确保评价指标之间的相互独立性。[①] 独立性指保证每一个指标的相对独立，不应该与其他指标有交叉或重复的现象。高校教师评价是一种对教师的总体性评价，评价指标应该反映教师的品德、教学、科研、服务社会等多个侧面，不能顾此失彼。

第二节 区分性评价指标的理论构建

根据教学型高校教师区分性评价指标遴选原则，在结合大量的文献调研和对教师评价专家现场访谈的基础上，我们构建了教学型高校教师区分性评价的第一轮评价指标体系 Xl，它由教师素质、教学工作、科学研究与社会服务三个评价领域，51 个评价指标构成（见表 6 – 1）。其中，对于教师素质的评价，主要选取了思想素质、政治素养、师德修养、专业素质、责任心、积极性、原则性、严谨性、创新性、团队精神、课堂纪律、身心素质、学术道德、师生关系、教学风格指标；对于教学工作的评价，主要选取了教学计划和教案、语言表达、文字板书、教学方法、教学内容、教学效果、教学质量、教学计划执行、教学工作量、期末考试、教学互动、教学热忱、教学特色、工作规范、教学能力、教学关怀、教学研究、教学总结、学生成长指标；对于科学研究与社会服务的评价，主要选取了科研项目、学术论文、论文检索、专利、著作、科研获奖、科研活动、成果转化、基地建设、人才培养、社会服务、学科建设、沟通与协调、信息处理、因材施教、自我管控能力、研究潜质指标。

第三节 区分性评价指标的实证筛选

教学型高校教师区分性评价理论指标体系是根据教学型高校教师区

[①] 庞鹤峰：《我国高校教师绩效评价指标体系研究》，硕士学位论文，南京理工大学，2006 年。

表6-1　　教学型高校教师区分性评价理论指标体系构建表

一级指标	二级指标	指标解释	变量识别
教师素质	思想素质	科学的世界观、积极的人生观、正确的价值观	X1
	政治素养	坚持四项基本原则、拥护党的路线方针	X2
	师德修养	遵纪守法、为人师表，热爱并全身心投入教育事业	X3
	专业素质	专业文凭、技术职称、专业知识、思维能力	X4
	责任心	教案准备充分度、上课出勤情况、课堂讲授重视度	X5
	积极性	教学准备情况，教学和指导积极性	X6
	原则性	师德表现和原则纪律性	X7
	严谨性	课程安排合理度、课内外指导结合度	X8
	创新性	勇于创新、开拓进取	X9
	团队精神	具有团结合作的团队精神，能够主动争做团队中的一员	X10
	课堂纪律	按时上课、下课，不任意调课、缺课和停课	X11
	身心素质	具有良好的身体和心理素质	X12
	学术道德	在科研和学术活动时，没有论文抄袭和项目造假等情况	X13
	师生关系	关心学生成长，因材施教，促进学生个性化发展，以身作则、言传身教，为学生树立良好典范	X14
	教学风格	教学风格受认可度、课堂纪律与气氛	X15
教学工作	教学计划和教案	能够制定出符合教学大纲要求和学生实际情况的教学计划与教案，准确把握课程的教学目的、任务、要求	X16
	语言表达	语言清晰准确，简洁精炼，逻辑性强和通俗易懂	X17
	文字板书	文字工整，板书清楚，写作流畅	X18
	教学方法	积极利用现代教学技术和手段，教学方法多样且具有较强的针对性	X19
	教学内容	教学内容丰富，信息量大；重点突出，能够抓住问题的关键；讲授内容熟练，课时分配合理；举例得当，讲授中能够做到理论联系实际	X20
	教学效果	学生到课率较高，教学内容能够理解并记住，考试成绩分布合理等	X21
	教学质量	指导研究生获优秀学位论文、学生教学成果奖等	X22
	教学计划执行	教学内容安排、教学活动时间分配、教学目标设定、个人阶段性定位	X23

续表

一级指标	二级指标	指标解释	变量识别
教学工作	教学工作量	课堂讲授时数，双语教学，实习、实验，学生数量，课程类别，指导各类竞赛，指导学生毕业论文（设计）和科研实践活动	X24
	期末考试	期末考试命题符合考试与教学大纲的要求，题目难易程度与题量适中	X25
	教学互动	欢迎学生对自己的想法进行批评，与学生有近距离接触，知道什么时候学生听得厌烦或感到困惑了，注重学生的学习反应，根据需要，进行课外辅导，耐心答疑，欢迎学生分享他们的知识与经验	X26
	教学热忱	有自信心，讲课生动、富有启发性，能和不同的观点展开讨论，是一个生气勃勃而有才能的人	X27
	教学特色	个性化教学的独特教学方式，课堂氛围良好，学生能够运用所学知识解决实际问题，学生有较强的问题意识，善于发现和提出问题等	X28
	工作规范	教师按照一定的工作规范完成教学，对学生的日常规范也可以起到典范作用	X29
	教学能力	优秀论文数量、指导学生申请课题数量、组织学生学术活动数量等	X30
	教学关怀	能与学生密切关系，鼓励学生走出课堂进行社会实践，尊重学生的个人意见，能适时提供学生未来的方向，能与学生进行讨论，关心学生的成长等	X31
	教学研究	教研论文，教材编写，教学改革项目及经费，教学成果获奖，课程建设，实验室建设等	X32
	教学总结	教育内容上的评价、教学时间分配、教学方法总结、学生评价反馈分析	X33
	学生成长	课堂教学拓展了学生知识层面，并提升了学生整体技能和基本素质	X34
科学研究与服务社会	科研项目	科研项目类型、项目级别、项目数量、项目经费等	X35
	学术论文	学术论文级别、学术论文数量、学术论文被引用和转载情况等	X36
	论文检索	论文被国际、国内检索情况——被SCI、EI、ISTP、SSCI、A&HCI、CSSCI等检索次数	X37
	专利	发明型专利、实用型专利、外观设计专利	X38

续表

一级指标	二级指标	指标解释	变量识别
科学研究与服务社会	著作	国家一级出版社、国家二级出版社、省级出版社	X39
	科研获奖	项目获奖、论文获奖、专利获奖、著作获奖	X40
	科研活动	主办和参加学术会议、主讲学术报告、讲座、其他学术论坛	X41
	成果转化	专利技术发明、实用新型、外观设计、咨政建议、教育决策咨询	X42
	基地建设	重点实验室建设及级别、工程中心建设及级别、联合实验室建设及级别（与其他院校及企业共建）	X43
	人才培养	培养学生人数、指导学生发表论文次数、指导学生获奖次数，开设专题讲座、学术报告等	X44
	社会服务	参与学校的各种管理及咨询委员会的数目和贡献，在校外各团体（协会、学术杂志）中承担的角色和数量，参加各种科研评审、公益事业服务、社会演讲、承担校外调查研究的工作，终身学习等社会活动	X45
	学科建设	学科规划制定，学科点申报，学科梯队建设、人才引进情况	X46
	沟通与协调	具有强烈的合作愿望和良好的沟通技巧，能够有效融入团队中，与他人相互配合	X47
	信息处理	利用外语和计算机等工具，提高信息收集、处理能力和工作效率	X48
	因材施教	根据不同学生群体的特点采用不同的教学方式提高教学的有效性	X49
	自我管控能力	能够有效调节和控制个人的情绪、情感和行为	X50
	研究潜质	科研能力发展趋势、研究方向（基础性、创新性和前沿性）、所在团队状况及贡献	X51

分性评价的实际需求，并基于文献调研和对教师评价专家现场访谈构建的，存在着较强的主观色彩，也存在数量偏多、有效性不高、针对性不强等问题。因此，有必要对其进行实证筛选，以进一步精简评价指标，提高评价指标的科学性、合理性。本节采用隶属度分析法，分别针对新

手型、适应型、成熟型、专家型、问题型高校教师，进行教学型高校教师区分性评价指标的实证筛选。

隶属度分析法考察的是元素属于某个集合的程度。评价指标的隶属度分析方法如下：假设对于第 i 个评价指标 X_i，专家选择的总次数为 M_i，即有 M_i 个专家认同评价指标 X_i 是评价对象的重要评价指标，那么评价指标 X_i 的隶属度为 $R_i = M_i/n$（i = 1，2，3，…，n），在式中，n 代表专家的总个数。若 R_i 的值大，那么可认为评价指标 X_i 的隶属度高，即该指标是评价对象的重要评价指标。反之，则认为评价指标 X_i 不是评价对象的重要评价指标，应予以删除。

本研究选择高校教师评价领域的专家为咨询对象，将教学型高校教师区分性评价理论指标体系制成专家咨询表，采用网络问卷的形式发送给专家，请专家依据个人的知识及经验，从教师素质评价指标中选择3—5项他们认为对不同类型高校教师较为重要的评价指标，从教学工作评价指标中选择3—8项他们认为对不同类型高校教师较为重要的评价指标，从科研和社会服务评价指标中选择3—8项他们认为对不同类型高校教师较为重要的评价指标。这些专家来自广西、浙江、河南、安徽、湖北、重庆等省市的高校，长期在人事处、教务处、科研处和教师发展中心从事教师评价管理工作或专门从事教师评价相关研究工作，具有丰富的理论知识和实践经验。通过隶属度分析，可以综合多个专家的意见，在一定程度上消除单个专家的主观偏差，删除一些专家们普遍认为重要性不高的评价指标，提高评价指标的客观性和有效性。本研究共发放专家咨询问卷100份，回收问卷95份，其中对教师区分性评价有一定了解的专家咨询问卷72份。本研究以这72份对教师区分性评价有一定了解的专家咨询问卷为样本进行统计分析。

一　新手型教师评价指标的实证筛选

本研究通过对专家咨询表的统计分析，得到教学型高校教师区分性评价理论指标体系中各个评价指标的隶属度如表6-2所示。我们以隶属度0.4为阈值进行评价指标筛选，即当某个评价指标的隶属度低于

0.4时，则删除该指标。经过筛选，得到高校新手型教师评价指标分别如表6-3所示，新手型高校教师评价指标为教师素质指标（思想素质、师德修养、专业素质、责任心）、教学工作指标（教学计划和教案、语言表达、文字板书、教学方法、教学内容、教学效果、教学计划执行、教学总结）、科学研究与服务社会指标（学术论文、人才培养、自我管控能力、沟通与协调、信息处理、研究潜质）；新手型高校教师评价指标删除政治素养、团队精神、课堂纪律、身心素质、师生关系、教学风格、积极性、原则性、严谨性、创新性、学术道德、教学质量、教学工作量、期末考试、教学互动、教学热忱、教学特色、工作规范、教学能力、教学关怀、教学研究、学生成长、科研项目、论文检索、专利、著作、科研获奖、科研活动、成果转化、学科建设、基地建设、社会服务共32个评价指标。从专家咨询的结果来看，高校新手型教师评价指标关注的重点在教学工作。

表6-2　　新手型高校教师评价指标隶属度分析结果

一级指标	二级指标	专家人数	隶属度
教师素质	思想素质	35	0.486
	政治素养	12	0.167
	师德修养	60	0.833
	专业素质	36	0.500
	团队精神	24	0.333
	课堂纪律	28	0.389
	身心素质	20	0.278
	师生关系	16	0.222
	教学风格	10	0.139
	责任心	36	0.500
	积极性	26	0.361
	原则性	1	0.014

续表

一级指标	二级指标	专家人数	隶属度
教师素质	严谨性	6	0.083
	创新性	3	0.042
	学术道德	6	0.083
教学工作	教学计划和教案	56	0.778
	语言表达	53	0.736
	文字板书	37	0.514
	教学方法	48	0.667
	教学内容	37	0.514
	教学效果	40	0.556
	教学质量	21	0.292
	教学计划执行	32	0.444
	教学总结	29	0.403
	教学工作量	8	0.111
	期末考试	13	0.181
	教学互动	17	0.236
	教学热忱	16	0.222
	教学特色	4	0.056
	工作规范	23	0.319
	教学能力	12	0.167
	教学关怀	5	0.069
	教学研究	4	0.056
	学生成长	14	0.194
科学研究与服务社会	科研项目	18	0.250
	学术论文	39	0.542
	论文检索	18	0.250
	专利	6	0.083
	著作	9	0.125
	科研获奖	9	0.125
	科研活动	19	0.264
	成果转化	5	0.069

续表

一级指标	二级指标	专家人数	隶属度
科学研究与服务社会	学科建设	9	0.125
	基地建设	6	0.083
	人才培养	29	0.403
	社会服务	21	0.292
	自我管控能力	44	0.611
	沟通与协调	40	0.556
	信息处理	33	0.458
	因材施教	27	0.375
	研究潜质	38	0.528

表6-3　　　　　　　　新手型高校教师评价指标

一级指标	二级指标	专家人数	隶属度
教师素质	思想素质	35	0.486
	师德修养	60	0.833
	专业素质	36	0.500
	责任心	36	0.500
教学工作	教学计划和教案	56	0.778
	语言表达	53	0.736
	文字板书	37	0.514
	教学方法	48	0.667
	教学内容	37	0.514
	教学效果	40	0.556
	教学计划执行	32	0.444
	教学总结	29	0.403
科学研究与服务社会	学术论文	39	0.542
	人才培养	29	0.403
	自我管控能力	44	0.611
	沟通与协调	40	0.556
	信息处理	33	0.458
	研究潜质	38	0.528

二 适应型教师评价指标的实证筛选

本研究通过对专家咨询表的统计分析,得到教学型高校教师区分性评价理论指标体系中各个评价指标的隶属度如表6-4所示。我们以隶属度0.4为阈值进行评价指标筛选,即当某个评价指标的隶属度低于0.4时,则删除该指标。经过筛选,得到高校适应型教师评价指标如表6-5所示,适应型高校教师评价指标为教师素质指标(师德修养、专业素质、团队精神、责任心)、教学工作指标(教学方法、教学内容、教学效果、教学质量、教学能力)、科研与服务社会指标(科研项目、学术论文、科研活动、人才培养、社会服务、研究潜质);适应型高校教师评价指标删除思想素质、政治素养、课堂纪律、身心素质、师生关系、教学风格、积极性、原则性、严谨性、创新性、学术道德、教学计划和教案、语言表达、文字板书、教学计划执行、教学总结、教学工作量、期末考试、教学互动、教学热忱、教学特色、工作规范、教学关怀、教学研究、学生成长、论文检索、专利、著作、科研获奖、成果转化、学科建设、基地建设、自我管控能力、沟通与协调、信息处理、因材施教共36个评价指标。从专家咨询的结果来看,高校适应型教师评价指标关注的重点以教学工作为主,但也要注意科研和服务社会工作方面的评价。

表6-4　　适应型高校教师评价指标隶属度分析结果

一级指标	二级指标	专家人数	隶属度
教师素质	思想素质	21	0.292
	政治素养	7	0.097
	师德修养	56	0.778
	专业素质	51	0.708
	团队精神	38	0.528
	课堂纪律	13	0.181
	身心素质	15	0.208
	师生关系	21	0.292

续表

一级指标	二级指标	专家人数	隶属度
教师素质	教学风格	24	0.333
	责任心	38	0.528
	积极性	14	0.194
	原则性	1	0.014
	严谨性	9	0.125
	创新性	8	0.111
	学术道德	7	0.097
教学工作	教学计划和教案	25	0.347
	语言表达	25	0.347
	文字板书	8	0.111
	教学方法	50	0.694
	教学内容	42	0.583
	教学效果	44	0.611
	教学质量	40	0.556
	教学计划执行	24	0.333
	教学总结	22	0.306
	教学工作量	18	0.250
	期末考试	6	0.083
	教学互动	28	0.389
	教学热忱	19	0.264
	教学特色	14	0.194
	工作规范	10	0.139
	教学能力	31	0.431
	教学关怀	5	0.069
	教学研究	20	0.278
	学生成长	22	0.306
科学研究与服务社会	科研项目	35	0.486
	学术论文	56	0.778
	论文检索	14	0.194
	专利	12	0.167

续表

一级指标	二级指标	专家人数	隶属度
科学研究与服务社会	著作	13	0.181
	科研获奖	12	0.167
	科研活动	35	0.486
	成果转化	8	0.111
	学科建设	16	0.222
	基地建设	10	0.139
	人才培养	44	0.611
	社会服务	32	0.444
	自我管控能力	20	0.278
	沟通与协调	21	0.292
	信息处理	19	0.264
	因材施教	27	0.375
	研究潜质	32	0.444

表 6-5　　　　　　　　**适应型教师评价指标**

一级指标	二级指标	专家人数	隶属度
教师素质	师德修养	56	0.778
	专业素质	51	0.708
	团队精神	38	0.528
	责任心	38	0.528
教学工作	教学方法	50	0.694
	教学内容	42	0.583
	教学效果	44	0.611
	教学质量	40	0.556
	教学能力	31	0.431
科学研究与服务社会	科研项目	35	0.486
	学术论文	56	0.778
	科研活动	35	0.486
	人才培养	44	0.611
	社会服务	32	0.444
	研究潜质	32	0.444

三 成熟型教师评价指标的实证筛选

本研究通过对专家咨询表的统计分析，得到教学型高校教师区分性评价理论指标体系中各个评价指标的隶属度如表6-6所示。我们以隶属度0.4为阈值进行评价指标筛选，即当某个评价指标的隶属度低于0.4时，则删除该指标。经过筛选，得到高校成熟型教师评价指标如表6-7所示，高校成熟型教师评价指标为教师素质指标（师德修养、专业素质、团队精神、教学风格、创新性、学术道德）、教学工作指标（教学方法、教学效果、教学质量、教学互动、教学特色、教学能力、教学研究、学生成长）、科学研究与服务社会指标（科研项目、学术论文、科研活动、成果转化、学科建设、人才培养、社会服务）；高校成熟型教师评价指标删除思想素质、政治素养、课堂纪律、身心素质、师生关系、责任心、积极性、原则性、严谨性、教学计划和教案、语言表达、文字板书、教学内容、教学计划执行、教学总结、教学工作量、期末考试、教学互动、教学热忱、工作规范、教学关怀、论文检索、专利、著作、科研获奖、基地建设、自我管控能力、沟通与协调、信息处理、因材施教、研究潜质共30个评价指标。从专家咨询的结果来看，高校成熟型教师评价对教师素质、教学科究和服务社会工作同等重视。

表6-6　成熟型高校教师评价指标隶属度分析结果

一级指标	二级指标	专家人数	隶属度
教师素质	思想素质	17	0.236
	政治素养	9	0.125
	师德修养	43	0.597
	专业素质	45	0.625
	团队精神	30	0.417
	课堂纪律	7	0.097
	身心素质	15	0.208
	师生关系	15	0.208
	教学风格	34	0.472
	责任心	15	0.208

续表

一级指标	二级指标	专家人数	隶属度
教师素质	积极性	3	0.042
	原则性	7	0.097
	严谨性	17	0.236
	创新性	42	0.583
	学术道德	33	0.458
教学工作	教学计划和教案	9	0.125
	语言表达	10	0.139
	文字板书	6	0.083
	教学方法	39	0.542
	教学内容	24	0.333
	教学效果	44	0.611
	教学质量	47	0.653
	教学计划执行	15	0.208
	教学总结	15	0.208
	教学工作量	12	0.167
	期末考试	6	0.083
	教学互动	29	0.403
	教学热忱	18	0.250
	教学特色	43	0.597
	工作规范	6	0.083
	教学能力	31	0.431
	教学关怀	19	0.264
	教学研究	44	0.611
	学生成长	38	0.528
科学研究与服务社会	科研项目	52	0.722
	学术论文	53	0.736
	论文检索	11	0.153
	专利	15	0.208
	著作	24	0.333
	科研获奖	26	0.361

续表

一级指标	二级指标	专家人数	隶属度
科学研究与服务社会	科研活动	30	0.417
	成果转化	25	0.347
	学科建设	32	0.444
	基地建设	24	0.333
	人才培养	50	0.694
	社会服务	33	0.458
	自我管控能力	11	0.153
	沟通与协调	8	0.111
	信息处理	7	0.097
	因材施教	21	0.292
	研究潜质	10	0.139

表6-7 　　成熟型教师评价指标

一级指标	二级指标	专家人数	隶属度
教师素质	师德修养	43	0.597
	专业素质	45	0.625
	团队精神	30	0.417
	教学风格	34	0.472
	创新性	42	0.583
	学术道德	33	0.458
教学工作	教学方法	39	0.542
	教学效果	44	0.611
	教学质量	47	0.653
	教学互动	29	0.403
	教学特色	43	0.597
	教学能力	31	0.431
	教学研究	44	0.611
	学生成长	38	0.528

续表

一级指标	二级指标	专家人数	隶属度
科学研究与服务社会	科研项目	52	0.722
	学术论文	53	0.736
	科研活动	30	0.417
	成果转化	25	0.347
	学科建设	32	0.444
	人才培养	50	0.694
	社会服务	33	0.458

四 专家型教师评价指标的实证筛选

本研究通过对专家咨询表的统计分析，得到教学型高校教师区分性评价理论指标体系中各个评价指标的隶属度如表6-8所示。我们以隶属度0.4为阈值进行评价指标筛选，即当某个评价指标的隶属度低于0.4时，则删除该指标。经过筛选，得到高校专家型教师评价指标如表6-9所示，高校专家型教师评价指标为教师素质指标（师德修养、专业素质、教学风格、创新性、学术道德）、教学工作指标（教学方法、教学效果、教学质量、教学特色、教学能力、教学关怀、教学研究、学生成长）、科学研究与服务社会指标（科研项目、学术论文、著作、科研获奖、成果转化、学科建设、人才培养、社会服务）；专家型高校教师评价指标删除思想素质、政治素养、团队精神、课堂纪律、身心素质、师生关系、责任心、积极性、原则性、严谨性、教学计划和教案、语言表达、文字板书、教学内容、教学计划执行、教学总结、教学工作量、期末考试、教学互动、教学热忱、工作规范、论文检索、专利、科研活动、基地建设、自我管控能力、沟通与协调、信息处理、因材施教、研究潜质共30个评价指标。从专家咨询的结果来看，高校专家型教师评价把科学研究和服务社会作为评价工作的重点，适当兼顾教学工作和教师素质方面的评价。

表6-8　　　　专家型高校教师评价指标隶属度分析结果

一级指标	二级指标	专家人数	隶属度
教师素质	思想素质	16	0.222
	政治素养	16	0.222
	师德修养	30	0.417
	专业素质	38	0.528
	团队精神	28	0.389
	课堂纪律	5	0.069
	身心素质	14	0.194
	师生关系	18	0.250
	教学风格	35	0.486
	责任心	9	0.125
	积极性	2	0.028
	原则性	5	0.069
	严谨性	22	0.306
	创新性	52	0.722
	学术道德	39	0.542
教学工作	教学计划和教案	7	0.097
	语言表达	10	0.139
	文字板书	4	0.056
	教学方法	32	0.444
	教学内容	21	0.292
	教学效果	34	0.472
	教学质量	41	0.569
	教学计划执行	10	0.139
	教学总结	8	0.111
	教学工作量	11	0.153
	期末考试	2	0.028
	教学互动	23	0.319
	教学热忱	15	0.208
	教学特色	47	0.653
	工作规范	8	0.111

第六章 高校教师区分性评价指标

续表

一级指标	二级指标	专家人数	隶属度
教学工作	教学能力	35	0.486
	教学关怀	30	0.417
	教学研究	51	0.708
	学生成长	50	0.694
科学研究与服务社会	科研项目	45	0.625
	学术论文	47	0.653
	论文检索	14	0.194
	专利	21	0.292
	著作	45	0.625
	科研获奖	48	0.667
	科研活动	23	0.319
	成果转化	37	0.514
	学科建设	45	0.625
	基地建设	27	0.375
	人才培养	45	0.625
	社会服务	45	0.625
	自我管控能力	8	0.111
	沟通与协调	5	0.069
	信息处理	6	0.083
	因材施教	9	0.125
	研究潜质	9	0.125

表6-9　　　　　　　　　**专家型隶属度分析结果**

一级指标	二级指标	专家人数	隶属度
教师素质	师德修养	30	0.417
	专业素质	38	0.528
	教学风格	35	0.486
	创新性	52	0.722
	学术道德	39	0.542

续表

一级指标	二级指标	专家人数	隶属度
教学工作	教学方法	32	0.444
	教学效果	34	0.472
	教学质量	41	0.569
	教学特色	47	0.653
	教学能力	35	0.486
	教学关怀	30	0.417
	教学研究	51	0.708
	学生成长	50	0.694
科学研究与服务社会	科研项目	45	0.625
	学术论文	47	0.653
	著作	45	0.625
	科研获奖	48	0.667
	成果转化	37	0.514
	学科建设	45	0.625
	人才培养	45	0.625
	社会服务	45	0.625

五　问题型教师评价指标的实证筛选

本研究通过对专家咨询表的统计分析，得到教学型高校教师区分性评价理论指标体系中各个评价指标的隶属度如表 6-10 所示。我们以隶属度 0.4 为阈值进行评价指标筛选，即当某个评价指标的隶属度低于 0.4 时，则删除该指标。经过筛选，得到问题型高校教师评价指标如表 6-11 所示，高校问题型教师评价指标为教师素质指标（师德修养、专业素质）、教学工作指标（语言表达、教学方法、教学内容、教学效果、教学研究、学生成长）、科学研究与服务社会指标（科研项目、学术论文、人才培养、自我管控能力、沟通与协调）；问题型高校教师评价指标删除思想素质、政治素养、团队精神、课堂纪律、身心素质、师生关系、教学风格、责任心、积极性、原则性、严谨性、创新性、学术道德、教学计划和教案、文字板书、教学质量、教学计划执行、教学总结、教学工作量、期末考试、教学互动、教学热忱、教学特色、工作规范、教学能力、教学关怀、论文检索、专利、著作、科研获奖、科研活动、成果转化、学科建设、基地建设、社会服务、信息处理、因材施教、研究潜质共38个评价指标。从专家咨询的结果来看，高校问题型教师评价指标关注的重点在教学工作，适当兼顾科研工作评价。

表6-10　问题型高校教师评价指标隶属度分析结果

一级指标	二级指标	专家人数	隶属度
教师素质	思想素质	23	0.319
	政治素养	13	0.181
	师德修养	42	0.583
	专业素质	30	0.417
	团队精神	22	0.306
	课堂纪律	17	0.236
	身心素质	25	0.347
	师生关系	16	0.222
	教学风格	15	0.208
	责任心	26	0.361
	积极性	19	0.264
	原则性	14	0.194
	严谨性	20	0.278
	创新性	28	0.389
	学术道德	19	0.264
教学工作	教学计划和教案	28	0.389
	语言表达	32	0.444
	文字板书	19	0.264
	教学方法	33	0.458
	教学内容	33	0.458
	教学效果	34	0.472
	教学质量	27	0.375
	教学计划执行	23	0.319

续表

一级指标	二级指标	专家人数	隶属度
教学工作	教学总结	14	0.194
	教学工作量	6	0.083
	期末考试	15	0.208
	教学互动	15	0.208
	教学热忱	16	0.222
	教学特色	22	0.306
	工作规范	19	0.264
	教学能力	25	0.347
	教学关怀	21	0.292
	教学研究	32	0.444
	学生成长	31	0.431
科学研究与服务社会	科研项目	30	0.417
	学术论文	31	0.431
	论文检索	13	0.181
	专利	17	0.236
	著作	21	0.292
	科研获奖	22	0.306
	科研活动	19	0.264
	成果转化	20	0.278
	学科建设	21	0.292
	基地建设	23	0.319
	人才培养	35	0.486
	社会服务	24	0.333
	自我管控能力	34	0.472
	沟通与协调	35	0.486
	信息处理	25	0.347
	因材施教	20	0.278
	研究潜质	20	0.278

表6–11　　　　　　　问题型隶属度分析结果

一级指标	二级指标	专家人数	隶属度
教师素质	师德修养	42	0.583
	专业素质	30	0.417
教学工作	语言表达	32	0.444
	教学方法	33	0.458
	教学内容	33	0.458
	教学效果	34	0.472
	教学研究	32	0.444
	学生成长	31	0.431
科学研究与服务社会	科研项目	30	0.417
	学术论文	31	0.431
	人才培养	35	0.486
	自我管控能力	34	0.472
	沟通与协调	35	0.486

参考文献

［法］卢梭：《爱弥儿》（上卷），人民教育出版社 1985 年版。

［捷］夸美纽斯：《大教学论》，傅任敢译，教育科学出版社 1999 年版。

［美］内尔诺丁斯：《学会关心——教育的另一种模式》，于天龙译，教育科学出版社 2003 年版。

［苏］苏霍姆林斯基：《给教师的建议》，教育科学出版社 1984 年版。

毕淑芝编著：《当代苏联教育家的新思想》，上海教育出版社 1990 年版。

布鲁克菲尔德：《批判性反思 ABC》，张伟译，中国轻工业出版社 2002 年版。

陈昌意：《年度考核综合评价中的不良心理表现及其防范》，《华中农业大学学报》2001 年第 1 期。

陈绍辉、金喜在：《高校教师评价的内涵维度与方法》，《社会科学家》2012 年第 2 期。

陈伟民：《学生评价教师教学质量的若干问题思考》，《广东工业大学学报》2007 年第 4 期。

陈孝彬：《教育管理学》，北京师范大学出版社 2005 年版。

陈艳：《末位淘汰管理在军校学员体育教学中的研究》，《教育教学论坛》2014 年第 30 期。

陈永志：《基于发展性评价的 360 度绩效考评改进及应用研究》，学位论文，合肥工业大学，2007 年。

池杰、李卓欣：《国外高校教师绩效管理开展现状要求》，《中外合资》

2011 年第 8 期。

樊小东：《试论教师教学评价主体的选择》，《教育与职业》2007 年第 14 期。

范雅茹：《教学日志与高校新手教师专业发展——一个大学英语新手教师的成长之路》，《亚太教育》2015 年第 8 期。

冯辉：《教学日志作为英语教师自评手段的研究》，《沈阳教育学院学报》2008 年第 3 期。

冯霞：《教学反思日志促进教师个人成长和专业发展》，《吉林省教育学院学报》2013 年第 29 期。

付亚、徐玉林：《绩效考核与绩效管理》，电子工业出版社 2009 年版。

高宏：《高校青年教师的专业化发展策略》，《理工高教研究》2007 年第 1 期。

高娜：《高校评估中教师的心理障碍评析》，《长春师范学院学报》2002 年第 1 期。

高忠明、郭晓琴：《反思性教学——反思专家型教师的成长之路》，《河北科技师范学院学报》（社会科学版）2005 年第 2 期。

勾景秀：《民营中小企业绩效管理特点分析》，《价值工程》2010 年第 10 期。

郭芳芳、史静寰：《美国大众化高等教育中的学生评价研究：缘起、内涵与实践》，《教育科学》2014 年第 6 期。

郭庆斌：《教学反思与高校教师专业化发展》，《长江大学学报》（社会科学版）2010 年第 33 期。

郭亚锋：《教学型高校教师评价体系现状与对策研究》，《中国市场》2012 年第 4 期。

韩伟：《新课改背景下初中教师课堂教学发展性评价研究》，硕士论文，重庆师范大学，2012 年。

洪波：《人员考评的心理误差与对策》，《湖北教育学院学报》2005 年第 2 期。

胡庆芳：《关键教育事件研究的国际背景与国内实践思考》，《外国中小学教育》2010年第4期。

胡绍兰：《高校教师绩效管理研究》，《教育与职业》2008年第8期。

黄碧芬：《"关键事件"对教师专业发展的作用——浅析"自我更新"取向教师专业发展的基本问题》，《中小学心理健康教育》2009年第9期。

黄珊珊：《反思性教学——教师专业成长的有效途径》，《宁夏教育》2012年第4期。

黄淑艳：《美国教师档案袋评价研究》，硕士论文，东北师范大学，2010年。

黄晓露、梁郁波：《同行评价法在高校成熟型教师绩效评价中的运用》，《梧州学院学报》2014年第10期。

黄永忠：《试论教育评价主体的心理误差及调控》，《绵阳师范高等专科学校学报》2001年第8期。

霍力岩、黄爽：《表现性评价内涵及其相关概念辨析》，《西北师大学报》（社会科学版）2015年第5期。

贾宗萍：《抓住关键事件引领教师专业成长》，《上海教育科研》2013年第6期。

姜凤华、侯中太：《教师评价的现存问题分析及应对策略》，《现代教育论丛》2003年第2期。

克里斯·戴维森：《中国和澳大利亚教师评价体系的形成：两个国家，一个体系?》，《中国教师》2015年第3期。

孔令桐：《奖惩性与发展性教师评价模式比较》，《学校党建与思想教育》2009年第27期。

赖俊明：《基于目标合同评价法促进教师专业发展的研究》，《考试周刊》2010年第36期。

李丰生、周景坤：《教学型高校教师区分性绩效评价主体的选择研究》，《广西师范学院学报》（哲学社会科学版）2016年第7期。

李凤威、罗嘉司、赵乐发、王玲：《基于关键绩效指标的高校辅导员评价方法》，《现代教育管理》2012年第7期。

李辉:《高校教师教学能力评价指标体系构建研究》,硕士论文,山西财经大学,2015年。

李家成:《论教育活动中他人评价与自我评价的结合》,《教育评论》1999年第1期。

李楠:《高校教师绩效考核中"学生评教"存在的问题及对策分析》,《首都经济贸易大学学报》2009年第5期。

李润洲:《对教师评价的审视与反思》,《天津市教科院学报》2003年第6期。

李双飞、李双雁:《美国弗吉尼亚州教师表现性评价标准及其特点》,《教育测量与评价》(理论版)2015年第5期。

李应军、荆玉梅:《教学型高校的特点与教学型高校学生工作》,《高等农业教育》2007年第3期。

李永平:《新升格本科院校教师工作绩效评价指标体系研究》,硕士学位论文,湘潭大学,2008年。

李芝山:《关键事件法在员工绩效管理中的规范应用》,《中国集体经济》2008年第22期。

梁红京:《区分性教师评价制度研究》,学位论文,华东师范大学,2004年。

廖世雄:《"学生评价教师"的实践与思考》,《教学与管理》2002年第5期。

林屹:《语文教学中教师的成长》,《生活教育》2013年第9期。

刘海立:《浅谈教师评价中的常见误差及对策》,《中等医学教育》2000年第6期。

刘菊霞:《课堂教学关键事件研究》,学位论文,河南大学,2013年。

刘兰英:《区分性教师评价制度及其对我国教师评价改革的启示》,《教育测量与评价》(理论版)2008年第7期。

刘林枭:《末位淘汰制在企业人力资源管理中的运用研究》,《当代经济》2013年第12期。

刘妙龄:《高校学生教师教学的有效性研究》,《工商管理学》2005年第 5 期。

刘昕、曹仰锋:《绩效管理》,人民大学出版社 2008 年版。

刘银花:《高校教师课堂效果评价中的主要影响因素及对策分析》,《云南财经大学学报》2004 年第 19(4)期。

刘勇:《国有企业员工绩效考核存在的问题与对策研究》,《粮食科技与经济》2014 年第 4 期。

马芸芸、周景坤:《课堂观察法在高校适应型教师绩效评价中的运用》,《教育评论》2015 年第 10 期。

毛景焕:《以团队力量促进教师发展——高校教师发展性评价研究》,《高教发展与评估》2007 年第 1 期。

穆丽媛、赵娜:《美国教师表现性评价的最新进展及其启示》,《世界教育信息》2013 年第 3 期。

宁顺德:《名师目标合同评价法的实施与意义》,《教育科学论坛》2009 年第 7 期。

潘光全、吴清晰:《新课程实施中的教师同事评价》,《现代教育科学(中学校长)》2007 年第 2 期。

潘懋元:《高校教师发展简论》,《中国大学教学》2007 年第 1 期。

庞鹤峰:《我国高校教师绩效评价指标体系研究》,硕士学位论文,南京理工大学,2006 年。

戚业国:《学校发展与教师的专业发展》,《教育理论与实践》2002 年第 8 期。

邵珠辉、李如密:《教师专业发展视域下的教学关键事件》,《科学教育研究》2010 年第 10 期。

邵珠辉:《教学关键事件价值与建构》,《科学教育研究》2010 年第 10 期。

苏红:《关键事件:抵及教师专业发展的核心》,《科学教育研究》2011 年第 11 期。

孙二军:《教师专业发展中的自我认同》,博士学位论文,陕西师范大学,2009 年。

孙美兰主编：《艺术概论》，高等教育出版社 1989 年版。

万正维：《试论高校青年教师成长的影响因素及促进策略》，《教育探索》2013 年第 2 期。

王斌华：《发展性教师评价制度》，华东师范大学出版社 1998 年版。

——，《奖惩性与发展性教师评价制度的比较》，《上海教育科研》2007 年第 12 期。

——，《教师评价模式：教学档案袋》，《教育理论与实践》2004 年第 7 期。

——，《教师评价模式：合同计划法》，《当代教育论坛》2003 年第 5 期。

王波：《谈基于竞争力提升需要的企业绩效管理》，《科技情报开发与经济》2010 年第 3 期。

王丹慧：《地方中小型高校教师评价现状及对策探讨》，《华南大学学报》2011 年第 5 期。

王冬梅：《新手教师如何与专家型教师建立良好的人际关系》，《教育理论与实践》2009 年第 5 期。

王汉澜：《教育评价学》，河南大学出版社 1995 年版。

王锦：《高校学生评价问题及教学策略》，《沈阳大学学报》（社会科学版）2014 年第 6 期。

王倩、张琳：《谈我国传统文化背景下的 360 度绩效评估法》，《中小企业管理与科技》（上旬刊）2010 年第 8 期。

王水玉：《学生评价教师的困惑与反思》，《当代教育科学》2005 年第 3 期。

王雁苓：《教学反思日志的撰写》，《现代中小学教育》2005 年第 11 期。

吴春平、陈悦棠：《末位淘汰制及其适用性考查》，《广西大学商学院院报》2010 年第 5 期。

吴刚平主编：《解读教与学的意义》，华东师范大学出版社 2005 年版。

吴曦：《马自达 MPV 座椅项目焊接设备方案的比较与选择研究》，硕士学位论文，吉林大学，2010 年。

吴义昌：《中美专家型教师标准及比较》，《教育科学研究》2003年第3期。

夏惠贤、曹丽娟、袁玲玲：《教学日志与教师专业发展研究》，《外国中小学教育》2007年第12期。

邢少颖、王福兰：《新世纪高校教师心理问题及其调适》，《中国高教研究》2002年第6期。

徐木兴：《新时期高校教师绩效评价体系研究》，《理工高教研究》2007年第6期。

杨建云、王卓：《论教师发展性评价与奖惩性评价的关系》，《中国教育学刊》2003年第1期。

杨皎蕾：《刻板效应——对人对事的固定看法》，http：//blog．sina．com。

杨杰：《高校教师绩效评价实施现状调查——以辽宁省四所高校为例》，《大学（学术版）》2010年第4期。

杨梦琪：《小学教师课堂教学自我评价问题研究》，学位论文，西南大学，2012年。

杨启亮：《走出教师评价的两难处境》，《教育研究》2005年第9期。

杨月华、杨志敏：《试论高校绩效评价在高校教师激励机制中的运用》，《牡丹江教育学院学报》2014年第4期。

鱼霞：《教师成长对关键事件的反思至关重要》，《基础教育论坛》2013年第9期。

袁建辉：《高校人事管理制度中的人文关怀》，《现代教育杂志》2003年第9期。

曾碧：《小学教学成长记录袋评价的问题与对策》，硕士论文，华东师范大学，2006年。

曾鸣：《英国〈杰出教师标准〉述评》，《外国教育研究》2013年第2期。

曾宁波：《论教师专业成长中的关键事件》，《现代教育科学》2014年第8期。

曾涛：《专家与新手教师的研究及培养启示》，《河北民族师范学院学报》2005 年第 3 期。

张将星、王占军：《美国高校教师评价：主体、内容与方法》，《中国大学教学》2011 年第 12 期。

张其志：《对发展性教师评价的审视与思考——与王斌华教授商榷》，《教育实验研究》2005 年第 1 期。

张婷：《高校青年教师专业发展面临的制度性障碍及对策》，《中国成人教育》2012 年第 12 期。

张蔚磊：《我国高校教师评价的现状评析》，《现代教育科学》2012 年第 7 期。

张志泉、李银玲、蔡晨云：《中小学教师自我评价探析》，《当代教育科学》2015 年第 9 期。

赵旭玲：《电力企业保险经纪公司部门考核体系研究》，硕士学位论文，华北电力大学，2014 年。

赵宗铭：《末位淘汰制在企业中的应用分析》，《中国证券期货》2013 年第 1 期。

郑颖、盛群力：《如何成为一名专家型教师——斯滕伯格论专家型教师的基本特征》，《远程教育杂志》2010 年第 6 期。

钟祖荣、张莉娜：《教师专业发展阶段的调查研究及其对职后教师教育的启示》，《教师教育研究》2012 年第 11 期。

周景坤、程道品：《高校教师绩效管理的优化路径研究》，《广西社会科学》2013 年第 11 期。

周景坤、胡永政、方锋：《高校教师测评中存在的心理弊障及其对策研究》，《惠州学院学报》（社会科学版）2006 年第 4 期。

周景坤、黎雅婷：《国外区分性教师绩效评价制度体系研究》，《高教探索》2017 年第 2 期。

周景坤、邱房贵：《区分性高校教师绩效管理研究》，《广西社会科学》2013 年第 6 期。

周景坤、滕兰青：《档案袋法在我国高校教师分类绩效评价中的运用》，《教育探索》2015 年第 3 期。

周景坤:《高校教师区分性绩效评价方法研究》,《教育探索》2015年第11期。

——,《高校教师专业成长阶段研究》,《教育评论》2015年第3期。

——,《关键绩效指标法在高校教师绩效评价中的运用》,《教育探索》2016年第7期。

——,《教学日志法如何有效帮助新手型教师成长研究》,《内蒙古师范大学学报》(教育科学版)2015年第9期。

周婷婷:《我国高校学生评教指标体系的比较研究》,《高等教育学》2007年第5期。

周卫勇:《走向发展性课程评价》,北京大学出版社2002年版。

邹丹、钱晓薇:《影响教师自我评价的自身因素分析及对策》,《师资》2012年第4期。

Alabama's Education Report Card, 2011 – 2012, Alabama Department of Education, 2013. http://files.eric.ed.gov/fulltext/ED544751.pdf.

Alabama's Education Report Card, 2011 – 2012, Alabama Department of Education, 2013. http://files.eric.ed.gov/fulltext/ED544751.pdf.

Amy Potemski, Mahua Baral, Cassandra Meyer. Alternative Measures of Teacher Performance. Policy-to-Practice Brief, http://www.tqsource.org, 2011 (5), 1.

Australian Professional Standards for Teachers. www.nswteachers.nsw.edu.au. B. M. Harris, J. Hill. *The DeTEK Handbook*, National Educational Laboratory Publishers Inc., 1982.

Candido Genovard. "Teachers of High Ability Pupils." *Revista Electronica Interuniversitaria Formacion del Profesorado*, 2010, Vol. 13 (1): 21.

Charlotte Danielson, Thomas L. McGreal. "Teacher Evaluation: To Enhance Professional Practice." *Assn. for Supervision & Curriculum*, 2000 (7).

Charlotte Danielson. "New Trends in Teacher Evaluation." *Educational Leadership*, 2001 (5): 12.

Danielson C., Mcgreal, T L. "Teacher Evaluation To Enhance Professional Practice." *Association for Supervision & Curriculum Development*, 2000.

Danieson, C. "New Trends in Teacher Evaluation、" *Educational Leadership*, 2001, Vol. (5): 13.

D. C. Berliner. "Learning about and Learning from Expert Teacher." *International Journal of Educational Research*, 2001 (5): 463 –482.

Evidence-Based Decisionmaking, http://www.serve.org/EBDM.aspx.

Framework for Evaluation and Professional Growth, http://www.state.tn.us/education frameval/, 2006 –05 –20.

Gallthorn, A. *Differentiated Supervision*. Alexandria, Virginia: Association for Supervision and Curriculum Development, 1997.

Henson, Ken. "Making the Most of INTASC Standards." *SRATE Journal*, 2009 (18): 34 –40.

Herman, J. P. Aschbanher, and L. Winter. A Practical Guide to Alternative Assessment. Alexandria. VA: Association for Supervision and Curriculum Developoment, 1992.

Hewitt, Kimberly Kappler, Weckstein, Daniel K. "Differentiation Is an Expectation: A School Leader's Guide to Building a Culture of Differentiation." *Eye on Education*, 2011.

Hoyle, E. "Professionalization and Deprofessionalization in Education." In Eric Hoyle & Jacquetta Megrry (Eds.). *World Yearbook of Education* 1980: *Professional Development of Teachers*. London: Kogan Page, 1980: 42.

Jack C. Richards. *Professional Development for Language Teachers: Strategies for Teacher Learning*. Cambridge: Cambridge University Press, 2005.

James W. Stigler, James Hiebert. *The Teaching Gap: Best Ideas from the World's Teachers for Improving Education in the Classroom*. Free Press, 1999.

Kyriakides, Leonidas, Creemers, Bert P. M., Panayiotou, Anastasia, Vanlaar, Gudrun, Pfeifer, Michael, Cankar, Gaper, McMahon, Léan. "Using Student Ratings to Measure Quality of Teaching in Six European Countries." *European Journal of Teacher Education*, 2014 (2): 125 –143.

Leinhard, G. "Expertise in Mathematics Teaching." *Educational Leadship*, 1986 (6): 28 – 33.

L. M. Villar, "Teaching: Reflective." T. Husen et al. *The International Encyclopedia of Education*, 1994: 6215.

Marchant, Gregory J., David, Kristine A., Rodgers, Deborah, German, Rachel L. "State Teacher Evaluation and Teacher Education." *Teacher Educator*, 2015 (02): 89 – 108.

McNiff, J. (1995). *Teacher as Learning*: *An Action Research Approach*. Routledge.

Michel, Heather Ann. The First Five Years: Novice Teacher Beliefs, Experiences, and Commitment to the Profession. Dissertation, University of California, San Diego. 2013.

National Institute for Excellence in Teaching. A Teacher Evaluation System that Works. http://www.tapsystem.org/publications/wp_eval.pdf, 2010 (8).

No Child Left Behind: Elementary and Secondary Education Act (ESEA). U. S. Department of Education. http://www2.ed.gov/nclb/landing.jhtml.

Paris, C. (1993). *Teacher Agency and Curriculum Making in Classroom*. New York: Teacher's College Press, 149.

Pogodzinski, Ben, Jones, Nathan. "Exploring Novice Teachers' Attitudes and Behaviors Regarding Teacher Unionism." *Educational Policy*, Jul., 2014 (6): 491 – 515.

Popham, W. James. "On Serving Two Masters: Formative and Summative Teacher Evaluation." *Principal Leadership*, 2013 (03): 18 – 22.

QRG: Educator Plans, http://www.doe.mass.edu/edeval/.

Richards, Jack C. & Nunan David (eds). *Second Language Teacher Education*, 外语教学与研究出版社 2000 年版。

Range, Bret, Duncan, Heather, Hvidston, David. "How Faculty Supervise and Mentor Pre-service Teachers: Implications for Principal Supervision of

Novice Teachers." *International Journal of Educational Leadership Preparation*, 2013 (10): 43-58.

Second Report of the Independent Review of Teachers' Standards, https//www. education. gov. uk/publications/eOrderingDownload/DFE - 00168 - 2011. pdf, 2013 - 03 - 20.

Shakman, Karen, Riordan, Julie, Sanchez, Maria Teresa. An Examination of Performance Based Teacher Evaluation Systems in Five States. http://ies. ed. gov/ncee/edlabs, 2012 (2).

Teachers' Standards Guidance for School Leaders, School Staff and Governing Bodies. www. gov. uk/government/publications. 2011. 7.

The Education (School Teachers' Appraisal) (England) Regulations 2012. https://www. gov. uk/government/publications/.

The Five Core Propositions. http://boardcertifiedteachers. org/about - certification/five - core - propositions

Tuytens, Melissa, Devos, Geert. "How to Activate Teachers through Teacher Evaluation?," *School Effectiveness and School Improvement*, 2014 (04): 509 - 530.

Wiener, Ross, Lundy, Kasia. "Survey Says: Using Teacher Feedback to Bolster Evaluation." *American Educator*, Spr. 2014 (01): 14 - 17.

后　　记

　　本书的顺利完成离不开导师、师妹、师弟、项目组成员、我的学生、朋友的关心与帮忙。我要感谢给予我许多有益教诲和帮助的导师——浙江大学范柏乃教授。他严谨的治学态度、不染流俗的学者风骨、诲人不倦的教育风范为我树立了做人、做事、做学问的楷模；我要感谢浙江大学的余钧、段忠贤、邵青、张电电等师弟和师妹们，感谢你们从全国教育十二五规划基金项目题目的设计、申报书的写作、调查问卷设计、实地调研、数据的收集和统计分析、书稿的出版、论文和基金研究报告的写作等整个过程所给予的全方位帮助；我要感谢黎雅婷、程道品、邱房贵、李翠芬、马芸芸、黄洁、林艳、杨荣帆等项目组成员，是你们为了资料收集、项目调查、论文和研究报告写作等加班加点，使得我们项目组所主持的全国教育十二五规划课题"民族地区地方性本科院校教师区分性绩效评价体系构建研究"（DIA130322）顺利完成并得以出版；我要感谢我的硕士生：任倩、王晓研、陈祎然、白旭、尹婷和本科学生：滕兰青、吴金丽、方丹荣、吕文芳、梁郁波、陈自良、黄倩、林美娜、林荣霞、彭丽萍、童超群、吴红丹、夏光华、杨丰荣、谢聪、何琼英等，是你们的广泛参与才使得我们的课题得以顺利结题并出版；我还要感谢胡永政、丁惠炯、李丰生、高青松、刘中刚等所有关心、爱护、教育和帮过忙的人，谢谢你们！在此我要特别感谢河北经贸大学学术著作出版基金为我们课题研究成果的出版提供的资金支持。

周景坤
2020 年春